생활 중국어 자습서

중학교

중학교 생활 중국어 자습서

지은이 김명화, 장한아, 김동식, 이정아
펴낸이 임상진
펴낸곳 (주)넥서스

초판 1쇄 발행 2018년 4월 10일
초판 2쇄 발행 2018년 4월 15일

출판신고 1992년 4월 3일 제311-2002-2호
주소 10880 경기도 파주시 지목로 5
전화 (02)330-5500 팩스 (02)330-5555
ISBN 979-11-6165-334-1 53720

www.nexusbook.com

생활 중국어 자습서

중학교

김명화 장한아 김동식 이정아

넥서스

여는글

　세계 무대에서 날로 높아져 가는 중국의 위상과 영향력에 비례하여 중국어 학습의 필요성 또한 날로 커지고 있습니다. 하나의 언어를 배운다는 것은 의사소통의 수단을 갖추는 것 이상의 의미가 있습니다. 그 언어를 사용하는 사람들의 사고방식과 문화, 역사 등을 습득하는 통로가 되기 때문입니다.

　넥서스의 〈중학교 생활 중국어〉 교과서는 중국어를 처음 배우는 학생들이 쉽고 재미있게 학습할 수 있도록 구성했을 뿐만 아니라, 단지 의사소통 수단으로서의 중국어 습득이라는 목표를 넘어 중국의 문화와 역사 등 중국 전체에 대한 폭넓은 이해를 돕고자 하였습니다. 이에 교과서의 내용을 한층 더 충실하고 깊이 있게 학습할 수 있도록 〈중학교 생활중국어 자습서〉를 집필하게 되었습니다. 이 자습서는 단순히 교과서를 보조하는 역할에 그치지 않고, 교과서의 내용을 심화 보충하여 중국어와 중국 문화를 흥미롭게 습득할 수 있도록 하였습니다.

★ 교과서의 내용을 친절하고 체계적으로 해설하여 스스로 공부할 수 있도록 하였습니다.

★ 페이지마다 확인 학습 문제를 실어 더 꼼꼼한 학습이 될 수 있도록 하였습니다.

★ 중국어 어법, 중국 문화 등에 대해 학생 여러분이 궁금해할 만한 내용을 선별하여 문답 형태로 제시하여 궁금증을 해결할 수 있도록 하였습니다.

★ 단원의 내용과 연관된 풍부한 문화 자료를 통해 중국어와 중국 문화를 흥미롭게 학습할 수 있도록 하였습니다.

★ 한자의 기원에 대한 설명을 제시하여 어려운 한자 학습에 대한 부담을 줄이고 한자 문화에 대한 이해를 돕고자 하였습니다.

★ 모든 단원에 핵심 노트와 단원 평가를 제공하고, 세 단원마다 중간·기말고사 대비 예상 문제를 실어 단원별 학습 상황 점검 및 학교 내신 준비를 스스로 할 수 있도록 하였습니다.

　여러분의 중국어 학습의 여정에 이 자습서가 친절하고 유익한 동반자가 되기를 기원합니다.

저자 일동

이 책의 구성과 활용

1 단원 해설

준비하기, 머리에 쏙쏙, 귀가 쫑긋, 회화가 술술, 표현이 탄탄, 실력이 쑥쑥, 다 함께 팡팡, 문화가 통통 등 각 코너의 내용을 꼼꼼하고 친절하게 해설합니다. 본문 내용을 이해하는 데 도움이 되는 보충 자료도 풍부하게 수록했습니다.

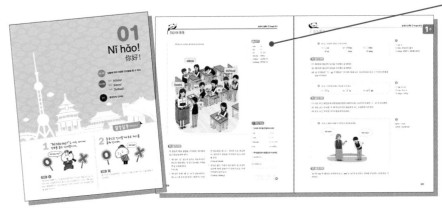

단어 / 정답 / 해석

단원 내용에 대한 단어, 정답, 해석을 바로 확인할 수 있도록 하였습니다.

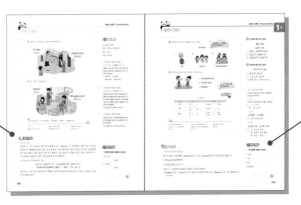

다양한 팁과 보충 자료

듣기 TIP, 본문 해설, 어법 TIP 등 다양한 팁과 보충 자료를 통해 상세한 해설을 제공합니다.

확인 학습

간단한 문제를 풀어 보면서 각 코너에서 배운 내용을 바로 체크해 봅니다.

탐구과제

'문화가 통통' 코너의 수행 과제에 대하여 풍부한 예시를 제공합니다.

2 핵심 노트

단원의 주요 어법과 표현이 한눈에 쏙 들어오도록 요약 정리합니다.

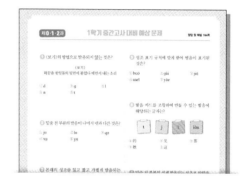

3 단원 평가

단원을 총정리하는 문제를 풀면서 단원 내용과 핵심 문법 사항 등을 잘 이해했는지 진단해 볼 수 있습니다.

4 본문 확인 학습

본문을 따라 쓰고 우리말 해석을 적으면서 본문을 외워 봅니다.

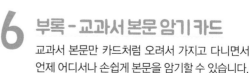

5 중간·기말고사 대비 예상 문제

중간고사와 기말고사에 대비한 예상 문제를 풀어 보면서 내신 대비에 유용하게 활용할 수 있습니다.

6 부록 - 교과서 본문 암기 카드

교과서 본문만 카드처럼 오려서 가지고 다니면서 언제 어디서나 손쉽게 본문을 암기할 수 있습니다.

차례

교실 중국어

📝 본문 해석

① 大家好!
여러분, 안녕하세요!

② 老师好!
선생님, 안녕하세요!

③ 现在上课。
이제 수업을 시작합니다.

④ 请看第八页。
8쪽을 보세요.

⑤ 请跟我读。
따라 읽으세요.

⑥ 请听录音。
녹음을 들어 보세요.

⑦ 安静一下。
조용히 좀 해.

⑧ 明白了吗?
이해했어요?

⑨ 有问题吗?
질문 있어요?

⑩ 下课, 再见!
수업을 마치겠습니다.
다음 시간에 만나요!

⑪ 谢谢, 老师!
감사합니다, 선생님!

📖 단어

- dàjiā 大家 여러분
- hǎo 好 안녕하다, 좋다
- lǎoshī 老师 선생님
- xiànzài 现在 지금
- shàngkè 上课 수업하다
- qǐng 请 ~하세요
- kàn 看 보다

- dì 第 (수사 앞에서) 제
- bā 八 8
- yè 页 쪽
- gēn 跟 따라가다
- wǒ 我 나
- dú 读 읽다
- ānjìng 安静 조용하다

- yíxià 一下 좀 ~하다
- tīng 听 듣다
- lùyīn 录音 녹음
- míngbai 明白 알다
- le 了 ~했다(완료)
- ma 吗 ~입니까?
- yǒu 有 있다

- wèntí 问题 문제
- xiàkè 下课 수업을 마치다
- zàijiàn 再见 잘 가
- xièxie 谢谢 감사합니다.

등장인물

중국은 어떤 나라일까요?

① 중국의 정식 국가 명칭은 무엇일까요?

① 중화공화국 ② 중화인민국 ③ 중화민주공화국 ✓④ 중화인민공화국

🐼 중국 면적은 약 960만㎢로 한반도의 44배예요.

② 중국의 수도는 어디일까요?

✓①  ② ③ ④
    베이징   상하이   시안   하얼빈

③ 중국의 국기는 어느 것일까요?

① ★ ② ☪ ✓③ ④ 🇺🇸

 '별 5개가 그려진 빨간 깃발'이라 '오성홍기(五星红旗 Wǔxīng-Hóngqí)'라고 해요.

---

 ①

中华人民共和国
(Zhōnghuá Rénmín Gònghéguó)

 ②

① **베이징:** 정식 명칭은 베이징 직할시(北京直辖市)이며, 약칭하여 '징(Jīng 京)'이라고도 부른다. 화베이 평야 북쪽 끝에 있으며, 춘추 전국 시대 이후 북방을 포함한 전국의 정치·문화·교통의 중심지로 발전하였다. 천안문, 자금성, 이화원, 만리장성 등 볼거리가 다양하다.

② **상하이:** 눈부시고 빠른 경제 성장을 보인 중국 최대의 상공업 도시로 와이탄 야경과 동방명주탑이 유명하고, 대한민국 임시 정부가 있다.

③ **시안:** 중국 역사와 문화 유적지가 풍부한 도시로 진시황릉, 병마용, 화청지 등이 유명하다.

④ **하얼빈:** 헤이룽장성에 위치한 도시로, 1월부터 2월까지 개최하는 빙설제가 유명하고, 안중근 의사 기념관이 있다.

 ③

① 베트남-금성홍기(金星红旗)
② 터키-아이 일디즈(ay yildiz)
　　　　(달과 별)
③ 중국-오성홍기(五星红旗)
　• 제정: 1949년
　• 의미: 큰 별-중국 공산당,
　　　　　작은 별-노동자, 농민,
　　　　　소자산 계급, 민족 자산 계급
　• 색깔: 빨간색-공산주의와 혁명,
　　　　　노란색- 광명
④ 미국-성조기(Flag of the United States of America)

🗨 중국의 이모저모

- 정식 국가명: 中华人民共和国(Zhōnghuá Rénmín Gònghéguó)
- 인구: 약 13억 7천4백만 명(2015년, 국가통계국)
- 수도: 베이징(Běijīng 北京)
- 면적: 약 960만㎢(한반도의 약 44배, 대한민국의 약 96배)
- 건국: 1949년 10월 1일
- 언어: 한위(푸퉁화)
- 국가: 의용군행진곡(Yìyǒngjūn Jìnxíngqǔ 义勇军进行曲)
- 행정 구역: 4개 직할시(Běijīng, Shànghǎi, Tiānjīn, Chóngqìng), 22개 성(※중국은 타이완을 23번째 성으로 간주), 5개 자치구(Nèiménggǔ, Guǎngxī Zhuàngzú, Xīzàng, Níngxià huízú, Xīnjiāng Wéiwú'ěr), 2개 특별행정구(홍콩, 마카오)

④ 중국에서 90% 이상을 차지하고 있는 민족은 무엇일까요?

①
몽고족

②
장족

③
조선족

✔
한족

😀 중국은 이 민족과 55개의 소수 민족으로 이루어진 나라예요.

⑤ 세계에서 모국어로 가장 많이 사용되는 언어는 무엇일까요?

① I love you!
영어

② 사랑해!
한국어

✔ 我爱你!
중국어

④ Te quiero!
스페인어

⑥ 중국의 화폐 단위는 무엇일까요?

①
달러($)

✔
위안(¥)

③
원(₩)

④
유로(€)

🐼 1999년 10월 1일 이후 발행된 중국 지폐의 앞면 인물은 모두 마오쩌둥(毛泽东 Máo Zédōng)이에요.

④

중국은 인구의 약 92%를 차지하는 한족(Hànzú 汉族)과 55개의 소수 민족으로 구성되어 있다. (중국 제6차 인구 센서스)

⑤

중국어는 UN 공식 언어로, 현재 사용되는 언어 가운데 사용 인구가 가장 많은 언어이다.

💬 언어별(모국어 기준) 사용자 수 순위

1위   중국어(12억8,400명)
2위   스페인어(4억3,700만 명)
3위   영어(3억7,200만 명)
       ⋮
12위 한국어(7720만 명)

출처: 글로벌 언어 정보 제공 사이트
www.ethnologue.com/statistics/size

⑥

중국 화폐는 '런민비(Rénmínbì 人民币)', 영어 약자로는 RMB이며, 단위는 '위안(Yuán 元)'이다. 우리나라에서는 '위안화'라고도 한다.

💬 선생님, 궁금해요~!

 중국 온라인쇼핑몰 가격표에서 ¥ 표기를 봤는데, 중국에서 왜 일본 엔화 기호를 쓰나요?

 중국과 일본 모두 공식적으로 ¥로 표기합니다. 이는 둘 다 화폐 단위의 영어 발음이 Y로 시작하기 때문입니다.
  • 중국 위안화(Yuan 元) : ¥
  • 일본 엔화(Yen 円) : ¥
다만, 혼동을 피하기 위해서 위안은 수평선이 하나인 ￥로 나타내기도 합니다.

价格
¥9.90
🛒 加入购物车

💬 확인 학습

1 인터넷에서 '중국 환율'로 검색하여 오늘의 런민비 대 원화 환율을 조사해 보세요.

1위안 = _____ 원

만터우와 바오쯔

만터우(mántou 馒头)는 소가 없는 북쪽 지역 중국인의 대표적인 주식이고, 바오쯔(bāozi 包子)는 다양한 소가 들어 있는 우리나라의 왕만두와 같은 중국의 전통 음식이다.

담백한 맛이 일품인 만터우

다양한 소가 들어 있는 바오쯔

표준어 푸퉁화

푸퉁화(Pǔtōnghuà 普通话)는 현대 중국 표준어로서,
1. 표준음—베이징 어음
2. 기초 방언—북방 방언
3. 어법 규범—전형적인 현대 백화로 된 문학 작품

을 기준으로 삼은 현대 한족의 공통어이다.

2014년 중국 교육부 통계에 따르면, 중국인 70%가 푸퉁화 응용 능력을 갖췄으며, 4억 명은 푸퉁화를 사용하지 못한다고 한다. 즉, 모든 중국인이 푸퉁화를 잘 하는 것이 아니라서 외국인인 우리가 '당신, 푸퉁화를 참 잘하는 군요!'라는 말을 듣는 경우도 있다.

확인 학습

1 〈보기〉에서 골라 빈칸을 채워 보세요.

〈보기〉
· 한위   · 간화자   · 번체자
· 푸퉁화   · 한어 병음

① 한족의 언어 ➡ _____
② 중국의 표준어 ➡ _____
③ 중국의 문자 ➡ _____

 1 ① 한위 ② 푸퉁화 ③ 간화자

선생님, 궁금해요~!

 한어 병음이 영어예요?

 아닙니다. 한어 병음은 '중국어의 발음을 로마자로 표기하는 발음 부호'입니다. 성모와 운모, 성조로 구성되어 있고, 영어와 다르게 읽는 경우도 많으므로, 혼동하지 말고 '한어 병음'이라고 정확히 표현해 주세요.
(※ 1956년 한어 병음 방안을 문자개혁위원회에서 채택한 후 1958년 1차례 수정함.)

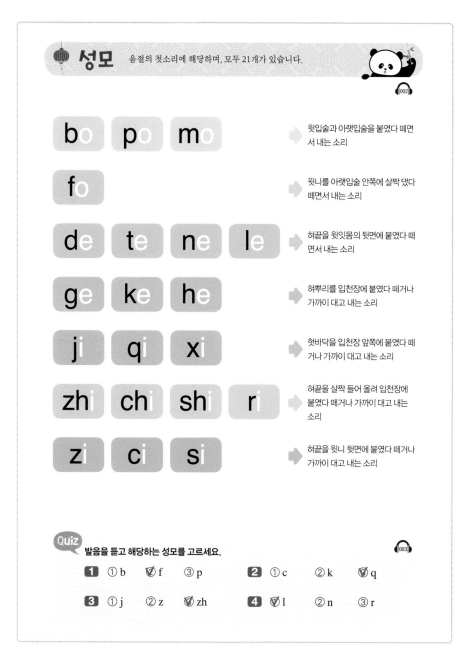

🏮 성모 음절의 첫소리에 해당하며, 모두 21개가 있습니다.

bo po mo
➡️ 윗입술과 아랫입술을 붙였다 떼면서 내는 소리

fo
➡️ 윗니를 아랫입술 안쪽에 살짝 댔다 떼면서 내는 소리

de te ne le
➡️ 허끝을 윗잇몸의 뒷면에 붙였다 떼면서 내는 소리

ge ke he
➡️ 허뿌리를 입천장에 붙였다 떼거나 가까이 대고 내는 소리

ji qi xi
➡️ 혓바닥을 입천장 앞쪽에 붙였다 떼거나 가까이 대고 내는 소리

zhi chi shi ri
➡️ 허끝을 살짝 들어 올려 입천장에 붙였다 떼거나 가까이 대고 내는 소리

zi ci si
➡️ 허끝을 윗니 뒷면에 붙였다 떼거나 가까이 대고 내는 소리

Quiz
🎧 발음을 듣고 해당하는 성모를 고르세요.

1 ① b ✓② f ③ p   **2** ① c ② k ✓③ q

3 ① j ② z ✓③ zh   **4** ✓① l ② n ③ r

🎧 성모의 발음

구분	성모	발음
쌍순음	b	[뽀어]
쌍순음	p	[포어]
쌍순음	m	[모어]
순치음	f	[포어](영어의 f)
설첨음	d	[뜨어]
설첨음	t	[트어]
설첨음	n	[느어]
설첨음	l	[르어]
설근음	g	[끄어]
설근음	k	[크어]
설근음	h	[흐어]
설면음	j	[지]
설면음	q	[치]
설면음	x	[시]
권설음	zh	[*즈]
권설음	ch	[*츠]
권설음	sh	[*스]
권설음	r	[*르]
설치음	z	[쯔]
설치음	c	[츠]
설치음	s	[쓰]

※ 권설음은 우리말에 없는 발음이므로 많은 연습이 필요하다. 인내심을 갖고 혀의 위치를 주의하여 연습해 보자.

※ j, q, x와 zh, ch, sh, r/z, c, s와 결합된 운모 i의 발음이 다름에 주의해야 한다.

j, q, x + i [이]
zh, ch, sh, r + i [으]
z, c, s + i [으]

🗣️ 성모 발음 시 혀의 위치는 어디일까요?

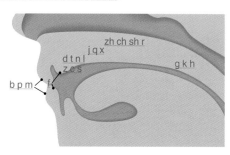

💻 확인 학습

1 성모의 발음 방법이 다른 것은?

① b ② f ③ m ④ p

2 허끝을 윗니 뒷면에 가까이 대고 내는 소리로 알맞은 것은?

① g ② r ③ s ④ t

정답 1 ② 2 ③

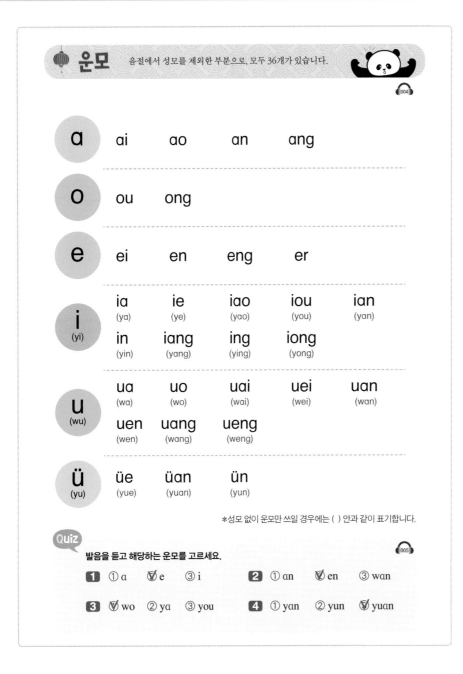

🏮 운모

음절에서 성모를 제외한 부분으로, 모두 36개가 있습니다.

🎧 004

a	ai	ao	an	ang	
o	ou	ong			
e	ei	en	eng	er	
i (yi)	ia (ya)	ie (ye)	iao (yao)	iou (you)	ian (yan)
	in (yin)	iang (yang)	ing (ying)	iong (yong)	
u (wu)	ua (wa)	uo (wo)	uai (wai)	uei (wei)	uan (wan)
	uen (wen)	uang (wang)	ueng (weng)		
ü (yu)	üe (yue)	üan (yuan)	ün (yun)		

*성모 없이 운모만 쓰일 경우에는 ( ) 안과 같이 표기합니다.

Quiz

발음을 듣고 해당하는 운모를 고르세요.

🎧 005

1 ① a ☑ e ③ i   **2** ① an ☑ en ③ wan

3 ☑ wo ② ya ③ you   **4** ① yan ② yun ☑ yuan

💬 단운모의 발음 방법

※특징 : 단운모를 발음할 때 입 모양은 변하지 않는다.

운모	발음 방법
a	혀를 내리고 입을 크게 벌리면서 '아' 하고 발음한다.
o	혀는 중간이면서 뒤쪽에 두고, 입술을 동그랗게 하여 '오어'를 붙여 읽는 기분으로 발음한다.
e	입을 반쯤 벌리고, 혀는 중앙에 위치하고, '으어'에 가깝게 발음한다.
i	입을 앏게 옆으로 벌리고, 혀는 앞쪽에 위치한다. '이' 하고 발음한다.
u	입을 작게 열고 입술은 동그랗게, 혀는 위쪽 뒤에 위치한다. '우' 하고 발음한다.
ü	입을 작게 열고 입술은 동그랗게, 혀는 위쪽 뒤에 위치한다. 우리말에 없는 발음이므로 각별히 신경 써서 발음하도록 한다. '위'로 발음하되 처음과 끝의 입 모양은 같아야 한다.

🗣 확인 학습

1 성모 없이 쓰일 경우, 다음 운모를 바르게 표기하세요

① ia → _____

② ua → _____

③ ü → _____

2 밑줄 친 부분의 발음이 나머지 셋과 <u>다른</u> 것은?

① <u>e</u>   ② <u>e</u>i   ③ <u>i</u>e   ④ y<u>u</u>e

정답 **1** ① yá ② wá ③ yú
2 ①

🗣 단운모의 입 모양

운모	a	o	e	i	u	ü
입모양						

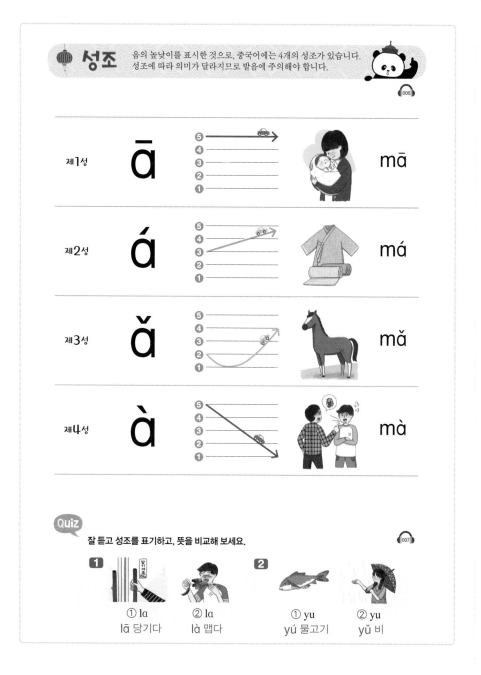

성조

음의 높낮이를 표시한 것으로, 중국어에는 4개의 성조가 있습니다. 성조에 따라 의미가 달라지므로 발음에 주의해야 합니다.

제1성 ā — mā

제2성 á — má

제3성 ǎ — mǎ

제4성 à — mà

Quiz

잘 듣고 성조를 표기하고, 뜻을 비교해 보세요.

1
① la
lā 당기다

② la
là 맵다

2
① yu
yú 물고기

② yu
yǔ 비

성조의 발음 방법

성조	발음 방법
제1성 ―	가장 높으면서 평평한 음이다. 발음이 시작하는 높이와 발음이 끝나는 높이가 같아야 한다. 음계의 '솔' 정도의 높이로 잡으면 적절하다.
제2성 ╱	중간에서 가장 높게 올라가는 음이다. 발음이 끝나는 높이가 1성과 같으므로 2성을 먼저 연습하고 1성을 연달아 발음하는 것도 효과적이다. 발음을 시작할 때 높이는 너무 높거나 낮게 잡으면 발음하기 힘들기 때문에 시작음의 높이에 유의해야 하고 '미-솔' 정도의 음이 적당하다. 누군가 불렀을 때 "응~?", "뭐라고?" 하고 대답하는 말을 연상하면 도움이 된다.
제3성 ∨	낮은 음에서 더 낮게 내려갔다가 살짝 올라오는 음이다. 이론적으로는 조금 더 위로 올라와야 하지만 실제 언어생활에서는 온전한 높이로 발음하는 것이 드물기 때문에 처음부터 반3성의 높이로 연습하는 것이 적절하다. 어떤 것을 알고 수긍했을 때 "아~(그랬구나~)"라고 말하는 것을 연상하면 도움이 된다.
제4성 ╲	가장 높은 음에서 가장 낮은 음으로 떨어지며 발음한다. 시작 음의 높이가 1성과 같아야 하는데 너무 낮으면 더 내려기 힘들므로 '솔-도'까지 단숨에 떨어질 수 있도록 힘을 주어 발음한다. 화났을 때 "야~!"라고 소리치는 것을 연상하면 도움이 된다.

확인 학습

1 '높고 평평한 소리'에 해당하는 것은?

① 제1성　　② 제2성　　③ 제3성　　④ 제4성

2 성조 부호를 표기해 보세요.

① 제1성 _____　　② 제2성 _____

③ 제3성 _____　　④ 제4성 _____

🏮 발음 및 표기 규칙

1 경성

경성은 짧고 가벼운 소리로, 성조 부호는 표기하지 않습니다. 경성의 음높이는 앞 글자의 성조에 따라 달라집니다.

제1성 + 경성	제2성 + 경성	제3성 + 경성	제4성 + 경성
⑤➡ ④ ③ ② ①	⑤ ④ ③ ② ①	⑤ ④ ③ ② ①	⑤ ④ ③ ② ①
māma	yéye	jiějie	bàba

2 운모 표기 규칙

1 i, u, ü가 성모 없이 단독으로 쓰일 때는 yi, wu, yu로 표기합니다.

예 i → yi　　　u → wu　　　ü → yu

2 ü 앞에 j, q, x가 오면 ü 위의 두 점을 생략해서 표기합니다.

예 j+ü → ju　　q+ü → qu　　x+ü → xu

3 iou, uei, uen 앞에 성모가 있을 때의 표기는 iu, ui, un입니다.

예 j+iou → jiu　　g+uei → gui　　ch+uen → chun

3 성조 표기 규칙

1 운모 위에 표기합니다.

예 hē kàn lù nǐ

2 i 위에 표기할 때는 i의 점을 생략하고 표기합니다.

예 jī jí jǐ jì

3 모음이 여러 개인 경우, 입이 더 크게 벌어지는 주요 모음 위에 성조를 표기합니다.

예 hǎo duō lèi guì jiǔ

$$a > o\ e > i\ u\ ü$$

🎙 입 모양 크기 비교하기

a　　>　　o e　　>　　i u ü

a　　o　　e　　i　　u　　ü

💬 경성으로 발음하는 단어

① 중첩된 명사나 동사의 두 번째 음절
dìdi 弟弟　　kànkan 看看

② 접미사
nǐmen 你们　　yǐzi 椅子
mántou 馒头

③ 조사
wǒ de 我的　　shì ma 是吗
nǐ ne 你呢　　zǒu ba 走吧
kànguo 看过

④ 명사 뒤의 일부 방위사
chuángshang 床上
jiāli 家里

⑤ 중첩된 단어 사이에 쓰이는 '一', '不'
cháng yi cháng 尝一尝
duì bu duì 对不对

💬 성조 표기 TIP 하나 더!

성조 표기 규칙이 어려워요? 그럼 다음 내용만 기억하세요!
"보통 첫 번째 운모에 표시하나, 'i'나 'u'로 시작되는 운모는 그 다음 운모에 표시한다."

예 lǎo, jiù, huì

📓 확인 학습

1 빈칸에 알맞은 말을 쓰세요.

_____ 짧고 가벼운 소리

2 성모 없이 쓰이거나, 다른 성모와 결합할 때의 운모를 바르게 표기하세요.

① üe ➡ _____
② j+üe ➡ _____
③ q+üe ➡ _____
④ x+üe ➡ _____
⑤ ün ➡ _____
⑥ j+ün ➡ _____
⑦ q+ün ➡ _____
⑧ x+ün ➡ _____

정답 1 경성
2 ① yue ② jue ③ que
④ xue ⑤ yun ⑥ jun
⑦ qun ⑧ xun

🏮 발음 연습

1 성조에 유의하여 읽어 보세요.

(1) ā　　　á　　　ǎ　　　à

(2) gē　　　gé　　　gě　　　gè

(3) shī　　　shí　　　shǐ　　　shì

2 성모, 운모, 성조를 결합하여 읽어 보세요.

(1)	(2)	(3)	(4)
tīng	shuō	dú	xiě

(5)	(6)	(7)	(8)
chī	lái	pǎo	qù

3 발음에 유의하여 읽어 보고, 한 손으로 1부터 10까지 세어 보세요.

一 yī	二 èr	三 sān	四 sì	五 wǔ

六 liù	七 qī	八 bā	九 jiǔ	十 shí

🔊 심화 발음 학습

suān	tián	kǔ	là

zuǒ	yòu	qián	hòu

1

(1) 운모 'a'는 입을 크게 벌려 발음한다.

(2) 제2성과 제3성을 잘 구별하여 연습해 보자.

(3) 권설음의 발음 연습을 충분히 해 보자.

2

(1) tīng 듣다
(2) shuō 말하다
(3) dú 읽다
(4) xiě 쓰다
(5) chī 먹다
(6) lái 오다
(7) pǎo 뛰다
(8) qù 가다

3

• 'sì'와 'shí'의 발음을 주의하여 연습해 보자.

• 6의 손가락 모양을 만든 다음 손을 아래로 내리면 손목에서 이어지는 모습이 한자 '六'과 비슷함을 기억하자.

• 접힌 손가락이 7은 2개, 8은 3개, 9는 4개로 기본 손가락 갯수 5를 더해서 기억하면 쉽다.

• 8은 손가락 권총 모양으로, 손의 방향을 아래로 내리면 한자 '八'의 모양이다. 권총으로 '빵~'하고 쏘므로 'bā'와 연결시켜 기억하자.

• 10은 주먹을 쥐거나 양손의 검지손가락으로 '十'자처럼 나타내기도 한다.

📖 확인 학습

1 손가락 숫자의 연산 결과를 빈칸에 중국어로 쓰세요.

三 ↓ 📝

019

한어 병음 노래

※ '산토끼'의 음률에 맞추어
발음에 주의하여 불러보자.

b p m f d t n l g k h j q x

zh ch sh r z c s a o e i u ü

탐구과제

한어 병음으로 가사 바꿔 부르기

• 학교종

b p m f dt n l gk h j q x

zh ch sh r z c s aoe i u ü

• 봄나들이

b p m f dt n l g – k h j q x

zh ch sh r z c s a – o e i u ü

핵심 노트

❀ 중국어란?

(1) 명칭 : 한위(한족의 언어), 푸통화(표준어)
(2) 문자 : 간화자
(3) 발음 : 한어 병음(성모+운모+성조)

❀ 성모

21개. 우리말의 자음에 해당.

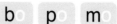

b	p	m
f		
de	te	ne	le
ge	ke	he	
j	q	x	
zh	ch	sh	r
z	c	s	

❀ 운모

36개. 성모를 제외한 나머지 부분, 우리말의 모음에 해당.

기본 운모

a o e
i(yi) u(wu) ü(yu)

❀ 성조

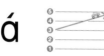

제1성	제2성	제3성	제4성
ā	á	ǎ	à

❀ 경성

짧고 가벼운 소리. 성조 부호는 표기하지 않는다.
㉘ māma, yéye, jiějie, bàba

❀ 성조 표기 규칙

운모 위에 표기하고, 모음이 여러 개일 경우에는 입이 더 크게 벌어지는 주요 모음 위에 표기한다

a > o e > i u ü

㉘ hǎo, gòu, duì, jiǔ

1 중국에 대한 설명으로 바른 것은?

① 수도는 상하이이다.

② 국기는 '금성홍기'이다.

③ 화폐 단위는 '위안'이다.

④ 공식 명칭은 '중화인민국'이다.

⑤ 55개의 민족으로 이루어져 있다.

2 중국어에 관한 설명으로 바르지 <u>않은</u> 것은?

① 중국 표준어의 성조는 4개이다.

② 중국 표준어는 '푸퉁화'라고 한다.

③ 중국에서는 번체자를 사용하고 있다.

④ 중국어 발음은 '한어 병음'으로 표기한다.

⑤ 한어 병음은 성모, 운모, 성조로 구성된다.

3 빈칸에 들어갈 수 있는 성모로 알맞은 것은?

_____는 혀끝을 윗잇몸의 뒷면에 붙였다 떼면서 발음한다.

① c   ② d   ③ h   ④ j   ⑤ r

3

설첨음(舌尖音) 찾기

4 두 가지 조건에 모두 맞는 성모로 알맞은 것은?

조건 1   lǎo___ī

조건 2   혀끝을 살짝 들어 올려 입천장에 붙였다 떼거나 가까이 대고 내는 소리

① g   ② s   ③ x   ④ sh   ⑤ zh

4

권설음(卷舌音) 찾기

5 그림이 나타내고 있는 성조로 알맞은 것은?

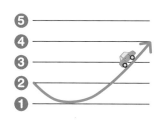

① 제1성　　② 제2성　　③ 제3성　　④ 제4성　　⑤ 경성

6 성조 표기 위치가 바르지 <u>않은</u> 것은?

① hē　　　② guì　　　③ hǎo　　　④ jiǔ　　　⑤ leì

6

성조 표기 규칙

ɑ > o e > i u ü

7 사전의 단어 풀이 중 한어 병음의 표기가 바르지 <u>않은</u> 것은?

①

春 [chūen]

1. 봄, 봄철

②

去 [qù]

1. 가다
2. 떠나다

③

五 [wǔ]

1. 5, 다섯
2. 중국 음계

④

一 [yī]

1. 숫자1
2. 하나, 첫째

⑤

雨 [yǔ]

1. 비

8 숫자와 한어 병음이 바르게 연결된 것은?

① 2 - sān　　　　② 4 - wǔ　　　　③ 6 - liù

④ 7 - bā　　　　⑤ 10 - sì

01

Nǐ hǎo!
你好！

학습 목표　상황에 따라 다양한 인사말을 할 수 있다.

주요 표현　인사　Nǐ hǎo!
　　　　　감사　Xièxie!
　　　　　사과　Duìbuqǐ!

문화　중국인의 인사법

알쏭달쏭 차이나

1 "Nǐ hǎo ma?"는 아는 사이에 안부를 묻는 인사말이야.

정답 **O**

"Nǐ hǎo! 你好!"는 "안녕(하세요)!"라는 의미로, 처음 만나는 사람과 아는 사람에게 모두 쓸 수 있는 인사말이다. 그러나 "Nǐ hǎo ma? 你好吗?"는 "잘 지냈어요?"라는 의미로, 아는 사이에 안부를 물을 때 쓴다.

2 중국인은 인사할 때 주로 허리를 굽혀 인사해.

정답 **X**

중국인은 어른들에게도 가볍게 고개를 끄덕이거나 손을 흔들어 인사한다.

머리에 쏙쏙

◆ 단어의 의미를 생각하며 들어 보세요.

xièxie

duìbuqǐ

lǎoshī

wǒ

nǐ

tā

듣기 TIP

각 성조의 발음 방법을 기억하며 주의하여 듣고 발음을 따라 한다.

1 제1성은 '솔' 정도의 높이로 처음과 끝이 같도록 발음된다. 첫 음의 높이를 기억하며 듣고 따라 한다.
📢 tā, shī

2 제3성은 원래 '레-도-파'의 음높이이나, 제1, 2, 4성 음절 앞에서는 내려가는 부분

만 발음하는(레-도) '반3성'으로 발음한다. 원어민의 발음을 주의하여 듣고 따라 해 보자.
📢 wǒ, nǐ, lǎoshī

3 경성은 짧고 가볍게 발음된다. 앞 음절의 성조에 따라 음높이가 달라지므로 이에 주의하여 들어보자.
📢 xièxie, duìbuqǐ

확인 학습

1 단어와 의미를 연결해 보세요.

① nǐ   •   • ㉠ 나

② wǒ   •   • ㉡ 너

③ lǎoshī •   • ㉢ 그, 그녀

④ tā   •   • ㉣ 선생님

2 우리말을 한어 병음으로 써 보세요.

① 감사합니다.

➡ _____

② 미안합니다.

➡ _____

귀가 쫑긋

① 잘 듣고 알맞은 발음을 골라 보세요.

(1) ☐ ní   (2) ☑ hǎo   (3) ☐ kèci
    ☑ nǐ   ☐ hào   ☑ kèqi

①

(1) nǐ 너
(2) hǎo 안녕하다, 좋다
(3) kèqi 사양하다, 예의를 차리다

🔊 **듣기 TIP**

(1) 제2성과 제3성의 성조를 구분하는 문제이다.

(2) 제3성과 제4성의 성조를 구분하는 문제이다.

(3) 'ci'의 발음은 '츠', 'qi'의 발음은 '치'이다. 앞에 오는 성모에 따라 운모 'i'가 다르게 발음됨을 주의한다.

② 잘 듣고 빈칸에 알맞은 발음을 써 보세요.

(1) b ù   (2) z ài   (3) d à jiā

②

(1) bù 아니다
(2) zài 다시, 또
(3) dàjiā 여러분

🔊 **듣기 TIP**

(1) 성모 'b'는 윗입술과 아랫입술을 붙였다 떼면서 내는 소리이며 우리말 'ㅂ', 'ㅃ'과 비슷하다.

(2) 성모 'z'는 우리말 'ㅉ'과 비슷하지만 혀끝에서 나는 소리임에 주의한다.

(3) 운모 'a'는 우리말 '아'의 발음과 비슷하다.

③ 잘 듣고 대화의 내용이 무엇인지 생각해 보세요.

③

할머니 : 안녕!
남학생 : 안녕하세요!

🔊 **듣기 TIP**

'nǐ'와 'nín'의 발음을 유의하여 듣고, 'nín'은 'nǐ'의 높임말로 상대를 존중하는 표현임을 기억한다.

회화가 술술 1

◆ 동현이가 리 선생님을 등굣길에 만났습니다.

> Nǐ hǎo!
> 你好!

> Lǎoshī hǎo!
> 老师好!

◆ 학교 수업이 끝났습니다.

> Zàijiàn!
> 再见!

> Míngtiān jiàn!
> 明天见!

만났을 때 하는 인사는 무엇일까요?　✔ Nǐ hǎo!　☐ Zàijiàn!　☐ Míngtiān jiàn!

(014)

| nǐ 你 너 | hǎo 好 안녕하다, 좋다 | lǎoshī 老师 선생님 |
| zàijiàn 再见 또 만나, 잘 가 | míngtiān 明天 내일 | jiàn 见 만나다 |

📖 본문 해설

★ Nǐ hǎo!

'nǐ(你)'는 '당신'이라는 뜻의 인칭 대명사이고, 'hǎo(好)'는 '안녕하다, 좋다'라는 뜻의 형용사이다. "Nǐ hǎo(你好)!"를 "당신 좋아요!"라고 해석하지 않도록 한다. 이것은 "안녕하세요!"라는 의미로 아침, 점심, 저녁 어느 때라도, 처음 만나는 사람이나 알고 있는 사람 등 어느 누구에게나 사용할 수 있는 가장 보편적인 인사말이다.

★ Zàijiàn! Míngtiān jiàn!

zài(다시) + jiàn(만나다)　/　míngtiān(내일) + jiàn(만나다)

시간을 나타내는 말(부사·명사)　+　동사　언제 ~을 하다

중국어는 '주어+동사+목적어'의 형태로 영어의 어순과 비슷하지만, 시간을 나타내는 표현은 우리말과 같다.

💬 본문 해석

리 선생님 : 안녕!
동현 : 선생님, 안녕하세요!

동현 : 잘 가!
량량 : 내일 봐!

💬 제3성과 제3성의 발음

제3성+제3성 ➡ **제2성**+제3성

제3성이 연속된 단어의 경우, 앞의 제3성을 제2성으로 발음하지만 표기는 바뀌지 않는다.

예) Nǐ hǎo ➡ Ní hǎo
　　Hěn hǎo ➡ Hén hǎo

💬 제4성과 제4성의 발음

제4성+제4성 ➡ 반4성+제4성

제4성이 연속된 단어는 제4성을 모두 정확하게 발음하려면 힘이 들므로, 자연스러운 발음을 위해 앞의 제4성을 내려가는 부분의 절반만 발음하는 반4성으로 발음한다.

예) zàijiàn, kuàilè, xiàkè

💬 제2성과 제1성의 발음

'제2성+제1성'의 단어를 발음할 때 앞의 제2성을 반3성으로 발음하지 않도록 주의한다.

예) míngtiān, zuótiān, huí jiā

💬 확인 학습

1 빈칸에 알맞은 말을 써 보세요.

① 또 만나!

　➡ _____ jiàn!

② 내일 봐!

　➡ _____ jiàn!

표현이 탄탄 1

❶ 대상에 따른 인사 표현을 익혀 보세요.

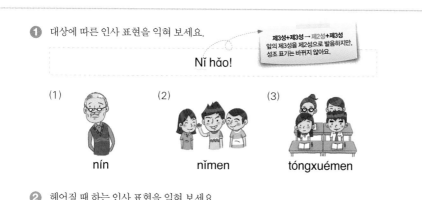

제3성+제3성 → 제2성+제3성
앞의 제3성을 제2성으로 발음하지만,
성조 표기는 바뀌지 않아요.

Nǐ hǎo!

(1) nín (2) nǐmen (3) tóngxuémen

❷ 헤어질 때 하는 인사 표현을 익혀 보세요.

(1) Míngtiān jiàn!
(2) Yíhuìr jiàn!
(3) Báibái!

'yī(一)'는 원래 제1성이지만,
뒤에 제4성의 글자가 나오면
제2성으로 읽어 줘요.

요점만 콕콕

인칭 대명사

구 분	단 수		복 수	
1인칭	wǒ 我 나		wǒmen 我们 우리들	
2인칭	nǐ 你 너		nǐmen 你们 너희	
	nín 您 당신			
3인칭	tā 他 그		tāmen 他们 그들	
	tā 她 그녀		tāmen 她们 그녀들	

(016)

nín 您 당신[nǐ의 높임말] men 们 ~들[복수를 나타냄] tóngxué 同学 학우
yíhuìr 一会儿 잠시, 잠깐 동안 báibái 拜拜 잘 가, 안녕(bye-bye) wǒ 我 나
tā 他 그 tā 她 그녀

💬 어법 Tip

★ nínmen은 안 쓰나요?

'nǐ'와 'nín'의 복수형은 'nǐmen(你们)'으로, 'nínmen(您们)'을 사용하지 않는다.

예 Nínmen hǎo! 您们好! (×)

★ 3인칭 대명사 하나 더!

• tā(它) : 사물이나 동물을 지칭하는 3인칭 대명사
• tāmen(它们) : 'men(们)'은 사람의 복수형만 만들지만, 'tāmen(它们)'은 예외적으로 가능하다.

---

❶ 만났을 때의 인사 표현

대상 + hǎo

你好! 안녕!

(1) 您好! 안녕하세요!(높임)
(2) 你们好! 너희들 안녕!
(3) 同学们好! 친구들 안녕!

❷ 헤어질 때의 인사 표현

미래 시간사 + jiàn

(1) 明天见! 내일 봐!
(2) 一会儿见! 이따 봐!
(3) 拜拜! 잘 가, 안녕(bye-bye)

💬 一(yī)의 성조 변화

'一(yī)'는 뒤에 오는 단어의 성조에 따라 성조가 바뀐다.

★ 제1성
단독으로 쓰일 때와 순서를 나타낼 때
예 一 yī 1, 하나
　第一 dì-yī 제1

★ 제2성
yī+제4성　yí+제4성
예 一样 yíyàng 같다

★ 제4성
yī+제1·2·3성　yí+제1·2·3성
예 一天 yìtiān 하루
　一直 yìzhí 곧장, 줄곧
　一起 yìqǐ 함께

💬 확인 학습

1 복수형을 만들어 보세요.

① wǒ _____

② nǐ _____

③ tā _____

④ lǎoshī _____

회화가 술술 2

◆ 량량이 예나의 책을 옮겨 줍니다.

Xièxie!
谢谢!

Bú kèqi.
不客气。

◆ 샤오위가 예나의 휴대전화를 떨어뜨려 사과합니다.

Duìbuqǐ!
对不起!

Méi guānxi.
没关系。

🐼 감사 표현에 대한 대답으로 알맞은 것을 골라 보세요. ✔ Bú kèqi! ☐ Méi guānxi!

xièxie 谢谢 감사합니다   bù 不 아니다   kèqi 客气 사양하다, 예의를 차리다
duìbuqǐ 对不起 미안합니다   méi guānxi 没关系 괜찮다

📖 본문 해석

예나 : 고마워!
량량 : 천만에.

샤오위 : 미안해!
예나 : 괜찮아.

💬 유용한 인사말

Hǎojiǔ bú jiàn!
好久不见! 오랜만이야!

Huānyíng huānyíng!
欢迎欢迎! 환영합니다!

Mànzǒu!
慢走! 살펴 가세요!

📝 확인 학습

1 단어와 발음을 연결해 보세요.

① 谢谢   •   • ㉠ Méi guānxi

② 没关系   •   • ㉡ Xièxie

③ 对不起   •   • ㉢ Duìbuqǐ

④ 客气   •   • ㉣ kèqi

2 중국어를 우리말로 옮겨 보세요.

① 谢谢! ➡ _____!

② 对不起! ➡ _____!

📖 본문 해설

★ Bú kèqi.
감사에 대한 대답으로 "Búyòng xiè(不用谢)."로 바꾸어 쓸 수 있다. "Búyòng xiè."는 원래 "감사할 필요가 없다."라는 뜻이며, "Xièxie."의 대답으로 사용된다.

★ Duìbuqǐ!
(1) '不'의 발음은 원래 제4성 'bù'이지만, 사과의 표현에서는 약하게 경성으로 발음한다.
(2) 일상생활에서 가벼운 사과의 표현으로 "Bù hǎoyìsi(不好意思)."도 자주 쓰이므로 꼭 기억해 두자.
📷 A : Bù hǎoyìsi! 不好意思! 미안해!
　 B : Méi guānxi. 没关系。 괜찮아.

2 ① 고마워 ② 미안해
1 ① ㉡ ② ㉠ ③ ㉢ ④ ㉣

표현이 탄탄 1

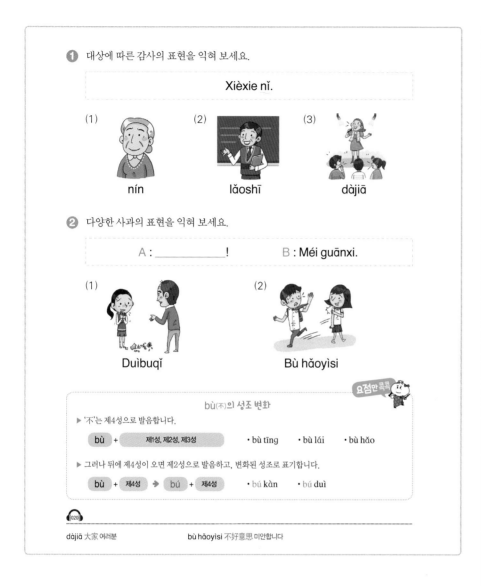

❶ 대상에 따른 감사의 표현을 익혀 보세요.

> Xièxie nǐ.

(1) nín (2) lǎoshī (3) dàjiā

❷ 다양한 사과의 표현을 익혀 보세요.

> A : _____!   B : Méi guānxi.

(1) Duìbuqǐ (2) Bù hǎoyìsi

요점만 콕콕

bù(不)의 성조 변화

▶ '不'는 제4성으로 발음합니다.

| bù | + | 제1성, 제2성, 제3성 | • bù tīng | • bù lái | • bù hǎo |

▶ 그러나 뒤에 제4성이 오면 제2성으로 발음하고, 변화된 성조로 표기합니다.

| bù | + | 제4성 | ➡ | bú | + | 제4성 | • bú kàn | • bú duì |

🎧 [020]

dàjiā 大家 여러분　　　　bù hǎoyìsi 不好意思 미안합니다

❶ 감사의 표현

xièxie + 대상

谢谢你。 고마워.

(1) 谢谢您。 감사합니다.(높임)
(2) 谢谢老师。 선생님 감사합니다.
(3) 谢谢大家。 여러분 감사합니다.

❷ 사과의 표현

A : _____!
B: 没关系。 괜찮습니다.

(1) 对不起! 죄송합니다!
(2) 不好意思! 미안해요!

요점만 콕콕

- 不听 듣지 않다
- 不来 오지 않다
- 不好 좋지 않다
- 不看 보지 않다
- 不对 맞지 않다

📱 해외 여행 시 유용한 앱

헬로 아틀라스(세계 인사말)

파파고(papago) : 한국어 ↔ 중국어 번역
음성, 텍스트, 사진 번역 기능이 있어 활용도가 높음

📖 확인 학습

1 '不'의 발음을 써 보세요.

① 不听 _____ tīng
② 不来 _____ lái
③ 不好 _____ hǎo
④ 不看 _____ kàn

실력이 쑥쑥

❶ 중국어 문장 쓰는 방법을 익혀 보세요.

不客气。

• 중국어는 띄어쓰기를 하지 않습니다.
• 마침표는 고리점(。)으로 표기합니다.

예쁘게 따라서 써 보세요!

不客气。

❷ 알맞은 단어를 골라 선생님께 드리는 메모를 완성해 보세요.

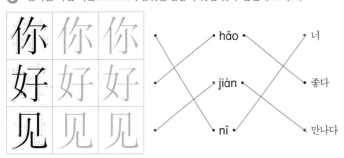

hǎo míngtiān

jiàn xièxie

lǎoshī nǐmen

선생님,
감사합니다.
내일 봬요.

Lǎoshī,
　xièxie!
Míngtiān jiàn!

❸ 한자를 바른 획순으로 쓰고, 알맞은 발음과 뜻을 찾아 연결해 보세요.

你 你 你
好 好 好
见 见 见

hǎo • —— • 너

jiàn • —— • 좋다

nǐ • —— • 만나다

❶ 중국어 문장 쓰기

구분	중국어	한어 병음
띄어쓰기	×	○
마침표	。 (고리점)	. (온점)

❷

老师,
　谢谢!
明天见!

💬 편지 쓰기

중국인은 편지나 메모를 쓸 때 호칭을 부르고, 그 다음 줄에서 두 칸을 띄고 쓴다.

한자 암기 TIP

• 你

亻(人) + 尔
사람   2인칭

상대방을 부를 때 하는 말인 '너'를 뜻한다.

• 好

女 + 子
여자   자녀

어머니가 자녀를 안고 있으니 '좋다'라는 뜻을 나타낸다.

• 见(←見)

目 + 儿
눈   사람이 서있는 모습

사람의 눈을 강조하여 '보다', '만나다'의 뜻을 나타낸다.

잰말놀이

1 과

놀이방법

1 5~6명씩 모둠을 나누어 연습합니다.

2 모둠별로 모둠원의 발표 순서를 정합니다.

3 한 사람씩 읽고, 발음이 틀리면 맨 처음 모둠원부터 다시 시작합니다.

4 시간을 재서 가장 정확하게 빨리 끝낸 모둠이 우승합니다.

① Māma qí mǎ,　　엄마가 말을 타시는데

　　mǎ màn,　　　　 말이 느려서

　　māma mà mǎ.　 엄마가 말을 야단치신다.

② Sì shì sì,　　　　　4는 4이고,

　　shí shì shí,　　　　10은 10이고,

　　shísì shì shísì,　　14는 14이고,

　　sìshí shì sìshí.　　40은 40이다.

①

妈妈骑马,

马慢,

妈妈骂马。

ⓥ 단어

māma 妈妈 엄마

qí 骑 타다

mǎ 马 말

màn 慢 느리다

mà 骂 욕하다, 꾸짖다

②

四是四,

十是十,

十四是十四,

四十是四十。

ⓥ 단어

sì 四 4

shì 是 ~이다

shí 十 10

💬 **더 재미있는 잰말놀이**

Wǒ shì wǒ,　　é shì é.　　　wǒ bú shì é,　　é bú shì wǒ.

我是我,　　　鹅是鹅。　　　我不是鹅,　　　鹅不是我。

나는 나이고,　거위는 거위이다.　나는 거위가 아니고,　거위는 내가 아니다.

Lǎo lǎolao nǎo lǎolao,　　　lǎolao lǎo nǎo lǎo lǎolao.

老姥姥恼姥姥,　　　　　　姥姥老恼老姥姥。

증조외할머니는 외할머니에게 화를 내시고, 외할머니는 늘 증조외할머니에게 화를 내신다.

중국인의 인사법

중국인은 허리를 굽혀 인사하지 않아요!
중국인은 어른들에게도 고개를 가볍게 숙이거나 손을 흔들어 반가움을 표시합니다.

Lǎoshī hǎo!

선생님, 안녕하세요!

Nǐ hǎo ma?

저를 아세요?

'Nǐ hǎo!'와 'Nǐ hǎo ma?'
"Nǐ hǎo! 你好!"는 만났을 때 누구에게나 쓸 수 있는 표현이지만, "Nǐ hǎo ma? 你好吗?"는 "잘 지냈어요?"라는 뜻으로 서로 알고 있는 사이에서 사용하는 인사말입니다.

Bù hǎoyìsi!

Duìbuqǐ!

'Duìbuqǐ!'와 'Bù hǎoyìsi!'
중국인은 큰 잘못이 아닌 경우에는 "Duìbuqǐ! 对不起!"라는 표현보다는 가벼운 사과의 뜻을 나타내는 "Bù hǎoyìsi! 不好意思!"라는 표현을 더 자주 사용합니다.

늦었어!

"Nǐ hǎo!"에 해당하는 여러 나라의 인사말을 조사해 봅시다.

- 老师好! 선생님 안녕하세요!
- 你好! 안녕하세요!
- 你好吗? 잘 지냈어요?
- 不好意思! 미안해요!
- 对不起! 미안해요!

🔽 단어

ma 吗 ~입니까?
bù hǎoyìsi 不好意思 미안합니다

💬 공수(拱手 gǒngshǒu)

한 손은 주먹을 쥐고, 다른 손은 주먹을 감싸 쥐는 중국의 전통 인사법으로, 만나거나 감사를 표할 때 사용한다. 일반적으로 남자는 왼손으로, 여자는 오른손으로 주먹을 감싸 존중을 표현한다. 손 위치를 반대로 했을 경우에는 죽음을 슬퍼하는 애도하는 의미가 있으므로 주의해야 한다.

📋 확인 학습

1 중국인은 허리를 굽혀 인사한다.

○, ×

2 처음 만난 사람에게 "Nǐ hǎo ma?"라고 인사하면 된다.

○, ×

3 사과를 할 때는 "Bù hǎoyìsi!"라고도 한다.

○, ×

정답 1 × 2 × 3 ○

🔍 탐구과제

여러 나라의 인사말

- 독일   : 구텐 탁 Guten Tag!
- 베트남   : 신 짜오 Xin chào!
- 스페인   : 부에노스 디아스 ¡Buenos días!   올라 Hola!
- 이슬람   : 앗살람 알라이쿰 السلام عليكم
- 이탈리아 : 보나세라 benessere!   차오 Ciao!
- 인도·네팔 : 나마스떼 नमस्ते
- 일본   : 곤니찌와 こんにちは!
- 체코   : 도브리 덴 Dobrý den!
- 태국   : 사와디 카(여자) สวัสดีค่ะ   사와디 캅(남자) สวัสดีครับ
- 프랑스   : 봉주르 Bonjour!

핵심 노트

❀ 만났을 때 하는 인사

대상 + hǎo

- Nǐ hǎo! 你好！ 안녕!
- Nín hǎo! 您好！ 안녕하세요!(높임)
- Lǎoshī hǎo! 老师好！ 선생님 안녕하세요!
- Dàjiā hǎo! 大家好！ 여러분 안녕하세요!
- Nǐmen hǎo! 你们好！ 여러분 안녕하세요!
- Tóngxuémen hǎo! 同学们好！ 친구들 안녕!

❀ 헤어질 때 하는 인사

시간을 나타내는 말(부사, 명사) + jiàn

- Zàijiàn! 再见！ 또 봐!
- Yíhuìr jiàn! 一会儿见！ 이따 봐!
- Míngtiān jiàn! 明天见！ 내일 봐!

❀ 감사의 표현

xièxie + 대상

A : Xièxie. 谢谢。 고마워. / Xièxie nǐ! 谢谢你。 고마워. / Xièxie nín. 谢谢您。 감사합니다.(높임)

　　Xièxie lǎoshī. 谢谢老师。 선생님 고맙습니다. / Xièxie dàjiā. 谢谢大家。 여러분 감사합니다.

B : Bú kèqi. 不客气。 천만에요.

❀ 사과의 표현

A : Duìbuqǐ! 对不起！ 미안해! / Bù hǎoyìsi! 不好意思！ 미안해!

B : Méi guānxi. 没关系。 괜찮아.

❀ 인칭 대명사와 복수형

	1인칭	2인칭	3인칭
단수	wǒ 我	nǐ 你, nín 您	tā 他, tā 她
복수	wǒmen 我们	nǐmen 你们	tāmen 他们, tāmen 她们

❀ 제3성의 성조 변화

	성조 변화	
제3성 + 제3성	제2성 + 제3성	Nǐ hǎo → Ní hǎo
제3성 + 제1,2,4,경성	반3성 + 제1,2,4,경성	lǎoshī / Měiguó wǔfàn / jiějie

※ 실제 발음은 바꾸어 발음하지만, 성조 표기는 바뀌지 않는다.

1 발음 카드 두 개를 조합하여 만들 수 있는 발음에 해당하는 글자는?

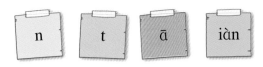

① 不　　② 见　　③ 您　　④ 他　　⑤ 们

1 카드를 조합하면 'nā', 'niàn', 'tā', 'tiàn'을 만들 수 있다.

2 단어와 뜻의 연결이 바르지 <u>않은</u> 것은?

① wǒ – 나　　② nǐ – 너　　③ hǎo – 좋다
④ jiàn – 만나다　　⑤ dàjiā – 급우

3 밑줄 친 'bu'의 발음이 〈보기〉의 밑줄 친 부분의 발음과 같은 것은?

〈보기〉

Bú kèqi.

① <u>bu</u> tīng　　② <u>bu</u> lái　　③ <u>bu</u> hǎo
④ <u>bu</u> kàn　　⑤ Duì<u>bu</u>qǐ

3 '不' 뒤에 제4성의 단어가 나오면 '不'의 성조는 제2성으로 바뀐다.

4 빈칸에 들어갈 말로 알맞은 것은?

① 你　　② 我　　③ 他　　④ 大家　　⑤ 同学们

4 만났을 때 하는 인사말

⑤ 빈칸에 들어갈 말로 알맞은 것은?

> A: Zàijiàn!
>
> B: _____!

① Xièxie   ② Duìbuqǐ   ③ Dàjiā hǎo
④ Méi guānxi   ⑤ Míngtiān jiàn

⑤ 헤어질 때 하는 인사말

⑥ 빈칸에 들어갈 말로 알맞은 것은?

> A: Xièxie!
>
> B: _____.

① Nǐ hǎo   ② Báibái   ③ Bú kèqi
④ Duìbuqǐ   ⑤ Lǎoshī hǎo

⑥ 감사의 표현

⑦ 밑줄 친 부분과 바꾸어 쓸 수 있는 표현으로 알맞은 것은?

> A: 对不起!
>
> B: 没关系。

① 拜拜   ② 谢谢   ③ 不客气
④ 同学们好   ⑤ 不好意思

⑦ 사과의 표현

⑧ 중국인의 인사 예절에 대한 설명으로 바른 것은?

① "Yíhuìr jiàn!"은 만났을 때 하는 인사말이다.
② 처음 만난 사람에게 "Nǐ hǎo ma?"라고 인사한다.
③ 선생님을 만나면 "Dàjiā hǎo!"라고 인사해야 한다.
④ 나이 어린 사람에게 'nín'을 사용하여 친근감을 표현한다.
⑤ 중국인은 어른에게도 고개를 가볍게 숙이거나 손을 흔들며 인사하기도 한다.

⑧ "Nǐ hǎo ma?"는 이미 알고 있는 사람에게 안부를 묻는 인사말이다.

본문 확인학습

※ 본문을 따라 쓰고, 우리말 해석을 채우며 본문을 외워 보세요.

회화가 술술 1

선생님

Nǐ hǎo!
你好!

우리말 :

동현

Lǎoshī Hǎo!
老师好!

우리말 :

동현

Zàijiàn!
再见!

우리말 :

량량

Míngtiān jiàn!
明天见!

우리말 :

회화가 술술 2

예나

Xièxie!
谢谢!

우리말 :

량량

Bú kèqi.
不客气。

우리말 :

샤오위

Dùibuqǐ!
对不起!

우리말 :

예나

Méi guānxi.
没关系。

우리말 :

Nǐ jiào shénme míngzi?

你叫什么名字?

학습 목표 이름과 국적을 묻고 답할 수 있다.

주요 표현
이름 Nǐ jiào shénme míngzi?
국적 Nǐ shì nǎ guó rén?

문화 중국인의 이름과 호칭

알쏭달쏭 차이나

1 중국엔 왕씨 성을 가진 사람이 제일 많아.

전 왕만터우예요!

정답 X

2016, 2017년 백가성(Bǎijiāxìng 百家姓) 통계에 따르면 중국에는 '리(Lǐ 李)'씨가 9,530만 명으로 가장 많다. 리(Lǐ 李)–왕(Wáng 王)–장(Zhāng 张)–류(Liú 刘)–천(Chén 陈)의 순서로, 이 5대 성씨만 합쳐도 4억 명 가까이 된다.

2 친한 사이라면 나이 차이가 조금 나도 서로 이름을 부르기도 해.

만터우~!

정답 O

중국인은 나이 차이가 조금 나도 서로 이름을 부르기도 하고, 친한 윗사람에게는 이름 뒤에 gē(형, 오빠)나 jiě(언니, 누나)를 붙여 예의를 표하기도 한다.

머리에 쏙쏙

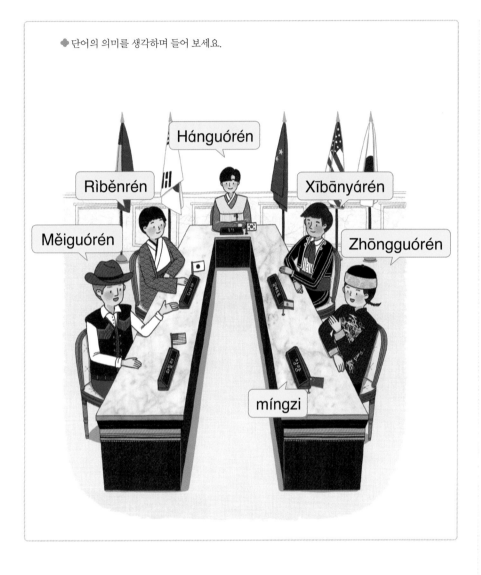

◆ 단어의 의미를 생각하며 들어 보세요.

🔊 단어

- Hánguórén   한국인
- Zhōngguórén 중국인
- Rìběnrén   일본인
- Měiguórén   미국인
- Xībānyárén 스페인인
- míngzi   이름

🗣 확인 학습

1 단어와 의미를 연결해 보세요.

① Hánguó ·   · ㉠ 스페인

② míngzi ·   · ㉡ 한국

③ Zhōngguó ·   · ㉢ 이름

④ Xībānyá ·   · ㉣ 중국

2 우리말을 한어 병음으로 써 보세요.

① 미국인

➡ _____

② 일본인

➡ _____

🎧 듣기 TIP

1 우리와 익숙한 나라의 이름을 추측하며 들어 본다.

2 제2성이 연속되는 경우 '뭐라고?'하는 느낌으로 제2성을 끝까지 충분히 끌어올려서 발음함에 유의하며 듣는다.
   ㉠ <u>Hánguórén</u>, <u>Zhōngguórén</u>, <u>Xībānyárén</u>, <u>Měiguórén</u>

3 권설음 'r'의 발음 방법을 생각하며 듣고, 발음을 반복하며 따라 한다.
   ㉠ <u>Rìběn, r</u>én

4 중국어는 우리말과 달리 연음이 되지 않으므로, 'Xībānyá'의 'bān'과 'yá'가 연음이 되지 않게 발음됨에 주의한다.

5 'i'는 성모와의 결합에 따라 우리말의 '이'와 '으'처럼 발음됨에 주의하며 듣는다.
   ㉠ <u>Rì</u>běn[*르번], <u>mí</u>ngzi [밍쯔]

귀가 쫑긋

❶ 잘 듣고 알맞은 발음을 골라 보세요.

(1) ☐ sì   (2) ☐ rán   (3) ☐ féngyou
   ☑ shì   ☑ rén   ☑ péngyou

❶
(1) shì ~이다
(2) rén 사람
(3) péngyou 친구

🔊 듣기 TIP

(1) 성모 's'와 'sh'의 발음을 구별하는 문제이다.

(2) 운모 'an'과 'en'의 발음을 구별하는 문제이다. 'en'은 '엔'으로 발음되지 않음에 유의한다.

(3) 성모 'f'와 'p'의 발음을 구별하는 문제이다. 'f'는 영어 'f'의 발음과 비슷하게 윗니를 아랫입술에 댔다 떼면서, 'p'는 두 입술을 붙였다 떼면서 내는 소리이다.

❷ 잘 듣고 빈칸에 알맞은 발음을 써 보세요.

(1) g uó   (2) j iào   (3) h ě n

❷
(1) guó 나라
(2) jiào 부르다
(3) hěn 매우

🔊 듣기 TIP

(1) 운모 'uo'는 영어식 발음처럼 '우오'로 발음되지 않음을 주의하며 듣는다.

(2) 성모 'j'는 우리말 'ㅈ'과 비슷하고 혓바닥을 입천장 앞쪽에 붙였다 떼면서 내는 소리임에 주의한다.

(3) 제3성을 구별해 낼 수 있도록 주의하여 듣는다.

❸ 잘 듣고 대화의 내용이 무엇인지 생각해 보세요.

Nǐ shì nǎ guó rén?

Wǒ shì Hánguórén.

❸
남자 : 어느 나라 사람인가요?
여자 : 한국 사람이에요.

🔊 듣기 TIP

"Nǎ guó rén?"은 국적을 묻는 표현임에 주의하여 들어본다. 또, 성조가 모두 제2성인 'Hánguórén'의 발음에 유의하여 듣는다.

회화가 술술 1

◆리 선생님이 교무실에서 예나와 처음 만났습니다.

 선생님

Nǐ jiào shénme míngzi?
你叫什么名字?

 예나

Wǒ jiào Piáo Yìnà.
我叫朴艺娜。

 선생님

Nǐ shì nǎ guó rén?
你是哪国人?

 예나

Wǒ shì Hánguórén.
我是韩国人。

예나는 어느 나라 사람인가요?   □일본인   □중국인   ✔한국인

(025)

jiào 叫 부르다	shénme 什么 무슨, 무엇	míngzi 名字 이름
shì 是 ~이다	nǎ 哪 어느	guó 国 나라
rén 人 사람	Hánguó 韩国 한국	

본문 해석

리 선생님 : 네 이름은 뭐니?
예나 : 제 이름은 박예나입니다.

리 선생님 : 너는 어느 나라 사람이니?
예나 : 저는 한국 사람입니다.

💬 제2성과 경성의 발음

'shénme', 'míngzi' 모두 '제2성+경성'으로 이루어진 단어이다. 경성의 높이를 주의하여 읽어 보자.

💬 '김동현' 중국어 이름 찾기

1. 인터넷 중국어 사전 이용(네이버, 다음 등)

① 검색창에 이름을 한 글자씩 입력 후 한자로 변환한다.
② 번체자로 입력해도 간화자와 한어 병음이 검색 결과로 나온다.

2. '한글' 프로그램 이용

① '김동현'을 한글로 입력한다.
② 한 글자씩 한자키를 눌러 한자로 변환한다. 한자 변환 창 아래쪽에 있는 풀이를 보면 한어 병음이 있다.
③ '金東賢' 번체자를 간화자로 바꾸려면 번체자 부분을 블록으로 씌워 글자체를 '신명조 간자'로 바꾸면 '金东贤'으로 바뀐다.

📋 본문 해설

★ Nǐ jiào shénme míngzi?

'shénme(什么)'는 단독으로 쓰이면 '무엇', 명사 앞에 쓰이면 '무슨'이라는 뜻의 의문사이다. 의문사를 사용하는 의문문에는 'ma(吗)'를 사용하지 않는다.

㉠ Zhè shì shénme? 这是什么? 이것은 무엇이니?   ※ zhè 这 이, 이것
　 Nǐ jiào shénme míngzi ma? 你叫什么名字吗?(×)   ※ ma 吗 ~입니까?

★ Piáo Yìnà

이름을 한어 병음으로 표기할 때는 성과 이름은 띄어 쓰고 각 첫 글자를 대문자로 쓴다.

㉠ Jīn Dōngxián 김동현　　　Wáng Xiǎoyǔ 왕샤오위

★ Nǐ shì nǎ guó rén?

'nǎ(哪)'는 '어느'라는 뜻의 의문사로 의문문을 만든다. 의문사 의문문에는 'ma(吗)'를 사용하지 않는다.

㉠ Nǐ shì nǎ guó rén ma? 你是哪国人吗?(×)

💬 확인 학습

1 빈칸에 알맞은 의문사를 써 보세요.

① Nǐ jiào _____ míngzi?

② 你是 ____ 国人?

표현이 탄탄 1

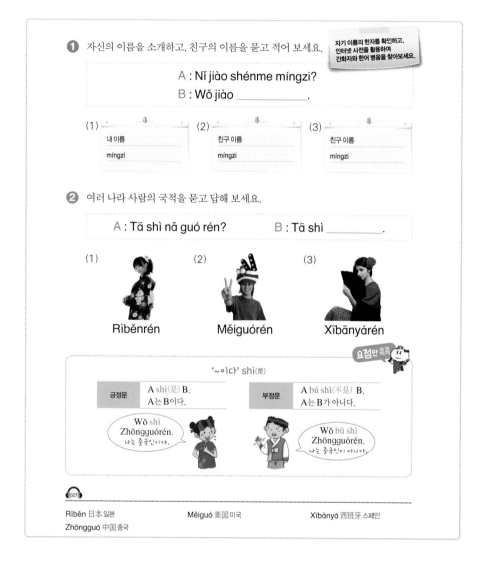

❶ 자신의 이름을 소개하고, 친구의 이름을 묻고 적어 보세요.

> 자기 이름의 한자를 확인하고, 인터넷 사전을 활용하여 간화자와 한어 병음을 찾아보세요.

A : Nǐ jiào shénme míngzi?
B : Wǒ jiào _____.

(1) 내 이름 / míngzi

(2) 친구 이름 / míngzi

(3) 친구 이름 / míngzi

❷ 여러 나라 사람의 국적을 묻고 답해 보세요.

A : Tā shì nǎ guó rén?   B : Tā shì _____.

(1) Rìběnrén

(2) Měiguórén

(3) Xībānyárén

요점만 콕콕

'~이다' shì(是)

| 긍정문 | A shì(是) B.
A는 B이다. | 부정문 | A bú shì(不是) B.
A는 B가 아니다. |

Wǒ shì Zhōngguórén.
나는 중국인이야.

Wǒ bú shì Zhōngguórén.
나는 중국인이 아니야.

Rìběn 日本 일본   Měiguó 美国 미국   Xībānyá 西班牙 스페인
Zhōngguó 中国 중국

---

❶ 이름 묻고 답하기

A: 你叫什么名字?
네 이름이 뭐니?

B: 我叫_____。
나는 _____라고 해.

(1) 성조에 주의하여 자신의 중국어 이름을 정확히 알려 준다.
(2) 친구의 중국어 이름을 듣고 한어 병음 표기법에 주의하여 정확히 써 보자.

❷ 국적 묻고 답하기

A: 他(她)是哪国人?
그(녀)는 어느 나라 사람이니?

B: 他(她)是_____。
그(녀)는 _____이야.

(1) 她是日本人。
그녀는 일본인이야.

(2) 他是美国人。
그는 미국인이야.

(3) 她是西班牙人。
그녀는 스페인인이야.

※ 주의 : 한어 병음 'tā'로만 쓰여 있으면 남녀를 구분할 수 없다. 한자로 쓸 때는 대화의 상황에 맞게 '他와 她'를 구별하여 써야 한다.

요점만 콕콕

· 我是中国人。
· 我不是中国人。

어법 Tip

★ 동사 술어문 : 동사가 술어가 되는 것으로 '주어+동사(+목적어)'의 형태이다.

긍정문 주어+동사(+목적어)

예 Wǒ shì Hánguórén.
我是韩国人。 나는 한국인이야.

吗 의문문 주어+동사(+목적어)+吗?
★ 문장 끝에 '吗'를 쓴다.

예 Nǐ shì Hánguórén ma?
你是韩国人吗? 너는 한국인이니?

부정문 주어+부정부사(不)+동사

예 Wǒ bú shì Hánguórén.
我不是韩国人。 나는 한국인이 아니야.

긍정 부정 의문문 주어+동사+不+동사(+목적어)?
★ '吗'는 추가하지 않는다.

예 Nǐ shì bu shì Hánguórén?
你是不是韩国人? 한국인이니 아니니?
※ '동사 + 不 + 동사'에서 '不'는 경성으로 발음한다.

확인 학습

1 자신의 국적을 말해 보세요.

Wǒ shì _____.

2 중국어 문장을 한어 병음으로 바꾸어 써 보세요.

你叫什么名字?

_____?

정답 2. Nǐ jiào shénme míngzi
1. Hánguórén

회화가 술술 2

◆ 량량이 친구들을 소개하고 있습니다.

량량
Zhè shì wǒ de péngyou, Wáng Xiǎoyǔ.
这是我的朋友，王小雨。

동현
Nǐ hǎo! Wǒ jiào Jīn Dōngxián.
你好！我叫金东贤。

샤오위
Rènshi nǐ hěn gāoxìng.
认识你很高兴。

동현
Wǒ yě hěn gāoxìng.
我也很高兴。

🎧 샤오위와 처음 만난 사람은 누구인가요? ☐ 동현 ✔ 량량

`[029]`

zhè 这 이, 이것	de 的 ~의	péngyou 朋友 친구
rènshi 认识 알다	hěn 很 매우	gāoxing 高兴 기쁘다, 즐겁다
yě 也 ~도, 또한		

📋 본문 해설

★ Zhè shì wǒ de péngyou.

'zhè(这)'는 '이 사람, 이것'이라는 의미로, 말하는 사람과 가까이에 있는 사람이나 사물을 가리킬 때 사용하는 지시 대명사이다.

🗨 Zhè shì shénme? 这是什么?
이것은 무엇이니?

'de(的)'는 '~의'라는 의미로 (대)명사와 명사를 연결하는 조사로 쓰여 소유나 소속을 나타낸다. 이때 'de'는 경성으로 발음한다.

(대)명사	+	de(的)	+	명사

★ Wǒ yě hěn gāoxìng.

'yě(也)'는 주어 뒤에 쓰여 '~도'라는 의미의 부사이다. 우리말은 '나도!'라고 술어를 생략하여 표현하지만 중국어에서는 반드시 술어를 써야 완전한 문장이 된다.

주어	+	yě(也)	+	술어

🗨 A: Nǐ yě shì Hánguórén ma?
你也是韩国人吗? 당신도 한국인입니까?
B: Wǒ yě shì. 我也是。 저도요.
※ Wǒ yě. 我也。(×)

📖 본문 해석

량량 : 얘는 내 친구, 왕 샤오위야.
동현 : 안녕! 난 김동현이라고 해.
샤오위 : 만나서 반가워.
동현 : 나도 반가워.

💬 rènshi(认识)

'알다'라는 의미로, 뒤에 목적어로 사람, 장소(길), 사물 등이 올 수 있다. 목적어로 사람이 오는 경우, 서로 인사를 해서 알고 있거나 안면이 있는 경우에 쓰인다.

🗨 Wǒ rènshi tā. 我认识他。
나는 그를 알아.

❓ 선생님, 궁금해요~!

"Wǒ shì Hánguórén." 이 문장에서 'Hánguórén'이 '을/를'로 해석되지 않은데 왜 목적어라고 해요?

중국어는 영어처럼 '주어(S)+동사(V)+목적어(O)'의 기본 어순을 가지고 있어요. 목적어 자리에 오는 단어는 '~을/를'로 해석되지 않아도 중국어에서는 목적어라고 해요. 중국어의 목적어는 동사의 지배를 받거나 동작의 영향을 받는 장소·결과·도구 등을 나타내기도 해 한국어의 목적어보다 범위가 훨씬 넓습니다.

목적어	
한국어 목적어 (~을/를)	중국어 목적어 (~에/~로) 장소, 결과, 도구 등

💬 확인 학습

1 빈칸에 알맞은 말을 넣어 대화를 완성해 보세요.

A: Rènshi nǐ hěn _____①_____.

B: Wǒ _____②_____ hěn gāoxìng.

① _____

② _____

표현이 탄탄 1

① 밑줄 친 부분을 바꾸어 소개해 보세요.

> Zhè shì wǒ de péngyou.

(1) tóngxué

(2) shū

(3) shǒujī

② 밑줄 친 부분을 바꾸어 묘사해 보세요.

> Tā hěn gāoxìng.

(1) máng

(2) piàoliang

(3) cōngming

요점만 콕콕

지시 대명사

| zhè(这) | 자신에게 가까이 있는 것 | nà(那) | 멀리 있는 것 |

Zhè shì wǒ de shū.
이것은 나의 책이야.

Nà shì tā de shū.
저것은 그의 책이야.

shū 书 책　　　　　　　　shǒujī 手机 휴대전화　　　　　　　máng 忙 바쁘다
piàoliang 漂亮 예쁘다　　　cōngming 聪明 똑똑하다　　　　nà 那 그(저), 그것(저것)

---

① 소유의 표현

(대)명사+de+명사

这是我的朋友。 얘는 내 친구야.

(1) 这是我的同学。
이 사람은 내 학우야.

(2) 这是我的书。
이것은 내 책이야.

(3) 这是我的手机。
이것은 내 휴대전화야.

② 형용사 술어문

주어+정도 부사(hěn)+형용사

他(她)很高兴。
그(녀)는 아주 기쁘다.

(1) 他很忙。 그는 아주 바빠.
(2) 她很漂亮。 그녀는 아주 예뻐.
(3) 他很聪明。 그는 아주 똑똑해.

※ 'hěn'은 형용사 앞에 습관적으로 사용하고 해석은 굳이 하지 않아도 된다.

요점만 콕콕

· 这是我的书。
· 那是他的书。

🗨 어법 Tip

★ 형용사 술어문 : 형용사가 술어가 되는 것으로 '주어+형용사' 구조이다.

긍정문 주어+정도부사+형용사
예 Wǒ hěn máng. 我很忙。 나는 아주 바빠.

부정문 주어+부정부사(不)+형용사
예 Wǒ bù máng. 我不忙。 나는 바쁘지 않아.

吗의문문 주어+형용사+吗?
★ 문장 끝에 '吗'를 쓴다.
예 Nǐ máng ma? 你忙吗? 너는 바쁘니?

긍정부정의문문 주어+형용사+不+형용사?
★ 'ma(吗)'는 추가하지 않는다.
예 Nǐ máng bu máng?
你忙不忙? 너는 바쁘니 안 바쁘니?
※ '형용사＋不＋형용사'의 '不'는 경성으로 발음한다.

🗨 확인 학습

1 'de(的)'가 들어갈 위치로 알맞은 것은?

Zhè　shì　wo　shū　.
① ② ③ ④ ⑤

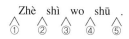

실력이 쑥쑥

① 단어를 바르게 배열하여 문장을 완성해 보세요.

(1)

나도 아주 기뻐. ➡ ___Wǒ yě hěn gāoxìng___ .

(2)
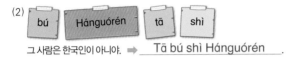

그 사람은 한국인이 아니야. ➡ ___Tā bú shì Hánguórén___ .

② 빈칸에 들어갈 알맞은 단어를 골라 대화를 완성하세요.

A : Nǐ shì ___nǎ___ guó rén?
B : Wǒ shì Zhōngguórén.
A : Nǐ jiào ___shénme___ míngzi?
B : Wǒ jiào Lǐ Xiǎoyǔ.

③ 한자를 바른 획순으로 쓰고, 알맞은 발음과 뜻을 찾아 연결해 보세요.

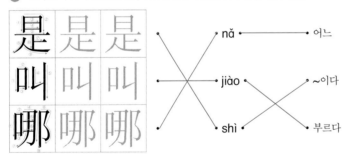

nǎ • — • 어느

jiào • — • ~이다

shì • — • 부르다

---

❶

(1) 我也很高兴。

주어+yě(也)+술어 : ~도 ~하다.

※ A: "만나서 반가워." B: "나도 (반가워)."라는 대화에서 보면 우리말은 술어가 생략되는 경우가 많은데, 이런 언어 습관 때문에 B 문장을 "Wǒ yě."라고 잘못 번역하는 한국인들이 많다. 중국어로 옮길 때는 "Wǒ yě hěn gāoxìng."처럼 반드시 술어도 함께 제시해야 함을 주의한다.

(2) 他不是韩国人。

주어+bù(不)+shì(是)+목적어

※ '不'는 동사나 형용사 앞에 사용하여 부정문을 만든다. 원래 제4성이나, 뒤에 제4성의 단어가 나오면 제2성으로 바뀌어 발음하는 것에 주의한다.

❷

A: 你是哪国人?
　　너는 어느 나라 사람이니?

B: 我是中国人。
　　나는 중국인이야.

A: 你叫什么名字?
　　네 이름은 뭐니?

B: 我叫李小雨。
　　리샤오위라고 해.

한자 암기 TIP

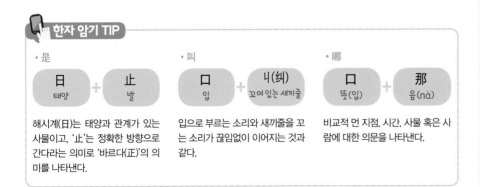

• 是

| 日 태양 | + | 止 발 |

해시계(日)는 태양과 관계가 있는 사물이고, '止'는 정확한 방향으로 간다라는 의미로 '바르다(正)'의 의미를 나타낸다.

• 叫

| 口 입 | + | 丩(纠) 꼬여 있는 새끼줄 |

입으로 부르는 소리와 새끼줄을 꼬는 소리가 끊임없이 이어지는 것과 같다.

• 哪

| 口 뜻(입) | + | 那 음(nà) |

비교적 먼 지점, 시간, 사물 혹은 사람에 대한 의문을 나타낸다.

나라 이름 맞히기 게임

놀이방법

1 모둠별로 앉습니다.

2 선생님이 중국어로 나라 이름을 불러 줍니다.

3 모둠별로 의논하여 어느 나라인지 보드에 적습니다.

4 주어진 시간이 끝나면 동시에 정답을 적은 보드를 위로 듭니다.

5 맞힌 모둠에게 점수를 부여합니다.

6 점수를 가장 많이 획득한 모둠이 승리!

※ 중국어 국가명은 중국어의 외래어 표기법에 따라 표기한다.
1. 음을 빌려 번역
2. 음과 뜻을 모두 고려하여 번역한다.

※ 다음 국가명을 읽으면서 어떻게 만들었는지 생각해 보세요.

국가명

병음	한자	우리말
Āgēntíng	阿根廷	아르헨티나
Àodàlìyà	澳大利亚	오스트레일리아
Àodìlì	奥地利	오스트리아
Bāxī	巴西	브라질
Déguó	德国	독일
Éluósī	俄罗斯	러시아
Fǎguó	法国	프랑스
Hélán	荷兰	네덜란드
Jiānádà	加拿大	캐나다
Mòxīgē	墨西哥	멕시코
Pútáoyá	葡萄牙	포르투갈
Ruìshì	瑞士	스위스
Tàiguó	泰国	태국
Tǔ'ěrqí	土耳其	터키
Xīnjiāpō	新加坡	싱가포르
Xīnxīlán	新西兰	뉴질랜드
Xiōngyálì	匈牙利	헝가리
Yìdàlì	意大利	이탈리아
Yìndù	印度	인도
Yīngguó	英国	영국
Yuènán	越南	베트남
Zhìlì	智利	칠레

이름 묻는 표현을 높임말로 하면?

정중하게 성을 물을 때는 'nín 您'을 사용해서 "Nín guì xìng? 您贵姓?"이라고 한다. 우리말에서도 '귀교', '귀하' 등 '귀'라는 단어를 사용하여 상대방을 높여 주는데, 중국어에서도 'guì 贵'를 사용한다. 다만, 중국인은 성으로만 대답하는 경우가 많다.

A: Nín guì xìng? 您贵姓? 성이 어떻게 되세요?

B: Wǒ xìng Zhāng. 我姓张。제 성은 장입니다.

전체 이름으로 대답할 때는 아래처럼 말하면 된다.

B: Wǒ xìng Zhāng, jiào Zhāng Wěi. 我姓张，叫张伟。제 성은 장이고, 장웨이라고 합니다.

단, 제3자의 성을 물을 때는 '贵姓'을 사용하지 않음에 주의한다.

A: Tā xìng shénme? 她姓什么? 그녀의 성이 뭐예요?

B: Tā xìng Wáng. 她姓王。그녀는 왕씨입니다.

확인 학습

1 그 외 여러분이 궁금한 나라 이름은 인터넷 사전을 활용하여 직접 찾아보세요.

〈네이버/다음 중국어사전〉

국가명	병음	한자

중국인의 이름과 호칭

중국에는 4,000개가 넘는 성씨가 있습니다. 가장 많은 성씨는 '리(Lǐ 李)'로 9,500만 명이 넘고, 5대 성씨를 가진 사람만 합쳐도 4억 명 가까이 됩니다.

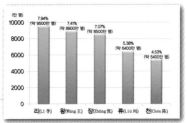

성씨별 인구 순위 (출처: 2015년 『백가성(百家姓)』)

제 이름은 장웨이예요!

앗, 저랑 이름이 똑같네요. 전 왕웨이예요!

가장 흔한 이름은 '장웨이(Zhāng Wěi 张伟)'와 '왕웨이(Wáng Wěi 王伟)'입니다. 90년대까지는 외자 이름을 많이 지었지만, 2000년대에 와서는 두 글자 이름을 선호하고 있습니다.

Zhāng tóngxué!

Liàngliang, 너 부르시잖아!

친구들끼리는 이름을 바로 부르거나, 'tóngxué 同学' 앞에 성을 붙여서 부릅니다. 친한 사이에는 이름의 끝 글자를 중복해서 부르기도 합니다.

Lǐ gē!

Wáng jiě!

친한 윗사람에게는 성 뒤에 'gē 哥(형, 오빠)'나 'jiě 姐(언니, 누나)'를 붙여 부르기도 합니다. 또한 중국인들은 나이 차이가 많지 않으면 그냥 이름을 부르는 것에 익숙합니다.

 중국과 한국의 호칭을 비교하여 정리해 봅시다.

중국인 선호 이름 TOP 5

순위	병음	한자	이름
1	Zhāng Wěi	张伟	장웨이
2	Wáng Wěi	王伟	왕웨이
3	Wáng Fāng	王芳	왕팡
4	Lǐ Wěi	李伟	리웨이
5	Wáng Xiùyīng	王秀英	왕슈잉

중국인 이름의 특징

1. 중국인은 '위대하다'라는 뜻의 'Wěi(伟)', '향기롭다'라는 뜻의 'Fāng(芳)', '우수하고 영특하다'라는 뜻의 'Xiùyīng(秀英)'이라는 이름을 선호합니다.

2. 중국에서는 출생 신고 시 엄마의 성을 선택할 수 있어요.

3. 중첩형 이름도 많아요.
   예 판빙빙(Fàn Bīngbīng 范冰冰)
   가오위안위안
   (Gāo Yuányuán 高圆圆)

탐구과제

중국과 한국의 호칭

한국어 호칭	중국어 호칭
젊은 사람에 대한 친근한 호칭	shuài gē 帅哥(잘생긴 오빠), měinǚ 美女(미녀)
나이가 많은 분	āyí 阿姨(아주머니), shūshu 叔叔(아저씨)
선생님(모르는 사람에 대한 호칭)	xiānsheng 先生(남성), nǚshì 女士(여성)
식당, 호텔 등 서비스업 종사자	fúwùyuán 服务员(종업원), shīfu 师傅(택시 기사, 상점 판매원)
부부 간	lǎogōng 老公(남편), lǎopo 老婆(아내)
친할 경우	lǎo 老+성(나이 많은 사람을 부를 때) xiǎo 小+성(나이 어린 사람을 부를 때)

확인 학습

1 중국은 'Lǐ(李)'씨가 가장 많다.
　　○, ✕

2 중국인은 외자 이름이 거의 없다.
　　○, ✕

3 'Xiǎo Wáng'은 나보다 나이 많은 사람에게 쓰는 호칭이다.
　　○, ✕

✕ 3 ✕ 2 ○ 1 정답

핵심 노트

🌸 의문사 의문문

'nǎ(哪)', 'shénme(什么)' 등의 의문사를 사용하여 만드는 의문문으로 문장 끝에 'ma(吗)'를 쓰지 않는다.

A : Nǐ shì nǎ guó rén? 你是哪国人? 당신은 어느 나라 사람입니까?
B : Wǒ shì Hánguórén. 我是韩国人。 저는 한국인입니다.
A : Nǐ jiào shénme míngzi? 你叫什么名字? 이름이 뭐예요?
B : Wǒ jiào Jīn Dōngxián. 我叫金东贤。 김동현이라고 합니다.

🌸 동사 술어문

'shì(是)'는 '~이다'의 의미로 설명이나 판단을 나타낸다. 부정문은 동사 앞에 'bù(不)'를 사용한다.

<table>
<tr><td align="center">A＋是＋B</td><td align="center">A＋不是＋B</td></tr>
<tr><td>· Tā shì Zhōngguórén. 她是中国人。
　그녀는 중국인이야.</td><td>· Tā bú shì Zhōngguórén. 她不是中国人。
　그녀는 중국인이 아니야.</td></tr>
</table>

🌸 형용사 술어문

형용사가 술어인 문장으로, 긍정문은 형용사 앞에 부사 'hěn(很)'을, 부정문은 부사 'bù(不)'를 사용한다.

<table>
<tr><td align="center">주어＋很＋형용사</td><td align="center">주어＋不＋형용사</td></tr>
<tr><td>· Wǒ hěn máng. 我很忙。 나는 바빠.</td><td>· Wǒ bù máng. 我不忙。 나는 바쁘지않아.</td></tr>
</table>

🌸 也의 용법

'~도 역시'라는 의미로 주어 다음에 쓰고 'yě(也)' 다음에는 꼭 술어를 써야 한다.

주어＋也＋술어

A : Rènshi nǐ hěn gāoxìng. 认识你很高兴。 알게 돼서 기뻐.
B : Wǒ yě hěn gāoxìng. 我也很高兴。 나도 기뻐.

🌸 지시 대명사

<table>
<tr><td align="center">zhè(这) : 자신에게 가까이 있는 것</td><td align="center">nà(那) : 자신에게 멀리 있는 것</td></tr>
<tr><td>· Zhè shì wǒ de shǒujī. 这是我的手机。
　이것은 나의 휴대전화야.</td><td>· Nà shì tā de shǒujī. 那是他的手机。
　그것은 그의 휴대전화야.</td></tr>
</table>

※ 'de(的)'는 '~의'라는 의미로, 관형어와 명사를 연결해 주며 소유를 나타낸다.

1 발음 카드 두 개를 조합하여 만들 수 있는 발음에 해당하는 글자로 알맞은 것은?

h	sh	ū	uō

① 书　　　② 叫　　　③ 忙　　　④ 国　　　⑤ 很

1
카드를 조합하면 'hū', 'huō', 'shū', 'shuō'를 만들 수 있다.

2 밑줄 친 부분에 해당하는 말로 알맞은 것은?

Zhè shì wǒ de péngyou.

① 的　　　② 那　　　③ 是　　　④ 我　　　⑤ 这

3 한어 병음과 뜻의 연결이 바른 것은?

① shǒujī – 책　　　　　② jiào – 기쁘다
③ máng – 바쁘다　　　④ cōngming – 예쁘다
⑤ piàoliang – 똑똑하다

4 빈칸에 들어갈 말로 가장 알맞은 것은?

A : 认识你很高兴。

B : 我＿＿＿很高兴。

① 不　　　② 也　　　③ 的　　　④ 那　　　⑤ 是

4
~도

5 빈칸에 들어갈 말로 알맞은 것은?

Tā hěn _____.

① bù　　　　　　② míngzi　　　　　　③ shénme
④ péngyou　　　　⑤ piàoliang

5

형용사 술어문
: 주어+부사+형용사

6 대화의 주제로 알맞은 것은?

A : 你叫什么名字?

B : 我叫王小雨。

① 감사 인사　　　　② 국적 묻기　　　　③ 사과하기
④ 이름 묻기　　　　⑤ 작별 인사

7 빈칸에 들어갈 말로 알맞은 것은?

A : Nǐ shì nǎ guó rén?

B : _____.

① Shì　　　　　　　　　② Bú shì
③ Wǒ shì péngyou　　　　④ Wǒ yě hěn hǎo
⑤ Wǒ shì Hánguórén

7

국적 묻고 답하기

8 중국의 이름과 호칭에 대한 설명으로 알맞은 것은?

① 중국인은 모두 두 글자 이름이다.
② 친한 형에게 '姐'라는 호칭을 사용한다.
③ 동급생끼리 '老师'라는 호칭을 사용한다.
④ 현재 중국에서 가장 많은 성씨는 왕(王)씨이다.
⑤ 나이 차이가 많지 않으면 이름을 부르기도 한다.

본문 확인학습

※ 본문을 따라 쓰고, 우리말 해석을 채우며 본문을 외워 보세요.

회화가 술술 1

선생님
Nǐ jiào shénme míngzi?
你叫什么名字?

우리말 :

예나
Wǒ jiào Piáo Yìnà.
我叫朴艺娜。

우리말 :

선생님
Nǐ shì nǎ guó rén?
你是哪国人?

우리말 :

예나
Wǒ shì Hánguórén.
我是韩国人。

우리말 :

회화가 술술 2

량량
Zhè shì wǒ de péngyou, Wáng Xiǎoyǔ.
这是我的朋友，王小雨。

우리말 :

동현
Nǐ hǎo! Wǒ jiào Jīn Dōngxián.
你好! 我叫金东贤。

우리말 :

샤오위
Rènshi nǐ hěn gāoxìng.
认识你很高兴。

우리말 :

동현
Wǒ yě hěn gāoxìng.
我也很高兴。

우리말 :

1 〈보기〉의 방법으로 발음되지 <u>않는</u> 것은?

〈보기〉
혀끝을 윗잇몸의 뒷면에 붙였다 떼면서 내는 소리

① d   ② g   ③ l
④ n   ⑤ t

2 밑줄 친 부분의 발음이 나머지 넷과 <u>다른</u> 것은?

① j<u>u</u>   ② l<u>u</u>   ③ q<u>u</u>
④ x<u>u</u>   ⑤ y<u>u</u>

3 본래의 성조를 잃고 짧고 가볍게 발음되는 것은?

① 제1성   ② 제2성   ③ 제3성
④ 제4성   ⑤ 경성

4 성모 없이 단독으로 쓰일 때 운모의 표기가 옳지 <u>않은</u> 것은?

① ie   yie   ② in   yin
③ uo   wo   ④ üe   yue
⑤ uai   wai

5 성조 표기 규칙에 맞게 한어 병음이 표기된 것은?

① bāo   ② gùi   ③ jiā
④ meǐ   ⑤ yùe

6 발음 카드를 조합하여 만들 수 있는 발음에 해당하는 글자는?

① 的   ② 见   ③ 那
④ 她   ⑤ 这

7 밑줄 친 부분의 실제 발음되는 성조로 알맞은 것은?

<u>Nǐ</u> hǎo!

① 제1성   ② 제2성   ③ 제3성
④ 제4성   ⑤ 경성

8 밑줄 친 부분의 실제 발음되는 성조가 나머지 넷과 <u>다른</u> 것은?

① <u>bù</u> tīng   ② <u>bù</u> lái   ③ <u>bù</u> hǎo
④ <u>bù</u> duì   ⑤ <u>bù</u> máng

9 빈칸에 들어갈 손가락 모양이 나타내는 숫자로 알맞은 것은?

 − =

① yī   ② èr   ③ sān
④ sì   ⑤ wǔ

10 복수형을 만들 때 빈칸에 공통으로 들어갈 말로 알맞은 것은?

• 你___   • 同学___

① 的   ② 吗   ③ 们
④ 是   ⑤ 这

11 단어와 뜻의 연결이 바른 것은?

① nín − 너   ② shū − 책
③ lǎoshī − 여러분   ④ péngyou − 학생
⑤ míngtiān − 오늘

12 국기와 국가명의 연결이 바른 것은?

①
Hánguó

②
Měiguó

③
Rìběn

④
Xībānyá

⑤
Zhōngguó

13 빈칸에 들어갈 말로 알맞지 않은 것은?

A : Nǐ hǎo!
B : _____ hǎo!

① Nǐ   ② Tā   ③ Nín
④ Dàjiā   ⑤ Lǎoshī

14 대화의 상황을 그림으로 나타낸 것은?

A : Zàijiàn!
B : Yíhuìr jiàn!

①    ②   ③

④   ⑤

15 빈칸에 들어갈 말로 알맞은 것은?

A : _____!
B : Bú kèqi!

① Báibái   ② Xièxie   ③ Zàijiàn
④ Dàjiā hǎo   ⑤ Méi guānxi

16 대화의 내용으로 보아 두 사람의 관계로 알맞은 것은?

> A : Wáng tóngxué, zàijiàn!
>
> B : Lǎoshī, zàijiàn!

① 남매   ② 부부   ③ 친구
④ 엄마와 아들   ⑤ 선생님과 학생

17 밑줄 친 부분과 바꾸어 쓸 수 있는 것은?

> A : <u>对不起</u>!
>
> B : 没关系。

① 很好   ② 谢谢   ③ 拜拜
④ 你好吗   ⑤ 不好意思

18-20 대화를 읽고 물음에 답하시오.

> A : 你㉠叫 ㉡ 名字?
>
> B : 我叫朴艺娜。
>
> A : 你是哪国人?
>
> B : 我 ㉢ 韩国人。

18 밑줄 친 ㉠의 발음으로 알맞은 것은?

① hěn   ② shì   ③ jiàn
④ jiào   ⑤ máng

19 빈칸 ㉡에 들어갈 말로 알맞은 것은?

① 的   ② 哪   ③ 那
④ 这   ⑤ 什么

20 빈칸 ㉢에 들어갈 말로 알맞은 것은?

① 不   ② 们   ③ 是
④ 也   ⑤ 不是

21 우리말을 중국어로 옮길 때 단어를 어순에 맞게 바르게 배열한 것은?

> 너를 알게 되어 나도 기뻐.
> → 认识你我㉠<u>高兴</u> ㉡<u>很</u> ㉢<u>也</u>。

① ㉠-㉡-㉢   ② ㉡-㉠-㉢
③ ㉡-㉢-㉠   ④ ㉢-㉠-㉡
⑤ ㉢-㉡-㉠

22 현대 중국에서 사용하는 표준어의 공식 명칭으로 알맞은 것은?

① 한위   ② 중국어   ③ 푸퉁화
④ 만다린   ⑤ 광둥어

23 중국에 대한 설명으로 바른 것은?

① 수도는 '상하이'이다.
② 국기는 '금성홍기'이다.
③ 인구는 13억이 넘어 세계 최다이다.
④ 한족과 56개의 소수 민족으로 이루어져 있다.
⑤ 중국어는 세계에서 두 번째로 모국어로 많이 사용되는 언어이다.

서술형

24 다음 중국어 음절을 성조, 성모, 운모 세 요소로 구분하여 쓰시오.

tīng

(1) 성조 : _____

(2) 성모 : _____

(3) 운모 : _____

25 대화로 보아 <u>어색한</u> 문장을 찾아 바르게 고치시오.

(1) 수정 문장 :

_____

→ _____

(2) 수정 이유 :

_____

_____

03

Nǐ jiā yǒu jǐ kǒu rén?
你家有几口人?

학습 목표 가족과 나이, 학교, 학년을 묻고 답할 수 있다.

주요 표현
가족 Wǒ jiā yǒu sì kǒu rén.
나이 Tā duō dà?
학년 Tā shàng chūzhōng yī niánjí.

문화 중국의 가족

알쏭달쏭 차이나

1 중국은 인구가 너무 많아서 자녀를 한 명만 낳을 수 있다.

아들딸 구별 말고 하나만!

정답 ✗

중국도 인구 감소를 우려하여 1979년부터 시행되어 온 산아 제한 정책(Jìhuà shēngyù 计划生育)을 폐지하고 2016년부터 '두 자녀 정책'을 시행하기 시작했다.

2 그렇지! 그래서 쌍둥이를 낳으면 벌금을 내야해.

우리 벌금 내야돼?

정답 ✗

한 가정에 한 자녀만 낳을 수 있었던 산아 제한 정책(Jìhuà shēngyù 计划生育)이 시행되었던 시절에도 쌍둥이는 벌금을 부과하는 대상이 아니었다.

머리에 쏙쏙

◆ 단어의 의미를 생각하며 들어 보세요.

1	2	3	4	5	6	7	8	9	10
一	二	三	四	五	六	七	八	九	十
yī	èr	sān	sì	wǔ	liù	qī	bā	jiǔ	shí

🎧 듣기 TIP

1 가족을 나타내는 말들의 발음 공통점을 생각하며 듣는다.
➡ 두 번째 음절이 모두 경성으로 발음된다.

2 경성의 높이가 달라지는 점을 주의하여 듣는다.

제1성+경성	제2성+경성	제3성+경성	제4성+경성
māma, gēge	yéye	nǎinai, jiějie	bàba, dìdi, mèimei

3 'sì'와 'shí'의 발음을 주의하여 듣는다.
➡ 's'는 혀의 위치가 윗잇몸 뒤쪽, 'sh'는 혀의 위치가 뒤 입천장 쪽이다.

🔤 단어

- wǒ   나
- māma   엄마
- bàba   아빠
- mèimei   여동생
- dìdi   남동생
- gēge   형, 오빠
- jiějie   언니, 누나
- yéye   할아버지
- nǎinai   할머니

💬 보충-중국의 가족 호칭(1)

외할아버지	lǎoye 姥爷
	wàigōng 外公
외할머니	lǎolao 姥姥
	wàipó 外婆
작은아버지, 삼촌	shūshu 叔叔
외숙부, 외삼촌	jiùjiu 舅舅
이모	yímā 姨妈
고모	gūgu 姑姑

📖 확인 학습

1 단어와 의미를 연결해 보세요.

① yéye   ·   · ㉠ 오빠, 형

② jiějie   ·   · ㉡ 할머니

③ gēge   ·   · ㉢ 언니, 누나

④ nǎinai   ·   · ㉣ 할아버지

2 한자는 아라비아숫자로, 아라비아 숫자는 한자로 바꿔 쓰세요.

① 七十九   ➡ _____

② 16   ➡ _____

③ 三十五   ➡ _____

④ 82   ➡ _____

정답
1 ①㉣ ②㉢ ③㉠ ④㉡
2 ①79 ②十六
③35 ④八十二

058

귀가 쫑긋

❶ 잘 듣고 알맞은 발음을 골라 보세요.

(1) ☐ kǎo   (2) ☑ niánjí   (3) ☐ cūzhōng
     ☑ kǒu   ☐ niánjì   ☑ chūzhōng

🔊 듣기 TIP

(1) 운모 'ao'와 'ou'의 발음에 유의하여 듣는다.

(2) 제2성과 제4성을 잘 구별하여 듣는다.

(3) 성모 'c'와 'ch'의 발음을 잘 구별하여 듣는다. 'c'는 혀끝이 윗니 뒷면에 닿았다 떨어지면서 나는 소리이고 'ch'는 혀끝이 입천장에 닿았다 떨어지면서 나는 소리이다.

❶
(1) kǒu 식구를 세는 양사
(2) niánjí 학년
    niánjì 나이, 연세
(3) chūzhōng 중학교

❷ 잘 듣고 빈칸에 알맞은 발음을 써 보세요.

(1) ☐d☐ uō   (2) ☐j☐ iā   (3) s ☐u☐ ì

🔊 듣기 TIP

(1) 성모 'd'는 혀끝을 앞 입천장에 붙였다 떼면서 내는 소리이며, 우리말 'ㄷ', 'ㄸ'과 비슷하다.

(2) 성모 'j'는 우리말 'ㅈ', 'ㅉ'과 비슷하다. 입모양이 넓고 평평한 상태에서 나는 소리임에 주의한다.

(3) 운모 'ui'는 'uei'가 성모와 함께 쓰일 때 'e'가 생략된 것이다. 숨어 있는 'e'의 발음을 주의하여 듣고, 성조 표기에 유의한다.

❷
(1) duō 얼마나, 많다
(2) jiā 집
(3) suì 세, 살

❸ 잘 듣고 대화의 내용이 무엇인지 생각해 보세요.

Nǐ duō dà?

Shíwǔ suì.

🔊 듣기 TIP

"Duō dà?"는 나이를 묻는 표현이고, 'suì'는 나이를 세는 단위 표현이다.

❸
선생님 : 너 몇 살이니?
남학생 : 열다섯 살입니다.

회화가 술술 1

◆ 량량이 예나의 가족에 대해 질문합니다.

량량
Nǐ jiā yǒu jǐ kǒu rén?
你家有几口人?

예나
Wǒ jiā yǒu sì kǒu rén.
我家有四口人。

량량
Dōu yǒu shénme rén?
都有什么人?

예나
Bàba、māma、gēge hé wǒ.
爸爸、妈妈、哥哥和我。

 예나의 가족을 모두 골라 보세요. ✓아빠 ✓엄마 □언니 ✓오빠 □남동생

〔035〕

jiā 家 집	yǒu 有 있다	jǐ 几 몇
kǒu 口 식구 [양사]	dōu 都 모두	bàba 爸爸 아빠
māma 妈妈 엄마	gēge 哥哥 형, 오빠	hé 和 ~와(과)

본문 해설

★ 가족의 수와 구성원 묻기

(1) Nǐ jiā yǒu jǐ kǒu rén?
가족의 수를 물을 때는 의문사 'jǐ(几)'를 사용한다. 식구가 몇 명인지 셀 때는 양사 'kǒu(口)'를 사용한다. 이때 의문사와 양사의 순서는 다음과 같다.

jǐ(几)＋kǒu(口)＋rén(人)

대답할 때는 의문사의 위치에 알맞은 숫자를 넣어 답하면 된다.

숫자＋kǒu(口)＋rén(人)

(2) Dōu yǒu shénme rén?
가족 구성원을 묻는 질문이다. 'shénme rén' 대신 'shéi(谁)'를 사용할 수도 있다.

본문 해석

량량: 너희 집은 식구가 몇 명이니?
예나: 우리 집은 네 식구야.
량량: 누구누구 있니?
예나: 아빠, 엄마, 오빠 그리고 나야.

💬 jǐ(几)의 용법
'jǐ(几)'는 10보다 작은 수를 물을 때 사용되는 의문사이다. 보통 날짜·시간처럼 이미 고정된 숫자나 가족의 수, 어린이의 나이 등을 물을 때 사용한다. 10 이상의 수를 물을 때는 'duōshao(多少)'를 사용한다.
예 Nǐ yǒu jǐ ge dìdi?
你有几个弟弟?
너 남동생 몇 명 있니?

💬 병렬을 나타내는 hé(和)
'hé(和)'는 명사, 대명사, 명사화된 동사, 형용사 등의 병렬을 나타낸다. 이때 병렬되는 것이 둘인 경우에는 그 사이에, 셋 이상인 경우에는 '、'(dùnhào 顿号)를 사용해 나열한 후 마지막 단어 앞에 'hé(和)'를 쓴다. '~와, 그리고'의 의미를 나타낸다.
예 Dōngxián、Liàngliang hé Xiǎoyǔ dōu shì xuésheng.
东贤、亮亮和小雨都是学生。
동현, 량량, 그리고 샤오위는 모두 학생이다.(※ xuésheng 学生 학생)

확인 학습

1 질문에 알맞은 답을 〈보기〉에서 골라 써 보세요.

〈보 기〉
· Bàba、māma、jiějie、dìdi hé wǒ.
· Wǔ kǒu rén.

① Nǐ jiā yǒu jǐ kǒu rén?

② Nǐ jiā dōu yǒu shénme rén?

정답 1 ① Wǔ kǒu rén. ② Bàba、māma、jiějie、dìdi hé wǒ.

표현이 탄탄 1

❶ 밑줄 친 부분을 바꾸어 가족 수를 소개해 보세요.

> 가족 수는 '숫자+kǒu+rén'의 형태로 표현해요.

Wǒ jiā yǒu sì kǒu rén.

(1) sān
(2) wǔ
(3) liù

❷ 가족 구성원을 묻고 답해 보세요.

A : Dōu yǒu shénme rén?
B : Bàba、 māma、 gēge hé wǒ.

(1) mèimei
(2) jiějie
(3) liǎng ge dìdi

> 개수 '둘'을 나타낼 때는 'èr'이 아니라 'liǎng'을 씁니다.

요점만 콕콕

소유의 표현 yǒu(有)

▶ yǒu(有)의 부정형은 méiyǒu(没有)입니다.

> Wǒ yǒu gēge.
> 나는 오빠가 있다.

> Wǒ méiyǒu gēge.
> 나는 오빠가 없다.

🎧037

mèimei 妹妹 여동생	jiějie 姐姐 누나, 언니	liǎng 两 둘
ge 个 개, 명 [단위]	dìdi 弟弟 남동생	méi(yǒu) 没(有) 없다

💬 어법 Tip

★ 양사

양사란 사람이나 사물의 수, 동작의 횟수, 지속된 시간 등을 세는 말이다. 보통 다음과 같은 순서로 쓴다.

숫자+양사+명사

예 sān(三)＋kǒu(口)＋rén(人)

★ 'èr(二)'과 'liǎng(两)'

숫자 2는 'èr(二)'과 'liǎng(两)' 두 가지로 구분하여 사용한다.

(1) èr(二)
① 양사 없이 쓰일 때
예 2 èr 二 　　　27 èrshíqī 二十七,
52 wǔshí'èr 五十二
② 순서를 나타낼 때
예 제2과 dì-èr kè 第二课

(2) liǎng(两)
양사와 함께 쓰일 때
(※숫자 2가 단독으로 쓰일 경우만 해당됨)
예 학생 두 명→liǎng ge xuésheng 两个学生
※ 학생 열두 명→shí'èr ge xuésheng 十二个学生

❶ 가족 수를 말하는 표현

숫자＋kǒu＋rén

我家有四口人。
우리 집은 네 식구야.

(1) 我家有三口人。
우리 집은 세 식구야.
(2) 我家有五口人。
우리 집은 다섯 식구야.
(3) 我家有六口人。
우리 집은 여섯 식구야.

❷ 가족 구성원을 묻고 답하는 표현

A: 都有什么人? 누구누구 있니?
B: 爸爸、 妈妈、 哥哥和我。
아빠, 엄마, 형과 나야.

(1) 爸爸、 妈妈、 妹妹和我。
아빠, 엄마, 여동생과 나야.
(2) 爸爸、 妈妈、 姐姐和我。
아빠, 엄마, 언니와 나야.
(3) 爸爸、 妈妈、 两个弟弟和我。
아빠, 엄마, 남동생 두 명과 나야.

요점만 콕콕

'yǒu(有)'는 '(가지고) 있다'의 뜻으로 소유를 나타낸다. 부정은 'bù(不)'가 아닌 'méi(没)'를 사용한다. 의문문은 문장 끝에 'ma(吗)'를 사용하거나 'yǒu(有)'와 'méiyǒu(没有)'를 나열하여 만든다.
예 너 형 있니?
你有哥哥吗?
＝你有没有哥哥?
＝你有哥哥没有?

📋 확인 학습

1 우리말과 중국어를 바르게 연결해 보세요.

① 친구 2명 ・　　・㉠ 二年级
② 친구 12명 ・　　・㉡ 两个朋友
③ 2학년 ・　　・㉢ 十二个朋友

회화가 술술 2

◆ 샤오위가 동현이의 가족사진을 보고 있습니다.

샤오위
Tā shì nǐ jiějie ma?
她是你姐姐吗?

도현
Bú shì. Tā shì wǒ mèimei.
不是。她是我妹妹。

샤오위
Tā duō dà?
她多大?

도현
Shísì suì, tā shàng chūzhōng yī niánjí.
十四岁，她上初中一年级。

 동현의 여동생은 몇 학년인가요?　☐ 초등학교 1학년　✔ 중학교 1학년

[039]

---

ma 吗 ~입니까?　　　　　duō 多 얼마나　　　　　dà 大 (나이가) 많다
suì 岁 살, 세　　　　　　shàng 上 (학교에) 다니다　chūzhōng 初中 중학교
niánjí 年级 학년

📋 본문 해설

★ Tā shì nǐ jiějie ma?

ma(吗) 의문문 : 평서문의 끝에 'ma(吗)'를 붙이면 의문문이 된다.

㉠ Tā shì chūzhōng yī niánjí. 他是初中一年级。 그는 중학교 1학년이다.
　 Tā shì chūzhōng yī niánjí ma? 他是初中一年级吗? 그는 중학교 1학년이니?

★ Tā shì wǒ mèimei.

가족 관계를 나타낼 때는 소유나 소속을 나타내는 조사 'de(的)'를 일반적으로 생략하여 표현한다.

㉠ Tā shì wǒ de péngyou. 他是我的朋友。 그는 나의 친구야.
　 Tā shì wǒ dìdi. 他是我弟弟。 그는 내 남동생이야.

💬 본문 해석

샤오위 : 그녀는 네 누나니?
동현 : 아니야, 얘는 내 여동생이야.
샤오위 : 몇 살이니?
동현 : 열네 살이고, 중학교 1학년이야.

❓ 선생님, 궁금해요~!

👦 선생님 팔찌 하셨네요! 근데 역시 중국인들은 빨간색을 좋아하는군요? 팔찌도 빨간색이라니!

👩 이건 '본명년(běnmìngnián 本命年)' 팔찌예요. 올해가 선생님의 띠인 해이거든요. 중국인들은 12년마다 자기 띠인 해가 돌아오면 나쁜 일이 생기지 않기를 바라는 마음으로 팔찌나 허리띠 같은 빨간색의 물건들을 새해부터 항상 몸에 지니는 풍습이 있어요. 아래 광고처럼 '본명년 10종 상품 세트'도 판매하고 있답니다.

✏️ 확인 학습

1 단어와 발음을 연결해 보세요.

① 年级 ・　　　・ ㉠ chūzhōng

② 岁 ・　　　　・ ㉡ niánjí

③ 初中 ・　　　・ ㉢ duō

④ 多 ・　　　　・ ㉣ suì

2 우리말을 중국어로 쓰세요.

① 그녀는 내 여동생이야.

→ _____

② 그녀는 14살이야.

→ _____

정답 1 ① ㉡ ② ㉣ ③ ㉠ ④ ㉢
2 ① 她是我妹妹。
② 她是十四岁。

표현이 탄탄1

❶ 밑줄 친 부분을 바꾸어 가족을 소개해 보세요.

Tā shì wǒ **mèimei**.

(1)
năinai

(2)
yéye

(3)
māma

❷ 학교와 학년을 묻고 답해 보세요.

A : Nǐ shàng jǐ niánjí?
B : Wǒ shàng chūzhōng èr niánjí.

(1)
xiǎoxué

(2)
gāozhōng

요점만 콕콕

나이 묻기

Nǐ jǐ suì?
너 몇 살이니?

Nǐ duō dà?
몇 살이세요?

Nín duō dà niánjì?
연세가 어떻게 되세요?

🎧041

nǎinai 奶奶 할머니
gāozhōng 高中 고등학교
yéye 爷爷 할아버지
niánjí 年纪 나이, 연세
xiǎoxué 小学 초등학교

---

❶ 가족 소개

她是我**妹妹**。
그녀는 나의 **여동생**이야.

(1) 她是我**奶奶**。
그녀는 나의 **할머니**야.

(2) 他是我**爷爷**。
그는 나의 **할아버지**야.

(3) 她是我**妈妈**。
그녀는 나의 **엄마**야.

❷ 학교·학년의 표현

A: 你上几**年级**?
너는 몇 학년이니?

B: 我上**初中**二年级。
나는 **중학교** 2학년이야.

(1) 我上**小学**二年级。
나는 **초등학교** 2학년이야.

(2) 我上**高中**二年级。
나는 **고등학교** 2학년이야.

 요점만 콕콕

연령대에 따른 나이 묻기
• 어린이에게　你几岁?
　(보통 10세 미만)
• 일반적으로　你多大?
• 웃어른에게　您多大年纪?

🗨 확인 학습

1 질문에 알맞은 답을 〈보기〉에서 골라 써 보세요.

〈보기〉
几　多　多大

① A : 你_____岁?
　B : 我七岁。

② A : 你_____大?
　B : 我十五岁。

③ A : 您_____年纪?
　B : 我六十二岁。

✍ 중국의 학제

한국	중국	
초등학교	xiǎoxué 小学	
중학교	chūzhōng 初中	zhōngxué 中学
고등학교	gāozhōng 高中	
대학교	dàxué 大学	

'zhōngxué(中学)'를 우리말의 '중학교'와 혼동하지 않도록 주의한다. 'chūzhōng yī niánjí(初中一年级)' 이상부터 간단히 줄여서 'chū yī(初一, 중1)', 'gāo sān(高三, 고3)'처럼 말하기도 한다. 그러나 'xiǎoxué(小学)'는 줄여서 말하지 않는다.

실력이 쑥쑥

① 단어를 바르게 배열하여 문장을 완성해 보세요.

(1) yǒu　ma　gēge　nǐ

너는 형(오빠)이 있니? ➡ _____ Nǐ yǒu gēge ma _____ ?

(2) rén　jǐ　nǐ　yǒu　kǒu　jiā

너희 집 식구는 몇 명이니? ➡ _____ Nǐ jiā yǒu jǐ kǒu rén _____ ?

② 빈칸에 알맞은 말을 넣어 가족 소개를 완성해 보세요.

예나의 블로그

Wǒ de jiā

20XX.XX.XX

Wǒ jiā yǒu sì kǒu rén. Bàba、māma、
gēge hé wǒ. Wǒ gēge shíliù suì,
shàng chūzhōng sān niánjí .

③ 한자를 바른 획순으로 쓰고, 알맞은 발음과 뜻을 찾아 연결해 보세요.

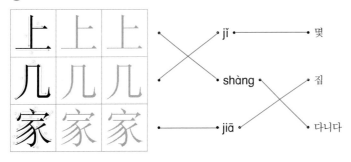

上
几
家

jǐ — 몇
shàng — 집
jiā — 다니다

① **중국어의 기본 어순**

주어 + 서술어 + 목적어

(1) 你有哥哥吗?

※ 평서문 끝에 'ma(吗)'를 넣으면 'ma(吗)' 의문문이 된다.

(2) 你家有几口人?

※ 의문사 의문문에는 이미 의문사가 있으므로 문장 끝에 'ma(吗)'를 쓸 수 없다.

②

我的家

我家有四口人。爸爸、
妈妈、哥哥和我。我哥哥
十六岁、上初中三年级。

우리 집

우리 집은 네 식구입니다. 아빠, 엄마, 오빠와 나입니다. 우리 오빠는 열여섯 살이고 중학교 3학년입니다.

 **한자 암기 TIP**

· 上

긴 직선이나 곡선의 위쪽에 작은 선이 하나 더 그어진 모양으로 무언가가 위쪽에 있다는 뜻. 위쪽을 향해 나아간다는 동적(動的)인 움직임을 나타내는 경우도 있다.

· 几(←幾)

번체자로는 'jǐ(幾, 몇 기)'인데 발음이 같은 글자를 빌려 간화자로 삼았다.

· 家

宀 집 + 豕 돼지

지붕 아래 돼지 한 마리가 있는 모양. 과거 사람들이 집에서 돼지를 길렀음을 알 수 있다.

아이엠그라운드 가족호칭 게임

놀이 방법

1 친구들과 둥글게 둘러앉아 각자 가족 호칭을 고릅니다.

2 '무릎-손뼉-오른손-왼손'의 순서로 4박자에 맞추어 자기소개를 합니다.

3 술래가 다음 사람을 호명하면 호명된 사람은 본인 호칭을 숫자대로 말한 후 다음 사람을 호명합니다.

🎵 **가족 노래**

鲨鱼一家 Shāyú yijiā 상어 가족

shāyú bǎobao 鲨鱼宝宝 아기 상어
dàhǎi li 大海里 바닷속
kě'ài de 可爱的 귀여운
shāyú bǎobao 鲨鱼宝宝 아기 상어

shāyú māma 鲨鱼妈妈 엄마 상어
dàhǎi li 大海里 바닷속
piàoliang de 漂亮的 어여쁜
shāyú māma 鲨鱼妈妈 엄마 상어

shāyú bàba 鲨鱼爸爸 아빠 상어
dàhǎi li 大海里 바닷속
lìqi dà 力气大 힘이 센
shāyú bàba 鲨鱼爸爸 아빠 상어

shāyú nǎinai 鲨鱼奶奶 할머니 상어
dàhǎi li 大海里 바닷속
cíxiáng de 慈祥的 자상한
shāyú nǎinai 鲨鱼奶奶 할머니 상어

shāyú yéye 鲨鱼爷爷 할아버지 상어
dàhǎi li 大海里 바닷속
liǎobuqǐ 了不起 굉장한
shāyú yéye 鲨鱼爷爷 할아버지 상어

wǒmen shì 我们是 우리는
dàhǎi li 大海里 바다의
kěpà de 可怕的 무서운
shāyú yìjiāzi 鲨鱼一家子 상어 가족

shāyú ya 鲨鱼呀 상어다
kuài pǎo a 快跑啊 도망쳐
kuài pǎo a 快跑啊 도망쳐
cángqǐlái 藏起来 숨자!

méi shì le 没事了 살았다
méi shì le 没事了 살았다
jīntiān yě 今天也 오늘도
huóxiàlái le 活下来了 살았다!

zhēn kāixīn 真开心 신난다
zhēn kāixīn 真开心 신난다
tiào qǐ wǔ 跳起舞 춤을 춰
gē jiù dào zhèr 歌就到这儿 노래 끝!

다음 사람 호명하기

본인 호칭 말하기

🗨 **띠 묻고 답하기**

A : Nǐ shǔ shénme? 你属什么? 너는 무슨 띠니?
B : Wǒ shǔ niú. 我属牛。 나는 소띠야. (※ shǔ 属 ~띠이다.)

〈십이간지〉

shǔ 鼠   niú 牛   hǔ 虎   tù 兔   lóng 龙   shé 蛇

mǎ 马   yáng 羊   hóu 猴   jī 鸡   gǒu 狗   zhū 猪

중국의 가족

중국인은 결혼을 하고 혼인 신고를 하면 결혼증을 받아요. 결혼증에는 부부의 사진이 있답니다.

결혼증

왜 신분증에 사람이 2명일까?

한 자녀 정책 포스터

세계 인구 1위인 중국은 1979년부터 '한 자녀 정책'을 유지해 왔습니다.

소황제

최근 중국도 저출산과 고령화로 인구 감소 위기를 맞게 되자 2016년부터 '두 자녀 정책'을 시행하게 되었답니다.

두 자녀 정책 시행

한 자녀 가정에서 자란 아이들은 가족의 관심을 한 몸에 받고 자라기 때문에 '소황제(xiǎohuángdì 小皇帝)'라고 불립니다.

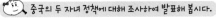

중국의 두 자녀 정책에 대해 조사하여 발표해 봅시다.

🔍 탐구과제

중국의 두 자녀 정책

1. 중국 산아 제한 정책의 문제점

• 소황제(xiǎohuángdì 小皇帝) : 한 자녀 정책 이후 태어난 외동아이를 가리키는 말로 어른들의 과잉보호로 자립심 부족, 이기주의 등이 문제로 지적되고 있다.

• 헤이하이쯔(hēi háizi 黑孩子) : 산아 제한 정책을 위반해 호적에 오르지 못한 아이를 말한다. 이들은 학교에도 제대로 가지 못하는 등 각종 사회 보장 제도의 혜택을 받지 못하여 정상적인 생활을 하기 어렵다는 문제가 있다.

2. 전면적 두 자녀 정책의 시행

최근 중국은 고령화와 저출산 현상이 심각한 수준에 이르게 되었다. 이에 2016년 1월 1일 '인구계획생육법 수정안'이 발효되고 '전면적 두 자녀 정책'이 시행되어 중국의 모든 가정은 둘째 아이를 가질 수 있게 되었다. 그 후 2016년에는 1천850만 명의 신생아가 태어났는데, 그중 45%가 둘째 아이였으며, 2017년 1월부터 8월까지는 태어난 신생아 1천160만 명의 52%가 형이나 누나가 있는 가정에서 태어났다고 한다. 신생아 중 둘째 아이의 비율이 갈수록 높아지는 것은 수년 전부터 중국 정부가 '한 자녀 정책'을 완화한 영향이 큰 것으로 분석된다.

💬 보충─중국의 가족 호칭(2)

자녀	háizi	孩子
딸	nǚ'ér	女儿
외동딸	dúshēngnǚ	独生女
아들	érzi	儿子
외아들	dúshēngzǐ	独生子
형제	xiōngdì	兄弟
자매	jiěmèi	姐妹
귀염둥이.예쁜이 (어린아이에 대한 애칭)	bǎobǎo	宝宝

💬 한국 나이 vs 중국 나이

우리나라에서는 태어나자마자 한 살이 되고 해가 바뀌면 모든 국민이 한 살씩 더 먹는 한국식 나이를 사용하지만, 중국을 비롯한 다른 나라에서는 태어나면 0살이며 자기 생일이 지나야 나이를 먹는 만 나이를 사용한다. 중국인에게 나이를 소개할 때는 중국식 나이로 소개하거나, 자신이 태어난 해나 띠를 알려주는 것도 혼동을 피하는 좋은 방법이다.

📋 확인 학습

1. 중국의 부부는 결혼하면 모두 결혼증을 발급받는다.

○, ×

2. 소황제는 황제처럼 대접받으며 자란 아이를 가리키는 말이다.

○, ×

3. 2016년 이후로 중국도 두 자녀 정책을 시행하여 한 가정에 두 아이를 가질 수 있게 되었다.

○, ×

정답 1 ○ 2 ○ 3 ○

핵심 노트

✿ 가족의 수를 묻는 표현

A : Nǐ jiā yǒu jǐ kǒu rén? 你家有几口人? 너희 집은 식구가 몇 명이니?

B : Wǒ jiā yǒu sì kǒu rén. 我家有四口人。 우리 집은 네 식구야.

✿ 가족 구성원을 묻는 표현

A : Nǐ jiā dōu yǒu shénme rén? 你家都有什么人? 너희 집 식구는 누구누구 있니?

　　Nǐ jiā dōu yǒu shéi? 你家都有谁?

B : Bàba、māma、jiějie、dìdi hé wǒ. 爸爸、妈妈、姐姐、弟弟和我。 아빠, 엄마, 언니, 남동생 그리고 나야.

✿ 나이를 묻는 표현

어린이	보통	어르신
A : Nǐ jǐ suì? 你几岁? 너는 몇 살이니? **B** : Wǒ bā suì. 我八岁. 나는 여덟 살이에요.	**A** : Nǐ duō dà? 你多大? 너는 몇 살이니? **B** : Wǒ shíwǔ suì. 我十五岁. 나는 열다섯 살이야.	**A** : Nín duō dà niánjì? 您多大年纪? 연세가 어떻게 되세요? **B** : Wǒ liùshíqī suì. 我六十七岁. 나는 예순일곱 살이란다.

✿ 학교와 학년을 묻는 표현

A : Nǐ shàng jǐ niánjí? 你上几年级? 너는 몇 학년이니?

B : Wǒ shàng chūzhōng èr niánjí. 我上初中二年级。 나는 중학교 2학년이야.

✿ 여러 가지 의문문

(1) ma(吗)의문문 : 평서문의 끝에 'ma(吗)'를 붙인다.

・Tā shì Liàngliang de péngyou. 他是亮亮的朋友。 그는 량량의 친구야.

　→Tā shì Liàngliang de péngyou ma? 他是亮亮的朋友吗? 그는 량량의 친구니?

(2) 의문사 의문문 : 의문사를 사용한다.

・Tā shì Liàngliang de péngyou. 他是亮亮的朋友。 그는 량량의 친구야.

　→Tā shì shéi de péngyou? 他是谁的朋友? 그는 누구의 친구니?

(3) 긍정 부정 의문문 : 서술어의 긍정형과 부정형을 나란히 쓴다.

・Tā shì Liàngliang de péngyou. 他是亮亮的朋友。 그는 량량의 친구야.

　→Tā shì bu shì Liàngliang de péngyou? 他是不是亮亮的朋友? 그는 량량의 친구니, 아니니?

1 발음 카드 두 개를 조합하여 만들 수 있는 발음에 해당하는 글자는?

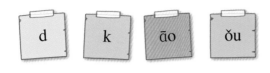

① 大　　② 都　　③ 多　　④ 高　　⑤ 口

1

카드를 조합하면 'dāo', 'dǒu', 'kāo', 'kǒu'을 만들 수 있다.

2 한어 병음과 뜻이 바르게 연결된 것은?

① shéi – 어느　　② niánjì – 학년　　③ gāozhōng – 중학교

④ duō dà – 많다　　⑤ xiǎoxué – 초등학교

2

① 谁
② 年纪
③ 高中
④ 多大
⑤ 小学

3 한자와 발음이 바르게 연결된 것은?

① 都 – duō　　② 家 – ge　　③ 和 – hé

④ 二 – liǎng　　⑤ 上 – sàng

4 빈칸에 들어갈 말로 가장 알맞은 것은?

Wǒ yǒu ＿＿＿＿ ge dìdi.

① dà　　② èr　　③ nǎ

④ duō　　⑤ liǎng

4

'二'과 '两'의 쓰임을 구별한다.

5 빈칸에 들어갈 단어로 알맞은 것은?

A : 你哥哥多＿＿＿了?

B : 他二十岁。

① 大　　② 好　　③ 几　　④ 岁　　⑤ 小

5

나이를 묻는 표현은 연령대에 따라 다르다.

6 빈칸에 들어갈 말로 알맞은 것은?

> A : Nǐ yǒu mèimei ma?
>
> B : _____, tā shì wǒ jiějie.

① Hǎo   ② Shì   ③ Yǒu
④ Bú shì   ⑤ Méiyǒu

6

'有'의 부정 형식은 부정사 '不'를 사용하지 않는다.

7 빈칸에 들어갈 말로 알맞은 것은?

> A : Nǐ shàng jǐ niánjí?
>
> B : Wǒ _____.

① shì lǎoshī   ② shì tā mèimei   ③ méiyǒu jiějie
④ shàng èr niánjí   ⑤ jiā yǒu sān kǒu rén

7

학년을 묻는 표현이다.

8 다음에서 설명하고 있는 것은?

> ○ 1979년 한 자녀 정책 시행 이후 생겨난 말.
> ○ 가족의 관심을 한몸에 받고 귀하게 자란 아이를 가리키는 말.

① 바링허우   ② 소황제   ③ 결혼증
④ 산아 제한 정책   ⑤ 두 자녀 정책

본문 확인학습

※ 본문을 따라 쓰고, 우리말 해석을 채우며 본문을 외워 보세요.

회화가 술술 1

량량
Nǐ jiā yǒu jǐ kǒu rén?
你家有几口人?

우리말 : _____

예나
Wǒ jiā yǒu sì kéu rén.
我家有四口人。

우리말 : _____

량량
Dōu yǒu shénme rén?
都有什么人?

우리말 : _____

예나
Bàba、māma、gēge hé wǒ.
爸爸、妈妈、哥哥和我。

우리말 : _____

회화가 술술 2

샤오위
Tā shì nǐ jiějie ma?
她是你姐姐吗?

우리말 : _____

동현
Bú shì. Tā shì wǒ mèimei.
不是。她是我妹妹。

우리말 : _____

샤오위
Tā duō dà?
他多大?

우리말 : _____

동현
Shísì suì, tā shàng chūzhōng yī niánjí.
十四岁，她上初中一年级。

우리말 : _____

Jīntiān jǐ hào?
今天几号?

학습 목표	날짜와 요일을 묻고 답할 수 있다.

주요 표현	날짜 Jīntiān jǐ hào?
	요일 Xīngqīwǔ kǎoshì.
	축하 Zhù nǐ shēngrì kuàilè!

문화	중국의 명절

알쏭달쏭 차이나

1 중국도 어린이날이 5월 5일이야.

신나는 어린이날!

정답 ✗

중국의 어린이날은 국제 어린이날과 같은 6월 1일이다. 우리나라와는 달리 공휴일이 아니어서 어린이들을 위한 행사만 일부 있을 뿐 정상적으로 등교하고 출근한다.

2 중국의 최대 명절은 단오야.

단오에는 멋진 용선 경주를 볼 수 있지~

정답 ✗

중국의 최대 명절은 설(Chūnjié 春节)이다. 보통 법정 공휴일은 3일이지만, 해마다 연휴 기간을 조정하여 발표한다. 평균적으로 7일 정도의 연휴를 보낸다.

머리에 쏙쏙

◆ 단어의 의미를 생각하며 들어 보세요.

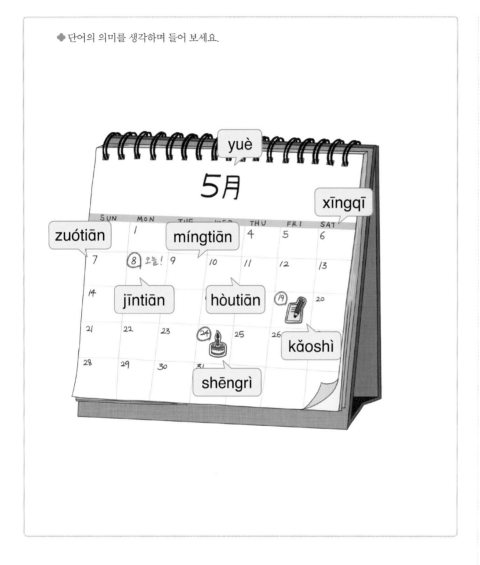

📋 단어

· yuè   월
· xīngqī   요일
· zuótiān   어제
· jīntiān   오늘
· míngtiān 내일
· hòutiān   모레
· kǎoshì   시험(보다)
· shēngrì   생일

🖥 확인 학습

1 단어와 의미를 연결해 보세요.

① xīngqī ·   · ㉠ 생일

② hòutiān ·   · ㉡ 시험 (보다)

③ kǎoshì ·   · ㉢ 요일

④ shēngrì ·   · ㉣ 모레

2 우리말을 한어 병음으로 써 보세요.

① 월   ➡ _____

② 내일 ➡ _____

💬 듣기 TIP

1 'yuè'의 발음에 주의해 듣는다. 'yue'는 'üe'가 성모 없이 사용될 때의 표기 방법임을 기억하여 우리말의 '유'와 같이 발음하지 않도록 주의한다.

2 'xīngqī', 'zuótiān', 'míngtiān', 'jīntiān', 'hòutiān' 등 제1성으로 끝나는 단어들은 마지막 음절 끝이 툭 떨어지지 않도록 제1성의 높이를 유지하며 충분히 길게 발음함을 주의하여 듣는다.

3 'i'의 발음을 주의 깊게 듣는다. 'xīngqī'의 'i'는 우리말의 '이'와 같이 발음하고, 'shēngrì', 'kǎoshì'에 사용된 'i'는 우리말의 '으'와 같이 발음한다.

귀가 쫑긋

① 잘 듣고 알맞은 발음을 골라 보세요.

(1) ☐ yè   (2) ☑ hǎo   (3) ☐ shēnglì
     ☑ yuè   ☐ hòu   ☑ shēngrì

①
(1) yuè 월
(2) hǎo 일
(3) shēngrì 생일

🔊 듣기 TIP

(1) 운모 'ie'와 'üe'를 구별하여 듣는다.

(2) 운모 'ao'와 'ou'를 구별하여 듣는다.

(3) 성모 'l'와 'r'를 구별하여 듣는다. 'l' 다음의 'i'는 우리말의 '이'와 같이 발음하고, 'r' 다음의 'i'는 우리말의 '으'와 같이 발음한다.

② 잘 듣고 빈칸에 알맞은 발음을 써 보세요.

(1) xīng ⃞q⃞ ī   (2) kǎosh ⃞i⃞   (3) jīnt ⃞i⃞ ⃞ā⃞ ⃞n⃞

②
(1) xīngqī 요일
(2) kǎoshì 시험(보다)
(3) jīntiān 오늘

🔊 듣기 TIP

(1) 성모 'q'는 혓바닥을 입천장 앞쪽에 붙였다 떼면서 내는 소리이며 우리말 'ㅊ'과 비슷하다.

(2) 성모 'sh' 다음의 'i'는 우리말의 '으'와 같이 발음한다.

(3) 운모 'ian'에서 'an'은 '앤'에 가깝게 발음한다. 운모가 여러 개 있을 때의 성조 표기 위치에 주의한다. (a〉o=e〉i=u=ü)

③ 잘 듣고 대화의 내용이 무엇인지 생각해 보세요.

Zhù nǐ shēngrì kuàilè!

Xièxie!

③
남학생 : 생일 축하해!
여학생 : 고마워!

🔊 듣기 TIP

'zhù' 다음에 축하받는 대상과 내용을 차례로 써서 축하의 표현을 한다.

회화가 술술 1

◆ 동현이가 샤오위에게 날짜를 물어봅니다.

 동현
Jīntiān jǐ hào?
今天几号?

 샤오위
Jīntiān bā hào.
今天八号。

 동현
Xīngqī jǐ kǎoshì?
星期几考试?

 샤오위
Xīngqīwǔ kǎoshì, jiāyóu!
星期五考试，加油!

동현이는 무슨 요일에 시험을 보나요?　☐ 수요일　☐ 목요일　✔ 금요일

jīntiān 今天 오늘	hào 号 일[날짜를 가리킴]	xīngqī 星期 요일
kǎoshì 考试 시험 (보다)	jiāyóu 加油 힘을 내다	

📖 본문 해설

★ Jīntiān jǐ hào?

날짜를 물을 때는 의문사 'jǐ(几)'를 사용한다. '~일'이라고 답할 때, 구어로는 'hào(号)'로 표현하지만, 글에서는 'rì(日)'라고 쓰기도 한다.

예 A: Jīntiān jǐ yuè jǐ hào? 今天几月几号? 오늘 몇 월 며칠이야?
B: Sān yuè shí rì. 3月10日。 3월 10일이야.

★ Xīngqī jǐ kǎoshì?

요일을 물을 때에도 의문사 'jǐ(几)'를 사용한다.

예 A: Jīntiān xīngqī jǐ? 今天星期几? 오늘 무슨 요일이야?
B: Jīntiān xīngqī'èr. 今天星期二。 오늘은 화요일이야.

우리말로 '무슨 요일'이라 한다고 해서 'shénme(什么)'를 사용하지 않도록 주의한다.

예 Jīntiān xīngqī shénme? (×)　Jīntiān shénme xīngqī? (×)

🗨 본문 해석

동현 : 오늘은 며칠이야?
샤오위 : 오늘은 8일이야.
동현 : 무슨 요일에 시험 치지?
샤오위 : 금요일이 시험이야. 힘내!

💬 명사 술어문

날짜·나이·시간 등을 말할 때, 일반적으로 'shì(是)'를 생략한다.

예 Tā shíwǔ suì. 她十五岁。
그녀는 열다섯 살이다.

부정문은 'A不是B'의 형태이고, 이 경우에는 'shì(是)'를 생략할 수 없다.

예 Míngtiān bú shì xīngqīwǔ.
明天不是星期五。
내일은 금요일이 아니다.

💬 시간과 동작의 어순

시간을 나타내는 말과 동작을 나타내는 말이 함께 나올 때의 순서는 '시간+동작'이다.

예 Míngtiān jiàn!
明天见! 내일 만나!

🗨 선생님, 궁금해요~!

'시험이 3일 남았어!'라고 할 때 '3일'도 'sān hào(三号)'라고 말해요?

날짜를 나타내는 '3일'은 'sān hào(三号)'라고 하지요. 그런데 '시험이 3일 남았어!'에서 '3일'은 날짜를 나타내는 개념이 아니라 '3일 동안'의 시간을 나타내는 말이에요. 이때는 'hào(号)'가 아니라 'tiān(天)'을 써야 합니다. 따라서 'sān tiān(三天)'이라고 해요.

💻 확인 학습

1 부정문으로 고쳐 써 보세요.

① Jīntian xīngqīliù.

_____

② 后天六月七号。

_____

정답 1 ① Jīntiān bú shì xīngqīliù.
② 后天不是六月七号。

표현이 탄탄 1

① 날짜를 바꾸어 말해 보세요.

Jīntiān wǔ yuè bā hào.

(1) liù yuè yī hào

(2) jiǔ yuè shí hào

(3) shí'èr yuè èrshíwǔ hào

② 요일을 묻고 답해 보세요.

> 'a, o, e'로 시작하는 음절이 다른 음절 뒤에 바로 연결될 때 음절을 명확하게 구분하기 위해 격음 부호(')를 표기합니다.

A : Míngtiān xīngqī jǐ?
B : Míngtiān xīngqīwǔ.

월 xīngqīyī

화 xīngqī'èr

수 xīngqīsān

목 xīngqīsì

금 xīngqīwǔ

토 xīngqīliù

일 xīngqītiān

요점만 콕콕

날짜와 요일 말하기

▶ 날짜, 요일 등을 말할 때는 일반적으로 동사 'shì(是)'를 생략합니다.
Jīntiān (shì) xīngqītiān. 오늘은 일요일입니다.

▶ 부정문으로 말할 때는 'shì(是)'가 필요합니다.
Zuótiān bú shì bā hào. 어제는 8일이 아닙니다.

Jīntiān xīngqītiān. 오늘은 일요일이에요.

🎧 047

yuè 月 월   xīngqītiān 星期天 일요일   zuótiān 昨天 어제

① 날짜 말하기

今天五月八号。
오늘은 5월 8일이다.

(1) 今天六月一号。
오늘은 6월 1일이다.

(2) 今天九月十号。
오늘은 9월 10일이다.

(3) 今天十二月二十五号。
오늘은 12월 25일이다.

② 요일 묻고 답하기

A: 明天星期几?
내일은 무슨요일이니?

B: 明天星期五。
내일은 금요일이야.

• 明天星期一。
내일은 월요일이야.

• 明天星期二。
내일은 화요일이야.

• 明天星期三。
내일은 수요일이야.

• 明天星期四。
내일은 목요일이야.

• 明天星期五。
내일은 금요일이야.

• 明天星期六。
내일은 토요일이야.

• 明天星期天。
내일은 일요일이야.

 요점만 콕콕

• 今天(是)星期天。

• 昨天(不是)八号。

🗨️ 확인 학습

1 단어의 한어 병음을 바르게 써 보세요.

① 昨天 ➡ _____

② 星期二 ➡ _____

💬 중국과 한국의 기념일

구분	한국		중국
어린이날 (Értóng Jié 儿童节)	5월 5일 (공휴일)		6월 1일 (공휴일이 아님)
어머니날 (Mǔqīn Jié 母亲节)	어버이날	5월 8일	5월 두 번째 일요일
아버지날 (Fùqīn Jié 父亲节)			6월 세 번째 일요일
스승의날 (Jiàoshī Jié 教师节)	5월 15일		9월 10일
성탄절 (Shèngdàn Jié 圣诞节)	12월 25일 (공휴일)		12월 25일 (공휴일이 아님)

회화가 술술 2

◆ 량량과 예나가 서로 생일을 물어보고 있습니다.

Nǐ de shēngrì shì jǐ yuè jǐ hào?
你的生日是几月几号?

Wǔ yuè shí hào. Nǐ ne?
五月十号。你呢?

Jīntiān shì wǒ de shēngrì.
今天是我的生日。

Shì ma? Zhù nǐ shēngrì kuàilè!
是吗? 祝你生日快乐!

🎧 예나의 생일은 몇 월 며칠인가요?　☐ 5월 4일　✔ 5월 10일　(049)

shēngrì 生日 생일　　　ne 呢 ~는요?　　　zhù 祝 기원하다, 축하하다
kuàilè 快乐 즐겁다

📋 본문 해석

량량 : 네 생일은 몇 월 며칠이야?
예나 : 5월 10일이야. 너는?
량량 : 오늘이 내 생일이야.
예나 : 그러니? 생일 축하해!

💬 중국인들이 생일에 먹는 음식

• 장수면(chángshòumiàn 长寿面)
  : 긴 면발은 장수를 상징

• 달걀(jīdàn 鸡蛋) : 원만하고 둥글
  게 살라는 의미

• 장수 복숭아(찐빵)(shòutáo 寿桃)
  : 주로 어르신의 생일에 준비함.

• 케이크(dàngāo 蛋糕)

📋 본문 해설

★ Nǐ de shēngrì shì jǐ yuè jǐ hào?

"Jīntiān jǐ yuè jǐ hào?"와 같은 날짜 표현에서는 'shì(是)'를 생략할 수 있으나, 생일을 묻는 문장에서는 생략할 수 없다. 중국어 학습자들이 많이 틀리는 사항이므로 주의해야 한다.

예 Nǐ de shēngrì jǐ yuè jǐ hào? (×)

★ Nǐ ne? : ne(呢) 의문문

주어 뒤에 'ne(呢)'를 써서 물을 수 있다. 이때 의문의 내용은 앞뒤 문맥과 상황에 따라 듣는 사람이 충분히 파악할 수 있는 내용이다.

예 A: Wǒ shísì suì, nǐ ne? 我十四岁, 你呢? 나는 열네 살이야. 너는?
　 B: Wǒ shíwǔ suì. 我十五岁。 나는 열다섯 살이야.

📋 확인 학습

1 자신의 상황에 맞게 질문에 알맞은 답을 써 보세요.

Wǒ de shēngrì shì shí yuè sì hào, nǐ ne?

_____

yuè _____ hào.

정답 1 Wǒ de shēngrì shì

표현이 탄탄 2

❶ 밑줄 친 부분을 바꾸어 말해 보세요.

> Jīntiān shì wǒ de shēngrì.

(1) zuótiān　　(2) míngtiān　　(3) hòutiān

❷ 친구의 생일을 묻고 답해 보세요.

> A : Nǐ de shēngrì shì jǐ yuè jǐ hào?
> B : Wǒ de shēngrì shì _____ yuè _____ hào.

míngzi	shēngrì
	_____ yuè _____ hào
	_____ yuè _____ hào
	_____ yuè _____ hào

축하·기원하기

zhù(祝) + 축하·기원 받는 사람 + 축하·기원 내용

Zhù　　nǐ　　jiànkāng!
　　　건강하세요!

> Zhù nǐ zhōumò kuàilè!
> 주말 잘 보내!

(051)

hòutiān 后天 모레　　　jiànkāng 健康 건강(하다)　　　zhōumò 周末 주말

---

①

> 今天是我的生日。
> 오늘은 내 생일이야.

(1) 昨天是我的生日。
　어제는 내 생일이었어.

(2) 明天是我的生日。
　내일은 내 생일이야.

(3) 后天是我的生日。
　모레는 내 생일이야.

②

A: 你的生日是几月几号?
　네 생일은 몇 월 며칠이니?

B: 我的生日是__月__号。
　내 생일은 __월 __일이야.

요점만 콕콕

· 祝你健康!
· 祝你周末快乐!

📝 날짜·주·요일의 표현

xīngqītiān 星期天 일요일	xīngqīyī 星期一 월요일	xīngqī'èr 星期二 화요일	xīngqīsān 星期三 수요일	xīngqīsì 星期四 목요일	xīngqīwǔ 星期五 금요일	xīngqīliù 星期六 토요일	
1	2	3	4	5	6	7	shàng(ge) xīngqī 上(个)星期 지난주
8	9 qiántiān 前天 그저께	10 zuótiān 昨天 어제	11 jīntiān 今天 오늘	12 míngtiān 明天 내일	13 hòutiān 后天 모레	14	zhè(ge) xīngqī 这(个)星期 이번 주
15	16	17	18	19	20	21	xià(ge) xīngqī 下(个)星期 다음 주

🔊 확인 학습

1 단어를 시간 순서대로 나열해 보세요. (과거→미래 순서)

míngtiān　　zuótiān
qiántiān　　hòutiān

_____ _____ _____ jīntiān

_____ → _____

정답 1 qiántiān, zuótiān, míngtiān, hòutiān

실력이 쑥쑥

① 단어를 바르게 배열하여 문장을 완성해 보세요.

(1)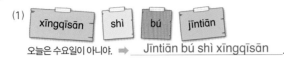

오늘은 수요일이 아니야. ➡ <u>Jīntiān bú shì xīngqīsān</u> .

(2)

생일 축하해! ➡ <u>Zhù nǐ shēngrì kuàilè</u> !

② 달력을 보고 질문에 알맞은 답을 한어 병음으로 써 보세요.

(1) A: Jīntiān jǐ yuè jǐ hào?
   B: <u>Jīntiān qī yuè wǔ hào</u> .

(2) A: Xīngqī jǐ kǎoshì?
   B: <u>Xīngqīsān kǎoshì</u> .

(3) A: Lǎoshī de shēngrì shì jǐ yuè jǐ hào?
   B: <u>Lǎoshī de shēngrì shì qī yuè èrshísān hào</u>

③ 한자를 바른 획순으로 쓰고, 알맞은 발음과 뜻을 찾아 연결해 보세요.

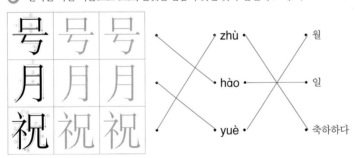

①

(1) 今天不是星期三。

※ 날짜, 요일을 나타내는 문장은 일반적으로 'shì(是)'를 생략할 수 있지만 부정문일 때는 생략할 수 없다.

(2) 祝你生日快乐!

   Zhù 祝 + 대상 + 내용

※ 축하나 기원을 나타내는 표현이다. 이때 '祝你'를 생략하여 말하기도 한다.

②

(1) A: 今天几月几号?
      오늘은 몇 월 며칠이니?
   B: <u>今天七月五号。</u>
      오늘은 7월 5일이야.

(2) A: 星期几考试?
      무슨 요일에 시험 보니?
   B: <u>星期三考试。</u>
      수요일에 시험 봐.

(3) A: 老师的生日是几月几号?
      선생님 생신이 몇 월 며칠이니?
   B: <u>老师的生日是七月二十三号。</u>
      선생님 생신은 7월 23일이야.

한자 암기 TIP

· 号(←號)

번체자는 '號'로, '号'와 '虎'가 합쳐진 글자이다. 호랑이가 크게 울부짖음을 나타낸다.

· 月

초승달의 모양을 본떠 만든 글자. 초승달이 주로 저녁에 보이므로 갑골문에는 '夕(저녁 석)'과 구분 없이 쓰이다가 이후에 지금의 '月'로 확실히 자리 잡았다.

· 祝(←祝)

示 제단 + 兄 입 벌린 사람

사람이 제단 앞에 무릎을 꿇고 입을 크게 벌리고 하늘을 향해 기도하는 모습을 나타낸다.

경극 분장 그리기

4과

중국의 전통극인 경극(jīngjù 京劇)에는 매우 독특한 얼굴 분장을 한 배우들이 나옵니다. 경극 분장은 각 도안과 색깔마다 상징적인 의미가 있기 때문에, 분장을 보면 등장인물의 개성을 짐작할 수 있습니다. 아래의 설명과 그림을 참고하여 부록 141쪽에 직접 분장을 그려 보세요.

 준비물 색연필, 가위

• 붉은색: 충성스럽고 용맹함

관우

• 검은색: 강직하고 거침없음

포청천

• 흰색: 간사하고 악의를 품고 있음

조조

• 파란색: 포악하고 오만함

여몽

💬 경극과 변검

1. 경극(jīngjù 京劇)

'베이징 오페라(Peking opera)'라고도 하며, '노래 · 대사 · 동작 · 무술'의 4가지가 종합된 공연 예술이다. 중국 문화 예술의 정수로서의 가치를 인정받아 2010년 유네스코 인류 무형 문화유산에 등재되었다. 무대 배경과 소품은 최소화하고 배우의 연기와 분장을 중시한다. 배우의 배역은 보통 한번 정해지면 평생 바뀌지 않는다.

경극을 소재로 한 영화 〈패왕별희〉

2. 변검(biànliǎn 變臉)

변검은 사천 지방의 연극인 '천극'의 여러 기예 중 하나로서 배우가 얼굴에 있는 검보(脸谱)를 극의 분위기에 따라 바꾸는 연출 기법이다. 차검, 말검, 취검, 운기변검 등 다양한 방법이 있으며, 가장 유명한 기법은 차검으로 배우가 비단 위에 그린 몇 장의 검보를 얼굴에 여러 겹 겹쳐 덮어 두고 매 장마다 실을 매어 두거나 특정 위치에 고정시켜 두었다가 한 장씩 찢어 버리는 방법이다. 이때 배우는 검보를 바꾸는 동작이 관중들에게 보이지 않도록 해야 한다. 변검의 비밀은 극비로 부쳐져 후계자에게만 전승되고 있다.

변검의 계승을 소재로 한 영화 〈변검〉

💬 경극 분장의 색깔과 성격

붉은색	검은색	흰색	파란색	노란색	초록색
충성, 용맹	강직, 공정	간사, 교활	포악, 용맹	잔인	성급, 고집
예 관우	예 포청천, 장비	예 조조			

※ 기타 : 보라색 – 강인하고 지혜로움 / 금색, 은색 – 신선, 요괴 등 신령한 이미지

음력 1월 1일 설(Chūnjié 春节)

중국 최대 명절로, 가족과 함께 모여 만두(jiǎozi 饺子)를 먹고, 폭죽을 터트립니다. 어른들은 빨간 봉투(hóngbāo 红包)에 세뱃돈을 넣어 줍니다.

음력 1월 15일 정월 대보름(Yuánxiāo Jié 元宵节)

각양각색의 연등과 사자춤을 구경하고, 위안샤오(yuánxiāo 元宵)를 먹습니다.

음력 5월 5일 단오(Duānwǔ Jié 端午节)

초나라 애국시인 굴원을 기념하기 위하여 용선(lóngzhōu 龙舟) 경기를 하고, 쭝쯔(zòngzi 粽子)를 먹습니다.

음력 8월 15일 추석(Zhōngqiū Jié 中秋节)

가족이 모여 함께 보름달을 감상하고 소원을 빌며, 웨빙(yuèbing 月饼)을 나눠 먹습니다.

📱 확인 학습

1 중국에서는 설날에 만두를 먹는다.
○, ×

2 중국도 단오절에 우리나라처럼 그네를 타고 창포물에 머리를 감는다.
○, ×

3 중국에서는 추석에 보름달 모양의 월병을 먹는다.
○, ×

정답) 1 ○ 2 × 3 ○

중국의 다른 명절과 공휴일에 대해 조사하여 발표해 봅시다.

🔍 탐구과제

중국의 명절과 공휴일

1. 법정 공휴일로 지정된 명절

명절	날짜
신정(Yuándàn 元旦)	양력 1월 1일
설(Chūnjié 春节)	음력 1월 1일
청명(Qīngmíng Jié 清明节)	양력 4월 5일 전후
단오(Duānwǔ Jié 端午节)	음력 5월 5일
추석(Zhōngqiū Jié 中秋节)	음력 8월 15일

2. 법정 공휴일로 지정된 기념일

기념일	날짜
노동절(Láodòng Jié 劳动节)	양력 5월 1일, 국제 노동절
국경절(Guóqìng Jié 国庆节)	양력 10월 1일, 중국 건국기념일

3. 그 밖의 명절과 기념일

명절 / 기념일	날짜
원소절(Yuánxiāo Jié 元宵节)	음력 1월 15일, 우리나라의 정월대보름
여성의 날(Fùnǚ Jié 妇女节)	양력 3월 8일, 세계 여성의 날
청년의 날(Qīngnián Jié 青年节)	양력 5월 4일, 5·4운동이 일어난 날
어머니날(Mǔqīn Jié 母亲节)	양력 5월 둘째 일요일
아버지날(Fùqīn Jié 父亲节)	양력 6월 셋째 일요일
어린이날(Értóng Jié 儿童节)	양력 6월 1일, 국제 어린이날
중국 공산당 창당 기념일 (Jiàndǎng Jié 建党节)	양력 7월 1일
중국 인민해방군 창립 기념일 (Jiànjūn Jié 建军节)	양력 8월 1일
교사의 날(Jiàoshī Jié 教师节)	양력 9월 10일, 스승의 날에 해당
중양절(Chóngyáng Jié 重阳节)	음력 9월 9일, 노인의 날이기도 함

🌸 날짜, 요일 명칭

요일	xīngqīyī 星期一 월요일	xīngqī'èr 星期二 화요일	xīngqīsān 星期三 수요일	xīngqīsì 星期四 목요일	xīngqīwǔ 星期五 금요일	xīngqīliù 星期六 토요일	xīngqītiān 星期天 일요일

날짜	qiántiān 前天 그저께	zuótiān 昨天 어제	jīntiān 今天 오늘	míngtiān 明天 내일	hòutiān 后天 모레

주	shàng(ge) xīngqī 上(个)星期 지난주	zhè(ge) xīngqī 这(个)星期 이번 주	xià(ge) xīngqī 下(个)星期 다음 주

🌸 날짜 · 요일 묻기

A : Jīntiān jǐ yuè jǐ hào? 今天几月几号? 오늘 몇 월 며칠이야?

B : Jīntiān wǔ yuè èrshí hào. 今天五月二十号。 오늘은 5월 20일이야.

A : Jīntiān xīngqī jǐ? 今天星期几? 오늘은 무슨 요일이야?

B : Jīntiān xīngqīsān. 今天星期三。 오늘은 수요일이야.

🌸 명사 술어문

(1) 날짜 · 나이 · 시간 등을 말할 때, 일반적으로 'shì(是)'를 생략한다.

· 날짜 Jīntiān yī yuè yī hào. 今天一月一号。 오늘은 1월 1일이다.

· 나이 Tā èrshíwǔ suì. 他二十五岁。 그는 스물다섯 살이다.

(2) 부정문은 'A不是B'의 형태이고, 이 경우에는 'shì(是)'를 생략할 수 없다.

· Hòutiān bú shì xīngqīsān, shì xīngqīsì. 后天不是星期三，是星期四。 모레는 수요일이 아니라 목요일이다.

🌸 呢 의문문

이미 나온 질문을 반복할 때 그 내용을 생략하여 묻는다.

> 주어(명사/대명사/명사구) + ne(呢)?

A : Wǒ shísì suì, nǐ ne? 我十四岁，你呢? 나는 열네 살이야, 너는?

B : Wǒ shíwǔ suì. 我十五岁。 나는 열다섯 살이야.

1 '生日'의 발음으로 알맞은 것은?

① sēnglì　　　　② sēngrì　　　　③ shēnglì

④ shēngrì　　　　⑤ shēngri

2 시간 순서대로 배열할 때 빈칸에 들어갈 말은?

　　　　zuótiān - _____ - _____ - _____

① hòutiān-míngtiān-jīntiān　　② hòutiān-jīntiān-míngtiān

③ jīntiān-míngtiān-hòutiān　　④ jīntiān-hòutiān-míngtiān

⑤ míngtiān-hòutiān-jīntiān

2
昨天 어제
今天 오늘
明天 내일
后天 모레

3 빈칸에 공통으로 들어갈 말로 알맞은 것은?

　・____号考试?

　・今天星期____?

　・你家有____口人?

① 几　　② 没　　③ 哪　　④ 好　　⑤ 有

3
10 미만의 수에 대한 의문사

4 빈칸에 들어갈 말로 알맞은 것은?

① Jiāyóu!　　　　② Nǐ hǎo!　　　　③ Zàijiàn!

④ Dàjiā hǎo!　　　⑤ Zhù nǐ jiànkāng!

4
응원의 표현을 찾는다.

5 우리말을 중국어로 옮길 때 필요 없는 단어는?

> 너 무슨 요일에 시험 보니?

① jǐ   ② nǐ   ③ kǎoshì   ④ shénme   ⑤ xīngqī

5
날짜, 요일을 물어볼 때는 의문사 '几'를 사용한다.

6 대화의 내용으로 보아 A와 B가 만나기로 한 날은?

> A : Jīntiān jǐ yuè jǐ hào?
> B : Shí yuè shísì hào.
> A : Wǒmen jǐ hào jiàn?
> B : Hòutiān.

① 4月14号   ② 4月16号   ③ 10月14号
④ 10月15号   ⑤ 10月16号

6
A와 B는 '后天'에 만난다.

7 문장 표현이 옳은 것만을 있는 대로 고른 것은?

> a. Zuótiān bú shì bā hào.
> b. Wǒmen kǎoshì xīngqīwǔ.
> c. Xīngqītiān shì wǒ de shēngrì.

① a   ② b   ③ a, b   ④ a, c   ⑤ b, c

7
a. 명사 술어문의 부정형에서는 '是'를 생략할 수 없다.
b. 주어+시간+동작

8 중국 설(Chūnjié)의 설명으로 알맞지 않은 것은?

① 중국의 최대 명절이다.
② 폭죽을 터뜨리며 축하한다.
③ 온 가족이 함께 모여 식사를 한다.
④ 보름달을 감상하고 웨빙을 먹는다.
⑤ 자녀들은 빨간 봉투에 넣은 세뱃돈을 받는다.

8
웨빙(yuèbing 月饼) : 둥근 보름달 모양으로 빚어 여러 가지 소를 넣은 과자.

※ 본문을 따라 쓰고, 우리말 해석을 채우며 본문을 외워 보세요.

회화가 술술 1

동현 Jīntiān jǐ hào?
今天几号?

우리말 :

샤오위 Jīntiān bā hào.
今天八号。

우리말 :

동현 Xīngqī jǐ kǎoshì?
星期几考试?

우리말 :

샤오위 Xīngqīwǔ kǎoshì, jiāyóu!
星期五考试，加油!

우리말 :

회화가 술술 2

량량 Nǐ de shēngrì shì jǐ yuè jǐ hào?
你的生日是几月几号?

우리말 :

예나 Wǔ yuè shí hào. Nǐ ne?
五月十号。你呢?

우리말 :

량량 Jīntiān shì wǒ de shēngrì.
今天是我的生日。

우리말 :

예나 Shì ma? Zhù nǐ shēngrì kuàile!
是吗? 祝你生日快乐!

우리말 :

Xiànzài jǐ diǎn?
现在几点?

학습 목표	시간과 일과에 관한 표현을 말할 수 있다.

주요 표현	시간	Xiànzài jǐ diǎn?
	하루 일과	Wǒ sān diǎn xiàkè.
	제안	Wǒmen yìqǐ huí jiā ba.

문화	중국 중학생의 학교생활

알쏭달쏭 차이나

1 중국의 중학교는 9월에 새 학년을 시작해.

새 학년 시작!

정답 O

중국은 우리나라와 다르게 9월에 새 학년 새 학기가 시작된다. 보통 9월 1일에 개학하여 다음 해 1월 중순에 1학기를 마치고 겨울 방학에 들어가며, 2월 하순부터 2학기가 시작되어 7월 초를 전후로 학년이 마무리된다.

2 중국에서 中学(zhōngxué)는 중학교를 뜻하는 말이야.

중학생만 오시오!

○○中学

정답 X

중국의 학제는 'xiǎoxué(小学 초등학교)', 'zhōngxué(中学 중·고등학교)', 'dàxué(大学 대학교)'로 나뉜다. 이 중에서 'zhōngxué(中学 중·고등학교)'는 다시 'chūzhōng(初中 중학교)'과 'gāozhōng(高中 고등학교)'으로 나뉜다.

머리에 쏙쏙

◆ 단어의 의미를 생각하며 들어 보세요.

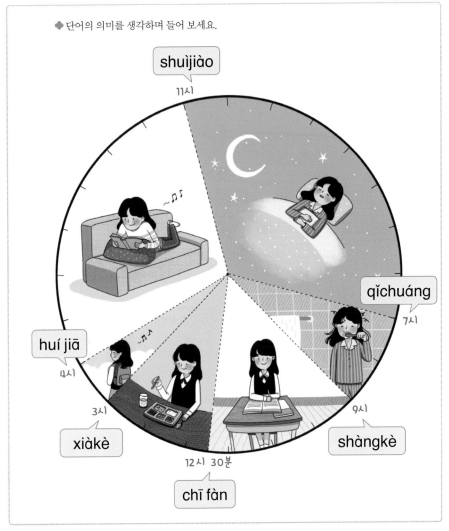

📺 단어

- shuìjiào 잠자다
- qǐchuáng 일어나다
- shàngkè 수업하다
- chī fàn 밥을 먹다
- xiàkè 수업을 마치다
- huí jiā 집에 돌아가다(오다)

📣 듣기 TIP

1 'shuìjiào', 'huí jiā'의 운모 'ui'의 발음을 주의하여 듣는다. 성모와 결합한 운모 'uei'는 가운데 'e'를 생략하여 표기하지만, 실제 발음할 때는 'e'의 발음이 살아있음에 유의하여 듣는다.

2 제4성＋제4성 ➡ 반4성＋제4성
제4성이 연속될 때 제4성을 모두 정확하게 발음하면 힘도 들고 어감도 너무 세져서 부자연스럽다. 자연스러운 발음을 위해 앞의 제4성을 내려가는 부분의 절반까지만 발음

하는 반4성으로 발음하는 것에 유의하며 듣는다.
   예 xiàkè, shàngkè, shuìjiào

3 '제2성＋제1성'의 발음은 앞의 제2성을 반3성으로 발음하기 쉬우므로 주의해야 한다. 또한 뒤의 제1성을 충분히 높은 위치를 유지하며 길게 발음해 주어야 한다.
   예 huí jiā

4 '제3성＋제2성'의 발음은 앞의 제3성이 반3성으로 바뀌어 발음됨에 주의하며 듣는다.
   예 qǐchuáng

💻 확인 학습

1 단어와 의미를 연결해 보세요.

① huí jiā •   • ㉠ 잠자다

② shuìjiào •   • ㉡ 밥을 먹다

③ chī fàn •   • ㉢ 일어나다

④ qǐchuáng •   • ㉣ 집에 돌아
                              가다(오다)

2 우리말을 한어 병음으로 써 보세요.

① 수업하다

⇒ _____

② 수업을 마치다

⇒ _____

귀가 쫑긋

❶ 잘 듣고 알맞은 발음을 골라 보세요.

(1) ☐ qǐcháng
    ☑ qǐchuáng

(2) ☐ sānkè
    ☑ shàngkè

(3) ☐ shuǐjiǎo
    ☑ shuìjiào

❶
(1) qǐchuáng 일어나다
(2) shàngkè 수업하다
(3) shuǐjiǎo 물만두
    shuìjiào 잠자다

🔊 듣기 TIP

(1) 운모 'ang'과 'uang'의 발음 차이에 유의한다.

(2) 발음이 비슷한 단어를 구분하는 문제이다. 'sān kè'는 '45분', 'shàngkè'는 '수업하다'라는 뜻으로 의미가 다른 단어이다. 성모 's'와 'sh'의 발음, 'an'과 'ang'의 발음 차이에 주의하여 듣는다.

(3) 발음이 비슷한 단어를 구분하는 문제이다. 'shuǐjiǎo'는 '물만두', 'shuìjiào'는 '잠자다'라는 뜻이다. '제3성+제3성'과 '제4성+제4성'처럼 동일 성조가 연속되는 단어의 성조의 변화에 주의하여 듣는다.

❷ 잘 듣고 빈칸에 알맞은 발음을 써 보세요.

(1) ⬚f⬚ ēn

(2) ⬚x⬚ iànzài

(3) zh⬚á⬚⬚o⬚ jí

❷
(1) fēn 분
(2) xiànzài 지금
(3) zháojí 서두르다

🔊 듣기 TIP

(1) 성모 'f'는 영어의 'f' 발음과 비슷하다. 'en'은 '엔'으로 발음하지 않음에 주의한다.

(2) 제4성이 연속으로 나올 때의 어떤 변화가 있는지 유의하여 듣는다. 성모 'x'와 'z'의 발음 시 혀의 위치가 달라짐을 기억한다.

(3) '제2성+제2성'의 발음에서 제2성의 올라가는 소리 부분을 각각 충분히 다 낼 수 있도록 유의해야 한다.

❸ 잘 듣고 대화의 내용이 무엇인지 생각해 보세요.

Xiànzài jǐ diǎn?

Bā diǎn bàn.

❸
여학생 : 지금 몇 시니?
남학생 : 8시 반이야.

🔊 듣기 TIP

중국어도 우리말처럼 '30분'을 '半(반)'이라고 표현한다.

회화가 술술 1

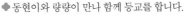
◆ 동현이와 량량이 만나 함께 등교를 합니다.

 동현
Nǐ kuài diǎnr!
你快点儿!

 량량
Xiànzài jǐ diǎn?
现在几点?

 동현
Bā diǎn bàn.
八点半。

 량량
Bié zháojí, jiǔ diǎn shàngkè.
别着急，九点上课。

 수업은 몇 시에 시작하나요?　☐ 8시　☐ 8시 30분　✔ 9시

kuài 快 빨리	(yì)diǎnr (一)点儿 조금, 약간	xiànzài 现在 지금
diǎn 点 시	bàn 半 반, 30분	bié 别 ~하지 마라
zháojí 着急 서두르다	shàngkè 上课 수업하다	

📋 본문 해설

★ Nǐ kuài diǎnr!
'(yì)diǎnr((一)点儿)'은 주로 형용사나 동사 뒤에서 '조금, 약간'이라는 뜻을 나타낸다.

　형용사 · 동사 + (yì)diǎnr((一)点儿) 　좀 ~하다

　　예 Nǐ duō chī diǎnr. 你多吃点儿。 좀 더 먹어요.

★ Xiànzài jǐ diǎn?
시간을 물을 때는 의문사 'jǐ(几)'를 사용한다. 'diǎn(点)'은 우리말의 '~시'에 해당하는 표현이다.

　　숫자 + diǎn(点)

예 A: Xiànzài jǐ diǎn? 现在几点? 지금 몇 시니?
　　B: Xiànzài liù diǎn. 现在六点。 지금 6시야.

🎙 본문 해석

동현 : 빨리 와!
량량 : 지금 몇 시야?
동현 : 8시 반이야.
량량 : 서둘지 마. 수업은 9시야.

💬 bié(别)

금지를 나타내는 말로 명령문에서만 사용한다.

　bié(别) + 동사 : ~하지 마라

예 Xiànzài bié chī.
　　现在别吃。 지금 먹지 마라.

💬 선생님, 궁금해요~!

 시간을 말할 때 왜 우리처럼 '시(时)'를 쓰지 않고 'diǎn(点)'을 쓰나요?

옛날에는 누구나 시계를 가질 수 없어서 일정한 장소에서 종을 쳐서 시각을 알려 주었어요. 이때 종을 치는 횟수를 세는 단위가 바로 '点'입니다. 그래서 종을 한 번 치면 'yī diǎn(一点)', 즉 한 시이고, 두 번 치면 'liǎng diǎn(两点)', 즉 두 시가 됩니다. (※주의! '二点'이라고 하지 않아요!)

📖 확인 학습

1 단어의 뜻을 써 보세요.

① 现在 ＿＿＿＿＿＿＿＿

② 快 ＿＿＿＿＿＿＿＿

③ 点儿 ＿＿＿＿＿＿＿＿

2 우리말을 한어 병음으로 써보세요.

① 서두르지 마.

＿＿＿＿＿＿＿＿＿＿＿＿

② 10시에 수업 시작해.

＿＿＿＿＿＿＿＿＿＿＿＿

 ② Shí diǎn shàngkè.
2 ① Bié zháojí.
1 ① 지금 ② 빨리 ③ 조금, 약간

표현이 탄탄 1

❶ 시간을 묻고 답해 보세요.

> A : Xiànzài jǐ diǎn?
> B : Bā diǎn bàn.

(1) sì diǎn shí fēn

(2) qī diǎn yí kè

(3) jiǔ diǎn sānshíwǔ fēn

❷ 밑줄 친 부분을 바꾸어 말해 보세요.

> Bié zháojí.

(1) kū

(2) chídào

(3) shuìjiào

요점만 콕콕

시간 말하기

▶ 시는 diǎn(点), 분은 fēn(分)이라고 해요. 2시는 liǎng diǎn(两点)이라고 합니다.

yī diǎn yí kè
=yī diǎn shíwǔ fēn

liǎng diǎn bàn
=liǎng diǎn sānshí fēn

sān diǎn sān kè
=sān diǎn sìshíwǔ fēn

 057

fēn 分 분　　　kè 刻 15분　　　kū 哭 울다
chídào 迟到 지각하다　　　shuìjiào 睡觉 잠자다

💬 **어법 TIP**

★ 시 : 숫자 + diǎn(点)
예 1시 : yī diǎn 一点 ('一'는 원래 성조 제1성으로 표기한다.)
　8시 : bā diǎn 八点
　2시 : liǎng diǎn 两点(○)　　※ èr diǎn 二点 (×) (2시는 '二'이 아닌 '两'을 사용한다.)
　12시 : shí'èr diǎn 十二点 (○)　　※ shíliǎng diǎn 十两点 (×)

★ 분 : 숫자 + fēn(分)
1분, 2분, 5분 등 10분 미만의 경우는 'diǎn(点)'과 'fēn(分)' 사이에 'líng(零)'을 쓴다.
예 3시 2분 : sān diǎn líng èr fēn 三点零二分
　3시 22분 : sān diǎn èrshíèr fēn 三点二十二分

15분, 30분, 45분은 각각 'yí kè(一刻)', 'bàn(半)', 'sān kè(三刻)'로 나타낸다. 단, 30분은
'刻'를 사용하지 않는다.

---

❶ 시간 표현

> A : jǐ(几)+diǎn(点)?
> B : 숫자 + diǎn(点)。

A : 现在几点? 지금 몇 시야?
B : 八点半。 8시 반.

(1) 四点十分。 4시 10분.
(2) 七点一刻。 7시 15분.
　(= 七点十五分。)
(3) 九点三十五分。 9시 35분.

❷ 금지의 표현

> bié(别) + 동사

> 别着急。 서둘지 마.

(1) 别哭。 울지 마.
(2) 别迟到。 늦지 마.
(3) 别睡觉。 자지 마.

 요점만 콕콕

• 一点一刻 = 一点十五分
• 两点半 = 两点三十分
• 三点三刻 = 三点四十五分

💬 ○시 □분 전

chà(差) + □fēn(分) + ○diǎn(点)
'差'는 '모자라다'라는 뜻의 동사이다.
예 3시 55분 = 4시 5분 전
　sān diǎn wǔshíwǔ fēn
　三点五十五分
= chà wǔ fēn sì diǎn
　差五分四点

📝 **확인 학습**

1 같은 시간끼리 연결하세요.

① 差五分　　・　　・㉠ 五点
　五点　　　　　　　　三十分
② 五点半　　・　　・㉡ 四点
　　　　　　　　　　　五十五分
③ 五点一刻 ・　　・㉢ 五点
　　　　　　　　　　　十五分

회화가 술술 2

◆ 샤오위가 예나에게 하교 시간을 물어봅니다.

 샤오위
Nǐ jǐ diǎn xiàkè?
你几点下课?

 예나
Wǒ sì diǎn xiàkè.
我四点下课。

 샤오위
Wǒ děng nǐ ba.
我等你吧。

 예나
Hǎo, wǒmen yìqǐ huí jiā ba.
好，我们一起回家吧。

🐼 예나는 몇 시에 수업을 마치나요?　☑ 4시　☐ 4시 15분　☐ 4시 반

xiàkè 下课 수업을 마치다	děng 等 기다리다	ba 吧 ~하자
yìqǐ 一起 같이, 함께	huí 回 돌아가다(오다)	

📒 본문 해설

★ Nǐ jǐ diǎn xiàkè?

　주어 + jǐ diǎn(几点) (시간을 나타내는 말) + 동사 　~가 몇 시에 ~을 하다

중국어의 기본 어순은 '주어+동사+목적어'의 형태로 영어와 비슷하지만, 시간을 나타내는 표현은 우리말 어순과 같다.

🔵 A: Nǐ jǐ diǎn shuìjiào? 你几点睡觉? 너 몇 시에 자니?
　 B: Wǒ shíyī diǎn bàn shuìjiào. 我十一点半睡觉。나 11시 반에 자.

★ Wǒ děng nǐ ba. / wǒmen yìqǐ huí jiā ba.

'ba(吧)'는 문장 끝에 쓰여 제안, 청유, 명령의 의미를 나타낸다.

🔵 Wǒmen shí diǎn jiàn ba. 我们十点见吧。우리 10시에 만나자.(제안)
　 Wǒmen yìqǐ chī fàn ba. 我们一起吃饭吧。우리 같이 밥을 먹자.(제안)

🗨 본문 해석

샤오위 : 너는 몇 시에 수업이 끝나니?
예나 : 4시에 끝나.
샤오위 : 기다릴게.
예나 : 좋아. 우리 같이 집에 가자.

💬 **Hǎo(好)**
"Hǎo(好)."는 "그래", "좋아"라는 뜻으로 긍정의 대답을 할 때 사용한다. "Hǎo de(好的)."라고 말하기도 한다.

💬 **yìqǐ(一起)**
'yìqǐ(一起)'는 '함께'라는 뜻의 부사로 주어 뒤, 동사 앞에 위치한다. 단어 속의 'yī(一)'의 성조 변화에 유의해야 한다.

yī(一) + 제1, 2, 3성
→ yì(一) + 제1, 2, 3성

yī(一) + 제4성
→ yí(一) + 제4성

🗨 확인 학습

1 '一起'를 알맞은 곳에 넣어 문장을 완성하세요.

　　我们吃饭吧。

⇒ _____

2 다음 문장을 해석하세요.

① Nǐ děng wǒ ba.

⇒ _____

② 我们四点见吧。

⇒ _____

정답 1 我们一起吃饭吧。
2 ① 나 기다려 줘.
② 우리 4시에 만나자.

표현이 탄탄 2

① 그림을 보고 하루 일과를 소개해 보세요.

> Wǒ jiǔ diǎn shàngkè.

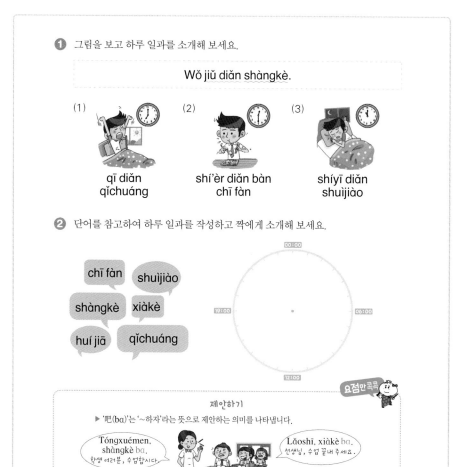

(1) qī diǎn qǐchuáng

(2) shí'èr diǎn bàn chī fàn

(3) shíyī diǎn shuìjiào

② 단어를 참고하여 하루 일과를 작성하고 짝에게 소개해 보세요.

chī fàn shuìjiào shàngkè xiàkè huí jiā qǐchuáng

00:00 / 06:00 / 12:00 / 19:00

요점만 콕콕

제안하기

▶ '吧(ba)'는 '~하자'라는 뜻으로 제안하는 의미를 나타냅니다.

Tóngxuémen, shàngkè ba.
학생 여러분, 수업합시다.

Lǎoshī, xiàkè ba.
선생님, 수업 끝내 주세요.

qǐchuáng 起床 일어나다   chī 吃 먹다   fàn 饭 밥

---

① **하루 일과 표현**

시간＋동작

我九点上课。
나 9시에 수업 시작해.

(1) 我七点起床。 나 7시에 일어나.
(2) 我十二点半吃饭。
　　나 12시 반에 밥 먹어.
(3) 我十一点睡觉。 나 11시에 자.

② **자신의 하루 일과 소개**

· 吃饭 밥을 먹다
· 睡觉 잠자다
· 上课 수업하다
· 下课 수업을 마치다
· 回家 집에 돌아가다(오다)
· 起床 일어나다

我六点半起床，七点吃饭，
九点十分上课，四点四十分
下课，五点一刻回家，十一
点睡觉。

요점만 콕콕

선생님: 同学们，上课吧。
학생들: 老师，下课吧。

확인 학습

1 반대말을 한어 병음으로 써 보세요.

① 起床 ▶ _____

② 上课 ▶ _____

2 중국어는 한어 병음으로, 한어 병음은 중국어로 써보세요.

① 我们吃饭吧。

　_____

② Wǒmen huí jiā ba.

　_____

我们回家吧。
2 ① Wǒmen chī fàn ba.
1 ① shuìjiào ② xiàkè
정답

시간을 나타내는 여러 가지 표현

오전	아침	정오	오후	저녁
shàngwǔ 上午	zǎoshang 早上	zhōngwǔ 中午	xiàwǔ 下午	wǎnshang 晚上

실력이 쑥쑥

① 단어를 바르게 배열하여 문장을 완성해 보세요.

(1)
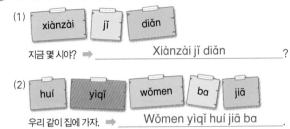

지금 몇 시야? ➡ __Xiànzài jǐ diǎn__ ?

(2)
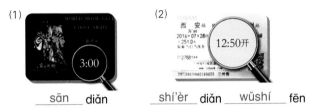

우리 같이 집에 가자. ➡ __Wǒmen yìqǐ huí jiā ba__ .

② 표를 보고 공연 시간과 열차 출발 시간을 한어 병음으로 써 보세요.

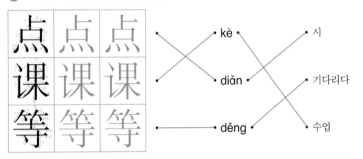

(1) __sān__ diǎn

(2) __shí'èr__ diǎn __wǔshí__ fēn

③ 한자를 바른 획순으로 쓰고, 알맞은 발음과 뜻을 찾아 연결해 보세요.

点 点 点
课 课 课
等 等 等

kè · · 시
diǎn · · 기다리다
děng · · 수업

어법 Tip

★ 시각의 표현

시각이 아닌 시간의 양을 나타낼 때는 다음과 같이 구별하여 사용한다.

1 시간 : xiǎoshí(小时)
   ⑩ yí (ge) xiǎoshí 一(个)小时 1시간
      liǎng (ge) xiǎoshí 两(个)小时 2시간

2 분 : fēnzhōng(分钟)
   ⑩ shí fēnzhōng 十分钟 10분(동안)
      Hái yǒu sānshí fēnzhōng. 还有三十分钟. 아직 30분 남았어
      =Hái yǒu bàn ge xiǎoshí. 还有半个小时.

---

① 중국어 문장 쓰기

(1) 现在几点?
※ 우리말 어순과 동일하다.
(2) 我们一起回家吧。
※ 'yìqǐ(一起)'는 주어 뒤 동사 앞에 위치한다.
※ 'ba(吧)'는 문장 끝에 쓴다.

②

(1) 三点 세시
(2) 十二点五十分
   (=差十分一点) 12시 50분
※ '开(kāi)'는 '출발하다'라는 뜻이다.

한자 암기 TIP

· 点(←點)

黑 검다 + 点 점

번체자 '點'은 검은 점으로 덮였다는 의미이다. 간화자로는 불을 나타내는 '灬'와 '占'으로 불에 타서 물체가 검게 그을음을 나타낸다.

· 课(←課)

讠(言) 말 + 果 결과

'말(言,讠)로 결과(果)를 심사하여 얻어낸다'는 뜻이다.

· 等

竹 대나무 + 寺 관청

대나무(竹)와 관청(寺)이 합쳐진 글자이다. 관청에서 대나무로 된 죽간을 가지런히 정돈하는 것을 의미한다.

하루 일과 단어 맞히기

모둠별로 말판 놀이를 해 봅시다.

놀이 방법

1 각자 말로 쓸 물건을 꺼내고 가위바위보로 순서를 정합니다.

2 동전을 던져 숫자 면이 나오면 앞으로 한 칸 이동하고, 그림 면이 나오면 앞으로 두 칸 이동합니다.

3 도착한 칸의 그림에 해당하는 단어와 시각을 중국어로 말하고, 바르게 말하지 못하면 원래 자리로 이동합니다.

4 먼저 도착하는 사람이 이깁니다.

보충 단어 – 하루 일과

qǐchuáng	起床	일어나다
xǐliǎn	洗脸	세수하다
chuān yīfu	穿衣服	옷 입다
chī zǎofàn	吃早饭	아침 먹다
shuā yá	刷牙	양치하다
shàng xué	上学	등교하다
shàngkè	上课	수업하다
chī wǔfàn	吃午饭	점심 먹다
liáotiānr	聊天儿	잡담하다
xiàkè	下课	수업 마치다
fàng xué	放学	하교하다
huí jiā	回家	집에 돌아 가다(오다)
zuò zuòyè	做作业	숙제하다
chī wǎnfàn	吃晚饭	저녁 먹다
kàn diànshì	看电视	TV 보다
xǐzǎo	洗澡	목욕하다
shàngwǎng	上网	인터넷하다
shuìjiào	睡觉	잠자다

출발 qǐchuáng / 한 칸 더! shàngkè / xiàkè / 꽝! 한판 쉬어! / chī fàn / 두 칸 뒤로! / 한 칸 더! / huí jiā / shuìjiào / 도착

선생님, 궁금해요~!

중국은 땅이 아주 넓지만 시간은 어딜 가나 똑같다던데 정말인가요?

러시아나 미국처럼 동서로 넓은 국토를 가진 나라들은 여러 개의 표준시가 있어서 지역에 따라 시간이 달라지지요. 러시아는 9개, 미국은 4개의 표준시를 가지고 있어요. 그런데 세계에서 4번째로 넓은 나라인 중국은 하나의 표준시만 사용하고 있답니다. 이는 크게 두 가지로 설명할 수 있어요. 하나는 서부의 인구나 GDP 모두 적어서 별도의 시차를 둘 필요가 없다는 경제적 이유이고, 또 하나는 시차를 인정하면 분열의 빌미를 줄 수 있다는 정치적 논리 때문이랍니다. 사실 1949년 중국 공산당이 정권을 잡기 전까지는 5개의 표준시를 사용했어요. 마오쩌둥이 '통일'이라는 명분으로 모든 시간을 하나로 통일했고, 그래서 중국 서부의 신장 지역은 겨울에는 오전 10시가 되어도 깜깜하다고 해요.

미로 통과하기

출구	4	3	6	5	10	5	10	7
1	5	10		1	7	2		6
5	4	9	6	3	10	3	2	9
10	8	10		1	5	6	8	10
1	2	9	10	3		3	4	
10	7	4		2	5	10	8	입구

입구에서 출발하여 제1성 → 제2성 → 제3성 → 제4성의 순서대로 숫자를 찾아 미로를 통과한다.
(단, 상하좌우로만 이동 가능)

(정답 188쪽)

문화가 통통! 중국 중학생의 학교생활

중국의 중등 교육과정은 중학교(chūzhōng 初中) 3년, 고등학교(gāozhōng 高中) 3년입니다. 중·고등학교가 같이 있는 경우도 많으며, 중학교와 고등학교를 합해서 '中学(zhōngxué)'라고 합니다.

학교 정문

중국의 새 학년은 9월에 시작해요. 그래서 고등학교 입학시험은 지역별로 6월 중 시행되고, 졸업식은 7월에 진행됩니다.

한여름 졸업식장면 사진

중국 중학생은 활동성과 편안함을 고려한 운동복을 교복으로 주로 입습니다. 최근 일부 학교에서는 한류의 영향으로 세련된 스타일의 교복을 선택하기 시작하였습니다.

운동복 교복

하루 일과 중 단체 체조 시간 혹은 눈 체조 시간이 있어 건강관리를 꾸준히 하고 있고, 점심시간이 2시간 정도라 달콤한 낮잠을 자며 충분한 휴식을 가진 후 오후 수업을 시작합니다.

낮잠 자기

> 중국 중학생의 일과표를 조사해서 발표해 봅시다.

탐구과제

어느 중국 중학생의 시간표

매일 아침 8시 15분에 수업이 시작된다. 기숙사 생활을 하는 경우 6시 20분부터 일과가 시작되어 아침 체조, 독서와 식사까지 1교시 수업 전에 이루어진다. 2교시와 3교시 사이에 35분간의 휴식 시간이 있는데 이때 보통 전체 체조를 한다. 11시 50분에 오전 수업을 마치면 1시간 50분 동안의 점심시간 및 휴식 시간을 가진 후 2시 20분부터 오후 수업이 시작되어 4시 55분에 마친다. 5시 55분 저녁 식사 후 1, 2학년은 8시 50분까지, 3학년은 9시 50분까지 야간 자율 학습을 한다. 학교마다 시간은 조금씩 다르지만, 대체로 이와 비슷하게 하루 일과가 진행된다.

起床	06:00	新闻读报时间	14:00~14:15
内务整理	06:20~06:45	第五节	14:20~15:05
晨练	06:45~07:10	保健操	15:05~15:20
早读	07:10~07:35	第六节	15:20~16:05
早餐	07:35~08:10	第七节	16:15~16:55
励志教育	08:10~08:15	自主活动课	17:00~17:40
第一节	08:15~09:00	晚餐	17:55~18:40
第二节	09:10~09:55	晚自习(一)	18:40~19:40
大课间	09:55~10:30	晚自习(二)	19:50~20:50
第三节	10:30~11:10	晚辅导(三)	21:00~21:50
第四节	11:15~11:50	归寝	21:50~22:00
中餐	12:10~12:40	就寝预备	22:00~22:15
午休	12:40~13:40	熄灯	22:20

중국의 고등학교 입시

우리나라는 고등학교 입학시험이 없어졌지만 중국에는 아직 남아 있다.

1. 정식 명칭

초중학업수평고시(Chūzhōng xuéyè shuǐpíng kǎoshì 初中学业水平考试)가 정식 명칭이며, 약칭으로 'Zhōngkǎo(中考)'라고 한다.

2. 시험 시기

해당 지역 주관으로 지역마다 각각 다르나 보통 6월 중에 치른다. 2017년 베이징의 경우 6월 24일, 6월 25일, 6월 26일 3일간 시험을 치렀다.

3. 시험 과목

역시 지역마다 조금씩 다르고 만점도 다르다. 2017년 베이징의 경우는 국어(语文), 수학(数学), 영어(英语), 물리(物理), 화학(化学), 체육(体育) 등 7개 과목의 시험을 보았고, 만점은 총 580점이었다.

확인 학습

1 중국도 우리나라처럼 중학교 3년, 고등학교 3년 과정이다.

◯ , ✕

2 중국의 새 학년은 9월부터 시작된다.

◯ , ✕

3 중국 학생들은 일반적으로 운동복을 교복으로 입는다.

◯ , ✕

◯ ✕ ◯ 2 ◯ 1 정답

핵심 노트

✿ 시간의 표현

(1) 시간을 물을 때는 의문사 'jǐ(几)'를 사용한다. 우리말의 '~시'는 'diǎn(点)'으로 표현한다.

A :   jǐ(几)＋diǎn(点)?   B :   숫자＋diǎn(点).

A : Xiànzài jǐ diǎn? 现在几点? 지금 몇 시니?

B : Xiànzài shíyī diǎn. 现在十一点。 지금 11시야.

(2) '분'을 나타내는 다양한 표현

2시 5분	2시 10분	2시 15분	2시 30분	2시 45분	2시 55분
liǎng diǎn líng wǔ fēn 两点零五分	liǎng diǎn shí fēn 两点十分	liǎng diǎn shíwǔ fēn 两点十五分 = liǎng diǎn yí kè 两点一刻	liǎng diǎn sānshí fēn 两点三十分 = liǎng diǎn bàn 两点半	liǎng diǎn sìshíwǔ fēn 两点四十五分 = liǎng diǎn sān kè 两点三刻	liǎng diǎn wǔshíwǔ fēn 两点五十五分 = chà wǔ fēn sān diǎn 差五分三点

(3) 시간을 나타내는 표현은 우리말 어순과 같다.

주어＋jǐ diǎn(几点) (시간을 나타내는 말)＋동사   ~가 몇 시에 ~을 하다

A : Nǐ jǐ diǎn chī fàn? 你几点吃饭? 너 몇 시에 밥 먹니?

B : Wǒ shí'èr diǎn bàn chī fàn. 我十二点半吃饭。 나 12시 반에 밥 먹어.

✿ 금지 명령

'bié(别)'는 금지를 나타내는 말로, 명령문을 만든다.

bié(别)＋동사

· Nǐ bié chídào! 你别迟到! 너 늦지 마!

✿ 제안의 표현 吧

'ba(吧)'는 문장 끝에 쓰여 '~합시다, ~하세요'라는 제안을 나타낸다.

· Wǒmen yìqǐ huí jiā ba. 我们一起回家吧。 우리 같이 집에 가자.

✿ 일과를 나타내는 말

qǐchuáng 起床 일어나다	shàngxué 上学 등교하다	chī wǔfàn 吃午饭 점심을 먹다	huí jiā 回家 집에 돌아가다(오다)	shuìjiào 睡觉 잠자다

1 발음 카드 두 개를 조합하여 만들 수 있는 발음에 해당하는 글자는?

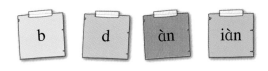

① 半　　　② 点　　　③ 见　　　④ 年　　　⑤ 天

2 한어 병음과 뜻의 연결이 바르지 <u>않은</u> 것은?

① děng-기다리다　　　② huí jiā-집에 돌아가다(오다)
③ qǐchuáng-일어나다　　④ xiàkè-등교하다　　　⑤ xiànzài-지금

3 밑줄 친 단어의 발음으로 알맞은 것은?

> A : 你快点儿!
>
> B : 别着急。

① diǎn　　　② diǎr　　　③ diǎnr
④ diǎner　　⑤ diǎn'ér

4 동현이의 일과표를 참고할 때, 빈칸에 들어갈 말로 알맞은 것은?

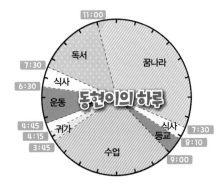

> A : Dōngxián jǐ diǎn shàngkè?
>
> B : _____.

① jiǔ diǎn　　　② bā diǎn shí fēn　　　③ sān diǎn sān kè
④ liù diǎn sānshí fēn　　⑤ sì diǎn sìshíwǔ fēn

1

카드를 조합하면 'bàn', 'biàn', 'dàn', 'diàn'을 만들 수 있다.

2

① 等　　② 回家
③ 起床　④ 下课　⑤ 现在

3

ér(儿)의 표기법과 발음법
앞 음절의 운모가 'n,ng'로 끝나는 경우 'e'를 없애고 'r'만 붙여 쓴다. 발음할 때는 'n,ng'의 음은 없어지고 'r'의 음만 발음한다.

4

① 九点
② 八点十分
③ 三点三刻
④ 六点三十分
⑤ 四点四十五分

5 빈칸에 들어갈 말로 알맞은 것은?

① Bié kū.   ② Bié kèqi.   ③ Bié chídào.

④ Bié zháojí.   ⑤ Bié shuìjiào.

6 우리말을 중국어로 옮길 때 필요 <u>없는</u> 단어는?

우리 같이 집에 가자.

① 吧   ② 来   ③ 回家   ④ 我们   ⑤ 一起

7 시간을 바르게 표현한 것은?

① 八点半   ② 八点三   ③ 八点三刻

④ 七点半   ⑤ 七点三十分

8 중국 중학생의 학교생활에 대한 설명으로 알맞지 <u>않은</u> 것은?

① 중국의 새 학년은 9월에 시작한다.

② 중국도 주5일제로 수업이 진행된다.

③ 학생들은 보통 운동복을 교복으로 입는다.

④ 점심시간이 길어 식사 후 낮잠을 자기도 한다.

⑤ 고등학교 입학시험은 겨울 방학 중인 1월에 시행된다.

※ 본문을 따라 쓰고, 우리말 해석을 채우며 본문을 외워 보세요.

회화가 술술 1

동현
Nǐ kuài diǎnr!
你快点儿!

우리말:

량량
Xiànzài jǐ diǎn?
现在几点?

우리말:

동현
Bā diǎn bàn.
八点半。

우리말:

량량
Bié zháojí, jiǔ diǎn shàngkè.
别着急, 九点上课。

우리말:

회화가 술술 2

샤오위
Nǐ jǐ diǎn xiàkè?
你几点下课?

우리말:

예나
Wǒ sì diǎn xiàkè.
我四点下课。

우리말:

샤오위
Wǒ děng nǐ ba.
我等你吧。

우리말:

예나
Hǎo, wǒmen yìqǐ huí jiā ba.
好, 我们一起回家吧。

우리말:

1 발음 카드를 조합하여 만들 수 있는 발음에 해당하는 글자는?

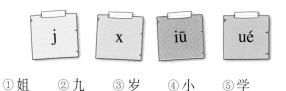

① 姐   ② 九   ③ 岁   ④ 小   ⑤ 学

2 밑줄 친 'i'의 발음이 〈보기〉와 같은 것은?

〈보기〉

sì

① dì   ② lì   ③ qì   ④ yì   ⑤ zì

3 밑줄 친 부분에 들어갈 말로 알맞은 것은?

• 一点儿 : yìdiǎn + ér _____

① yìdiǎr   ② yìdiánr   ③ yìdiǎnr
④ yìdiáner   ⑤ yìdiǎner

4 밑줄 친 부분의 실제 발음되는 성조로 알맞은 것은?

Nǐ jiā yǒu jǐ kǒu rén?

① 제1성   ② 제2성   ③ 제3성
④ 제4성   ⑤ 반3성

5 단어와 뜻의 연결이 바른 것은?

① 快乐 – 빨리   ② 妹妹 – 언니
③ 星期 – 주말   ④ 加油 – 힘을 내다
⑤ 考试 – 공부하다

6 빈칸에 공통으로 들어갈 말로 알맞은 것은?

① jǐ   ② nǎ   ③ duō   ④ shéi   ⑤ shénme

7 단어 카드를 조합하여 만들 수 <u>없는</u> 단어는?

① 그제   ② 어제   ③ 오늘   ④ 내일   ⑤ 모레

8 그림과 단어의 연결이 바른 것은?

① 哭   ② 睡觉   ③ 考试

④ 起床   ⑤ 吃饭

9 빈칸에 공통으로 들어갈 말로 알맞은 것은?

- 我八点___课。
- 我___初中一年级。

① 等　② 上　③ 是　④ 下　⑤ 有

10 빈칸에 들어갈 말에 해당하는 중국어로 알맞은 것은?

A : Bàba de bàba jiào shénme?

B : Bàba de bàba jiào "_____".

① 爷爷　② 奶奶　③ 爸爸　④ 哥哥　⑤ 姐姐

11 빈칸에 들어갈 말로 가장 알맞은 것은?

A : _____?

B : 五口人。

① 他是谁　　　② 你们好吗

③ 你家都有谁　④ 你有弟弟吗

⑤ 你家有几口人

12 일과표의 내용과 일치하는 것은?

07:15	기상
08:30	수업 시작
15:50	수업 끝
19:10	공부
22:00	귀가
23:45	취침

① 七点半起床。

② 八点三刻考试。

③ 三点五十分下课。

④ 十二点回家吃饭。

⑤ 十一点三十分睡觉。

13 빈칸에 들어갈 말로 알맞은 것은?

A : _____

B : Xièxie!

① Nǐ duō dà?

② Wǒ hěn zháojí.

③ Tā shàng èr niánjí.

④ Nǎinai hěn jiànkāng.

⑤ Zhù nǐ shēngrì kuàilè!

14 A와 B가 시험 보는 날짜로 알맞은 것은?

A : Jīntiān jǐ yuè jǐ hào?

B : Sì yuè shíbā hào.

A : Hòutiān kǎoshì ma?

B : Shì, wǒmen jiāyóu ba!

① 4월 18일　② 4월 19일　③ 4월 20일

④ 4월 21일　⑤ 4월 22일

15 대화를 통해 알 수 있는 내용은?

A : 你几点吃饭?

B : 六点。你呢?

A : 我也是。我们一起吃吧。

① A는 6시에 식사를 한다.

② A가 B를 기다리고 있다.

③ A는 식사를 못하게 되었다.

④ B는 아직 식사시간을 정하지 않았다.

⑤ A와 B는 원래 함께 식사할 생각이었다.

16-17 대화를 잘 읽고 물음에 답하시오.

A : 我家有四口人。

B : ___㉠___ 有㉡谁？

A : 奶奶、爸爸、妈妈、弟弟和我。

16 빈칸 ㉠에 들어갈 말로 가장 알맞은 것은?

① 都　　② 多　　③ 很　　④ 几　　⑤ 也

17 밑줄 친 ㉡과 같은 의미로 쓸 수 있는 것은?

① 哪　　　　② 什么　　　　③ 几口人
④ 很多人　　⑤ 什么人

18 빈칸에 들어갈 말로 알맞은 것은?

A : Nǐ yǒu jiějie ma?

B : _____ yǒu, wǒ yǒu gēge.

① Bù　　② Duō　　③ Hǎo　　④ Hěn　　⑤ Méi

19 문장 표현이 바른 것은?

① 你上几年纪？　　② 你们快点儿！
③ 今天不星期三。　　④ 明天星期什么？
⑤ 我有二个妹妹。

20 대화의 순서를 바르게 배열한 것은?

A : _____
B : _____
A : _____
B : 九点。

㉠ 二十九号。
㉡ 几点?
㉢ 你几号考试?

① ㉠-㉡-㉢　　② ㉡-㉢-㉠　　③ ㉢-㉠-㉡
④ ㉠-㉢-㉡　　⑤ ㉡-㉠-㉢

21 빈칸에 공통으로 들어갈 기념일에 해당하는 우리말로 알맞은 것은?

韩国的 _____ 是五月五号，
中国的 _____ 是六月一号。

① 단오절　　　　② 성탄절
③ 스승의 날　　　④ 어린이날
⑤ 어버이날

22 다음 설명에 해당하는 날짜로 알맞은 것은?

• 굴원을 기념하는 명절
• 용선 경기를 하고 쭝쯔를 먹음

① 음력 1월 1일　　　② 양력 4월 5일
③ 음력 5월 5일　　　④ 양력 7월 7일
⑤ 음력 8월 15일

23 중국의 학교에 대한 설명으로 바르지 못한 것은?

① 눈 건강을 위한 체조 시간이 있다.

② 중학교 3학년은 고등학교 입학시험을 본다.

③ 교복은 대개 활동이 편한 운동복을 입는다.

④ 중학교와 고등학교를 합해서 '中学'라고 한다.

⑤ 통학 거리가 먼 학생이 많아 점심식사 후 바로 귀가한다.

서술형

24 시계가 나타내는 시각을 〈보기〉에서 필요한 단어를 골라 중국어로 쓰되, 두 가지 표현으로 쓰시오.

〈보기〉

• 半　• 点　• 二　• 分

• 刻　• 两　• 三　• 十

(1) _____

(2) _____

25 대화를 읽고 밑줄 친 부분을 서술어와 목적어 구조의 문장으로 바꾸어 쓰시오.

A : 你是学生吗?

B : 是。你呢?

A : 我不是学生，是老师。

※ 学生 xuésheng 학생

➡ 你 _____ ?

Nǐ hǎo!

102

Nǐ xǐhuan shénme yùndòng?
你喜欢什么运动?

학습 목표   취미와 장래 희망을 묻고 답할 수 있다.

주요 표현
취미	Nǐ xǐhuan shénme yùndòng?
정도	Dǎ de hái kěyǐ.
장래 희망	Wǒ xiǎng dāng gēshǒu.

문화   중국인의 취미 생활

알쏭달쏭 차이나

1 중국의 공원에 가면 단체로 춤을 추는 사람들을 쉽게 만날 수 있어.

月♪~!

정답 O

중국의 공원이나 공터에 가면 음악에 맞춰 단체로 에어로빅, 사교춤 등 다양한 춤을 추는 사람들을 쉽게 볼 수 있다. 이를 '광장무(guǎngchǎngwǔ 广场舞)'라고 한다.

2 중국어로 'zúqiú(足球)'는 '족구'를 뜻하는 말이야.

나는야 족구왕!

정답 X

'zúqiú(足球)'는 '축구'를 뜻한다. 중국은 1994년 프로 축구가 출범한 후 축구 인구가 점점 늘고 있으며, 시진핑 국가주석의 지원 정책에 힘입어 급성장하고 있다. 족구는 'wǎngshì zúqiú(网式足球)'라고 하는데, 우리나라와 달리 족구에 대한 인식이 거의 없다.

머리에 쏙쏙

◆ 단어의 의미를 생각하며 들어 보세요.

🔤 단어

- dǎ   (운동을) 하다
- lánqiú   농구
- pīngpāngqiú   탁구
- tī   (발로) 차다
- zúqiú   축구
- wánr   놀다
- diànnǎo   컴퓨터
- chàng   부르다
- gē   노래
- tīng   듣다
- yīnyuè   음악
- kàn   보다
- shū   책
- yóuyǒng   수영(하다)

🔤 확인 학습

1 단어와 의미를 연결해 보세요.

① shū   •   • ㉠ 음악

② zúqiú   •   • ㉡ 책

③ lánqiú   •   • ㉢ 농구

④ yīnyuè   •   • ㉣ 축구

2 우리말을 한어 병음으로 써 보세요.

① (운동을) 하다

➡ _____

② (발로) 차다

➡ _____

🔊 듣기 TIP

'동사+목적어'의 구조로 되어 있는 취미 활동과 관련된 표현들이다. 주의해서 듣고 단어 결합을 잘 익히도록 한다.

1 'dǎ'는 주로 손을 사용하는 운동에 사용하는 동사이다.
　　📝 dǎ lánqiú 농구를 하다　　dǎ pīngpāngqiú 탁구를 치다

2 'tī'는 발로 하는 운동에 사용하는 동사이다.
　　📝 tī zúqiú 축구를 하다

3 'yīnyuè'에서 'yīn'과 'yuè'는 각각의 음절로 연음이 되지 않는다.

4 'wánr'의 실제 발음에서는 'n'이 탈락되어 들리지 않는다.

정답 1 ①㉡ ②㉣ ③㉢ ④㉠
2 ①dǎ ②tī

귀가 쫑긋

6과

❶ 잘 듣고 알맞은 발음을 골라 보세요.

(1) ☑ xǐhuan   (2) ☑ jiānglái   (3) ☐ wèndòng
     ☐ xǐwān   ☐ zhānglái   ☑ yùndòng

듣기 TIP

(1) 성모 'h'의 발음에 주의하여 듣는다. '제3성+경성', '제3성+제1성'의 성조 차이에도 주의한다.

(2) 성모 'j'는 혓바닥 앞부분에서 나는 소리이다. 운모 'ɑng'과 'iɑng'의 발음 차이에도 주의한다.

(3) 'wen'은 'u+en'으로 '원'에 가까운 발음이고 'yun'은 'ü+en'으로 '윈'에 가깝게 들리는 발음이다.

❷ 잘 듣고 빈칸에 알맞은 발음을 써 보세요.

(1) ☐f ānyì   (2) gē ☐s ☐h ǒu   (3) lánq ☐i ☐ú

듣기 TIP

(1) 성모 'f'는 윗니를 아랫입술에 살짝 댔다 떼면서 내는 발음이다.

(2) 성모 'sh'는 혀끝을 살짝 들어 올려 입천장에 가까이 대고 내는 소리이다.

(3) 운모 'i(o)u'는 성모와 함께 쓸 때 'o'를 표기하지 않지만, 실제 발음에서는 'o'의 음도 살짝 발음된다.

❸ 잘 듣고 대화의 내용이 무엇인지 생각해 보세요.

Nǐ xǐhuan shénme yùndòng?

Wǒ xǐhuan yóuyǒng.

듣기 TIP

좋아하는 운동에 대해 묻고 대답하는 대화이다. 'yùndòng(운동)'과 'yóuyǒng(수영하다)'의 발음에 유의하여 들어 보도록 한다.

---

(1) xǐhuan 좋아하다
(2) jiānglái 장래, 미래
(3) yùndòng 운동

(1) fānyì 통(번)역사
(2) gēshǒu 가수
(3) lánqiú 농구

❸

남학생 : 너는 무슨 운동을 좋아하니?
여학생 : 나는 수영하는 걸 좋아해.

회화가 술술 1

◆ 예나가 량량에게 좋아하는 운동을 물어봅니다.

예나 Nǐ xǐhuan shénme yùndòng?
你喜欢什么运动?

량량 Wǒ xǐhuan dǎ lánqiú.
我喜欢打篮球。

예나 Nǐ dǎ de zěnmeyàng?
你打得怎么样?

량량 Dǎ de hái kěyǐ.
打得还可以。

🎧 량량은 무슨 운동을 좋아하나요? ✔ 농구 □ 축구 □ 탁구

🎧065

xǐhuan 喜欢 좋아하다	yùndòng 运动 운동	dǎ 打 (운동을) 하다
lánqiú 篮球 농구	de 得 술어와 보어를 연결시킴	zěnmeyàng 怎么样 어떻습니까
hái 还 그런대로	kěyǐ 可以 좋다, 괜찮다	

📋 본문 해설

★ Wǒ xǐhuan dǎ lánqiú.
'xǐhuan(喜欢)'은 '좋아하다'라는 뜻의 심리 동사로, 명사나 동사(구)를 목적어로 가질 수 있다.
🗨 Wǒ xǐhuan nǐ. 我喜欢你。 나는 너를 좋아해.
　Wǒ xǐhuan yóuyǒng. 我喜欢游泳。 나는 수영하는 걸 좋아해.

★ Dǎ de hái kěyǐ.
술어인 동사나 형용사 뒤에서 동작이나 상태의 정도를 나타내는 말을 '정도 보어'라고 한다. 술어 뒤에는 구조 조사 'de(得)'가 있어야 한다.

동사 / 형용사 + de + 정도 보어

🗨 Tā chàng de hěn hǎo. 她唱得很好。 그녀는 (노래를) 잘 부른다.

💬 본문 해석

예나 : 너는 무슨 운동 좋아하니?
량량 : 나는 농구를 좋아해.
예나 : 농구 실력이 어떤데?
량량 : 그럭저럭 해.

💬 zěnmeyàng(怎么样)
'어떻습니까'라는 뜻으로, 상태, 상황, 성질, 방식 등에 대해 묻는 의문사이다.
🗨 Yìqǐ chī fàn, zěnmeyàng?
一起吃饭，怎么样?
같이 밥 먹는 거 어때? (의견)

Nǐ mèimei xiànzài zěnmeyàng?
你妹妹现在怎么样?
네 여동생 지금 어때? (상황, 건강)

💬 Hái kěyǐ(还可以)
'그런대로 괜찮다, 나쁘지 않다'라는 뜻으로, 대상에 대한 평가를 나타내는 표현이다.
🗨 Nǐ de shǒujī hái kěyǐ.
你的手机还可以。
네 휴대전화 그런대로 괜찮네.

💬 중국의 농구 스타 야오밍
중국인이 사랑하는 농구 선수 야오밍(姚明)은 미국 프로 농구(NBA)에 진출하여 수년 간 활약하며 NBA 올스타에 선정되기도 했다. 은퇴 후 2017년부터 중국 농구 협회 회장으로 활동하고 있다.

✏ 확인 학습

1 빈칸에 알맞은 말을 한어 병음으로 써 보세요.

① 농구 ＿＿＿＿＿＿＿＿＿＿

② 그럭저럭 ＿＿＿＿＿＿ kěyǐ.

표현이 탄탄1

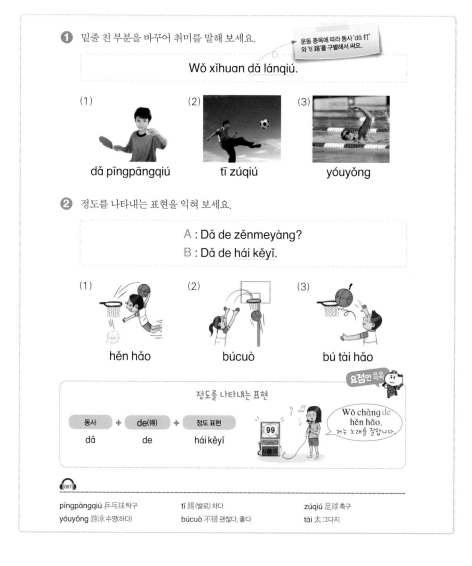

❶ 밑줄 친 부분을 바꾸어 취미를 말해 보세요.

> 운동 종목에 따라 동사 'dǎ 打'와 'tī 踢'를 구별해서 써요.

Wǒ xǐhuan dǎ lánqiú.

(1) dǎ pīngpāngqiú

(2) tī zúqiú

(3) yóuyǒng

❷ 정도를 나타내는 표현을 익혀 보세요.

A : Dǎ de zěnmeyàng?
B : Dǎ de hái kěyǐ.

(1) hěn hǎo

(2) búcuò

(3) bú tài hǎo

요점만 콕콕

정도를 나타내는 표현

| 동사 | + | de (得) | + | 정도 표현 |
| dǎ | | de | | hái kěyǐ |

Wǒ chàng de hěn hǎo.
저는 노래를 잘합니다.

067

pīngpāngqiú 乒乓球 탁구
yóuyǒng 游泳 수영(하다)

tī 踢 (발로) 차다
búcuò 不错 괜찮다, 좋다

zúqiú 足球 축구
tài 太 그다지

---

❶ 취미(운동) 표현

Wǒ xǐhuan + 운동 종목

我喜欢打篮球。
나는 농구를 좋아한다.

(1) 我喜欢打乒乓球。
나는 탁구를 좋아한다.
(2) 我喜欢踢足球。
나는 축구를 좋아한다.
(3) 我喜欢游泳。
나는 수영을 좋아한다.

❷ 정도를 나타내는 표현

동사 + de + 정도 보어

打得还可以。 그럭저럭 한다.

(1) 打得很好。 아주 잘한다.
(2) 打得不错。 괜찮게 한다.
(3) 打得不太好。 그다지 잘 못 한다.

요점만 콕콕

· 打得还可以。 그런대로 잘한다.
· 我唱得很好。 나는 노래를 잘한다.

어법 Tip

★ '수영을 잘하다'는 어떻게 말하나요?

'yóuyǒng(游泳)'은 '동사(yóu)+목적어(yǒng)' 형태로 되어 있는 단어이므로 동사 부분만 말해야 한다.

예 Tā yóu de hěn hǎo. 她游得很好。 (○)
그녀는 수영을 잘한다.
Tā yóuyǒng de hǎo. 她游泳得好。(×)

중국인이 좋아하는 운동

1위 걷기(jiànshēnzǒu 健身走)
2위 달리기(pǎobù 跑步)
3위 소구기(탁구, 배드민턴, 테니스)
4위 광장무(guǎngchǎngwǔ 广场舞)
5위 대구기(축구, 농구, 배구)

※ 출처 : 중국국가체육총국, 2014년

확인 학습

1 빈칸에 알맞은 말을 써 보세요.

① 나는 노래를 잘합니다.

Wǒ chàng _____ hěn hǎo.

② 너 (농구를) 괜찮게 하네.

Nǐ dǎ de bú _____.

③ 나는 수영하는 걸 좋아해.

Wǒ xǐhuan _____.

정답 1 ① de ② cuò ③ yóuyǒng

회화가 술술 2

◆ 동현이가 샤오위와 음악을 듣고 있습니다.

 Nǐ jiānglái xiǎng zuò shénme?
你将来想做什么?

 Wǒ xiǎng dāng gēshǒu.
我想当歌手。

 Nǐ xǐhuan shéi de gē?
你喜欢谁的歌?

 Wǒ xǐhuan Zhōu Jiélún de gē.
我喜欢周杰伦的歌。

 샤오위의 장래 희망은 무엇인가요? ✔ 가수 □ 의사 □ 선생님

069

jiānglái 将来 장래, 미래	xiǎng 想 ~하고 싶다	zuò 做 하다, 만들다
dāng 当 ~가 되다	gēshǒu 歌手 가수	shéi 谁 누구
gē 歌 노래	Zhōu Jiélún 周杰伦 저우제룬 [인명]	

📋 본문 해설

★ Nǐ jiānglái xiǎng zuò shénme?

'xiǎng(想)'은 '~하고 싶다'라는 뜻의 조동사로 동사 앞에 사용한다.

📖 A: Nǐ xiǎng chī shénme? 你想吃什么? 너는 뭐 먹고 싶어?
　　B: Wǒ xiǎng chī zhájiàngmiàn. 我想吃炸酱面。 나는 짜장면이 먹고 싶어.

★ Wǒ xiǎng dāng gēshǒu.

'dāng(当)'은 '~이 되다'라는 뜻의 동사로, 'xiǎng(想)+dāng(当)+직업'의 형태로 쓰여 장래 희망을 나타낼 수 있다.

📖 A: Nǐ xiǎng zuò shénme? 你想做什么? 너는 무엇을 하고 싶어?
　　B: Wǒ xiǎng dāng lǎoshī. 我想当老师。 나는 선생님이 되고 싶어.

💬 본문 해석

동현 : 너는 나중에 뭐가 되고 싶니?
샤오위 : 나는 가수가 되고 싶어.
동현 : 너는 누구 노래를 좋아하니?
샤오위 : 저우제룬의 노래를 좋아해.

💬 shéi(谁)

'누구'라는 의미의 의문사로, 뒤에 오는 명사를 수식할 때는 'de(的)'로 연결해 준다.

Tā shì shéi? 她是谁?
그녀는 누구야?
Tā shì shéi de péngyou?
她是谁的朋友?
그녀는 누구의 친구야?

💬 저우제룬

1979년 타이완 출생. 가수, 작곡가 겸 영화감독, 배우. 1997년 가수로 데뷔한 후, 중국 대중음악에서 보기 드물게 힙합으로 성공을 거두었고, '중국풍'이라는 그만의 음악 스타일을 구축했으며 2001~2007년 아시아 음반 판매량 1위 자리를 지켰다. 영화 〈말할 수 없는 비밀〉에서는 주연과 연출을 맡았으며, 직접 연주한 피아노 배틀이 큰 화제가 되었다.

💻 확인 학습

1 단어와 발음을 연결해 보세요.

① 喜欢 ・　　・ ㉠ gēshǒu

② 歌手 ・　　・ ㉡ xǐhuan

③ 将来 ・　　・ ㉢ jiānglái

2 'xiǎng'이 들어갈 위치로 알맞은 것은?

Nǐ ⌃ jiānglái ⌃ zuò ⌃ shénme ⌃?
　　①　　　　②　　③　　　　④

정답 2. ②
1. ① ㉡ ② ㉠ ③ ㉢

표현이 탄탄 2

❶ 밑줄 친 부분을 바꾸어 장래 희망을 소개해 보세요.

> Wǒ xiǎng dāng gēshǒu.

(1) lǎoshī

(2) fānyì

(3) yīshēng

❷ 취미를 묻고 답해 보세요.

> A : Nǐ xǐhuan zuò shénme?
> B : Wǒ xǐhuan chàng gē.

(1) kàn shū

(2) tīng yīnyuè

(3) wánr diànnǎo

요점만 콕콕

바람을 나타내는 xiǎng(想)

| 주어 | + | xiǎng(想) | + | 동사 | + | 목적어 |

Wǒ   xiǎng   dāng   gēshǒu.
나는 가수가 되고 싶다.

Wǒ xiǎng qù Zhōngguó.
나는 중국에 가고 싶다.

[071]

fānyì 翻译 통(번)역사　　　yīshēng 医生 의사　　　chàng 唱 부르다
kàn 看 보다　　　　　　　tīng 听 듣다　　　　　yīnyuè 音乐 음악
wánr 玩儿 놀다　　　　　diànnǎo 电脑 컴퓨터　　qù 去 가다

---

❶ **장래 희망**

> Wǒ xiǎng dāng + 직업
> 我想当歌手。
> 나는 가수가 되고 싶다.

(1) 我想当老师。
　　나는 선생님이 되고 싶다.
(2) 我想当翻译。
　　나는 통(번)역사가 되고 싶다.
(3) 我想当医生。
　　나는 의사가 되고 싶다.

※ 'xiǎng(想)'은 조동사로 동사 앞에 위치한다.

❷ **취미의 표현**

> Wǒ xǐhuan + 동작
> 我喜欢唱歌。
> 나는 노래 부르는 것을 좋아한다

(1) 我喜欢看书。
　　나는 책 읽는 것을 좋아한다.
(2) 我喜欢听音乐。
　　나는 음악 듣는 것을 좋아한다.
(3) 我喜欢玩儿电脑。
　　나는 컴퓨터로 노는 것을 좋아한다.

요점만 콕콕

· 我想当歌手。
· 我想去中国。

중국을 즐기자! - 유용한 앱

샤미 음악(xiami music 虾米音乐)
중국 음악뿐만 아니라 한국 등 다양한 국가의 음악을 들을 수 있다.

아이치이 동영상(aiqiyi 爱奇艺)
중국 및 여러 나라의 드라마, 영화, 애니메이션 등 다양한 영상물을 감상할 수 있다.

확인 학습

1 빈칸에 알맞은 단어를 써 보세요.

① 나는 선생님이 되고 싶다.

　　Wǒ ＿＿＿＿ dāng ＿＿＿＿.

② 나는 책 읽기를 좋아한다.

　　我喜欢 ＿＿＿＿ 书。

　정답 1. ① xiǎng, lǎoshī ② 看

실력이 쑥쑥

① 단어를 바르게 배열하여 문장을 완성해 보세요.

(1)

나는 축구하는 것을 좋아한다. ➡ <u>Wǒ xǐhuan tī zúqiú</u>.

(2)

너는 무엇을 하고 싶니? ➡ <u>Nǐ xiǎng zuò shénme</u>?

② 그림을 보고 빈칸에 알맞은 한어 병음을 써서 문장을 완성하세요.

(1)

(2)

Tā xiǎng dāng <u>lǎoshī</u>. Tā xǐhuan <u>yóuyǒng</u>.

③ 한자를 바른 획순으로 쓰고, 알맞은 발음과 뜻을 찾아 연결해 보세요.

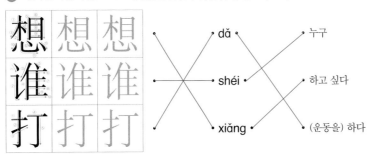

想 谁 打

- dǎ — 누구
- shéi — 하고 싶다
- xiǎng — (운동을) 하다

---

①

(1) 我喜欢踢足球。

(2) 你想做什么?

※ 주의 : 'xǐhuan(喜欢)' 뒤에 좋아하는 운동 종목이 올 때 해당 동사를 함께 말해야 함에 주의한다.

②

(1) 她想当老师。

그녀는 선생님이 되고 싶다.

(2) 他喜欢游泳。

그는 수영을 좋아한다.

 한자 암기 TIP

• 想

心	相
뜻(마음)	음(xiāng)

서로(相)를 향한 마음(心)을 뜻하여 '생각하다', '~하고 싶다'라는 뜻을 나타낸다.

• 谁(←誰)

言	隹
뜻(말)	음(zhuī)

이 새(隹)의 주인은 누구인지 물어본다(言)는 뜻에서 '누구'를 나타낸다.

• 打

手(扌)	丁
손	못

손(扌=手)으로 못(丁)을 치는 동작에서 '치다', '때리다'의 뜻을 나타낸다.

종이 오리기 공예

종이 오리기 공예(jiǎnzhǐ 剪纸)는 중국 민간의 전통 예술입니다. 명절이나 축제, 결혼 등 행사 때 다양한 종이 오리기 작품을 창문, 벽 등에 장식을 하여 축하합니다.

 준비물 색종이, 가위, 펜

 → → →

① 4등분하여 종이를 접습니다.
② 원하는 도안을 종이에 그립니다.
③ 도안을 따라 가위로 오립니다.
④ 접은 종이를 펴서 모양을 확인합니다.

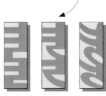

여러 가지 형태의 도안을 따라 그려 보세요.

쌍희(囍)는 '기쁠 희(喜)'가 두 개 겹쳐진 것으로 기쁜 일이 잇따라 일어나기를 바란다는 의미야.

🗨 중국의 전통 공예

설탕 공예(chuītáng 吹糖)
설탕(맥아당)을 가열하여 녹인 후 입으로 불면서 손이나 도구로 여러 가지 모양을 만드는 민간 예술이다.

중국 매듭 공예 (Zhōngguójié 中国结)
하나의 긴 실(줄)을 다양한 방식으로 교차시켜 만드는 중국의 전통 민간 수공예로, 주로 선물용, 장식품으로 사용한다.

도장 전각 공예(zhuànkè 篆刻)
오늘날에도 도장은 공식 문서 및 사적 문서 등 일상생활에서 꾸준히 사용되고 있고 예술 작품으로도 그 가치를 발휘하고 있다. 도장의 복잡한 문자를 이해하는 사람은 전보다 적어졌지만, 도장 전각 공예는 여전히 장인과 일반인에 의해 이어져 오고 있고, 2009년 유네스코 인류 무형 문화유산에 등재되었다.

📖 유네스코 인류 무형 문화유산 : 종이 오리기 공예

젠즈(종이 오리기) 공예는 일반 서민들에게 널리 사랑받는 민간 예술의 하나이다. 특히 가족의 장수와 복을 비는 '수(壽)'와 '쌍희(囍)'는 가족이나 친척의 생신이나 결혼식에 선물하기에도 좋으며, 이를 통해 사악한 기운을 물리치고 복을 기원하는 의미를 가지고 있다. 젠즈 공예는 2009년에 유네스코 인류 무형 문화유산에 등재되었다.

문화가 통통! 중국인의 취미 생활

매일 공원에서 건강을 위해 단체로 음악에 맞춰 흥겹게 춤을 추는 사람들을 볼 수 있습니다.

중국 제기는 빳빳하고 화려한 깃털이 특징입니다. 공원이나 광장에 가면 제기의 달인을 흔히 만날 수 있습니다.

공원에서 큰 붓에 물을 묻혀 선 채로 바닥에 글씨를 쓰는 어르신을 쉽게 만나 볼 수 있고, 그들의 다양한 필체를 감상할 수 있습니다.

나무로 만든 손잡이를 쥐고 중간 부분의 줄과 공죽(kōngzhú 空竹)을 마찰해 회전시키는 공죽 돌리기는 남녀노소가 함께 즐기는 전통놀이입니다.

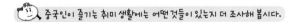
중국인이 즐기는 취미 생활에는 어떤 것들이 있는지 더 조사해 봅시다.

탐구과제

중국인의 취미 생활

연 날리기(fàng fēngzheng 放风筝)

공원에 가면 다양한 연을 날리는 사람들을 쉽게 볼 수 있다.

탁구(pīngpāngqiú 乒乓球)

작은 공간에서도 즐길 수 있는 탁구는 중국 학생들이 가장 좋아하는 운동 중 하나이다.

💬 다양한 취미 생활

광장무(guǎngchǎngwǔ 广场舞)
중국 특색의 취미 활동으로 공원이나 광장에서 단체로 춤을 추며 건강을 단련한다.

제기차기(tī jiànzi 踢毽子)
빳빳한 깃털이 특징인 중국 제기는 모양도 다양하다. 제기는 중국 한나라 때 시작하여 2,000여 년의 역사를 가지고 있다.

지서(dìshū 地书)
일반 붓이나 스펀지로 만든 붓으로 땅바닥에 글씨를 쓰는 취미 활동이다.

공죽(kōngzhú 空竹)
죽방울이라고도 하며 남녀노소가 즐기는 전통놀이이자 다양하고 화려한 기술로 공연에 이용되기도 한다.

📖 확인 학습

1 큰 붓에 물을 묻혀 바닥에 글씨를 쓰는 활동을 서예라고 한다.

◯, ✕

2 공원에서 단체로 음악에 맞춰 춤을 추는 운동은 광장무(guǎngchǎng-wǔ)라고 한다.

◯, ✕

3 중국 제기는 한국과 달리 깃털이 빳빳한 것이 특징이다.

◯, ✕

◯ 1 ✕ 2 ◯ 3 답당

🌸 좋아하는 운동 묻고 대답하기

xǐhuan(喜欢) + 동사 + 운동 종목

A : Nǐ xǐhuan shénme yùndòng? 你喜欢什么运动? 너는 무슨 운동을 좋아하니?

B : Wǒ xǐhuan dǎ lánqiú. 我喜欢打篮球。 나는 농구하는 것을 좋아해.

Wǒ xǐhuan tī zúqiú. 我喜欢踢足球。 나는 축구하는 것을 좋아해.

Wǒ xǐhuan yóuyǒng. 我喜欢游泳。 나는 수영하는 것을 좋아해.

🌸 정도의 표현 말하기

동사/형용사 + de(得) + 정도의 표현

· Wǒ dǎ de hái kěyǐ. 我打得还可以。 나는 그럭저럭 한다.(농구, 탁구 등)

· Nǐ chàng de búcuò. 你唱得不错。 너 노래를 괜찮게 부르네.

· Tā tī de bú tài hǎo. 他踢得不太好。 그는 그다지 잘 못 찬다.(축구, 제기 등)

· Tā wánr de hěn hǎo. 她玩儿得很好。 그녀는 아주 잘 논다.

🌸 장래 희망과 직업 묻고 대답하기

xiǎng(想) + dāng(当) + 직업

A : Nǐ xiǎng zuò shénme? 你想做什么? 너는 무엇을 하고 싶니?

B : Wǒ xiǎng dāng lǎoshī. 我想当老师。 나는 선생님이 되고 싶어.

직업			
fānyì 翻译 통(번)역사	yīshēng 医生 의사	gēshǒu 歌手 가수	chúshī 厨师 요리사

🌸 취미 묻고 대답하기

xǐhuan(喜欢) + 동사 + 목적어

A : Nǐ xǐhuan zuò shénme? 你喜欢做什么? 너는 무엇을 하는 걸 좋아하니?

B : Wǒ xǐhuan tīng Zhōngguó gē. 我喜欢听中国歌。 나는 중국 노래 듣기를 좋아해.

취미			
tīng yīnyuè 听音乐 음악 듣기	kàn shū 看书 책 읽기	wánr diànnǎo 玩电脑 컴퓨터 하기	chàng gē 唱歌 노래 부르기

① 발음 카드를 조합하여 만들 수 있는 발음에 해당하는 글자는?

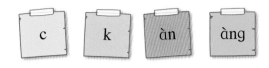

① 打   ② 玩   ③ 看   ④ 唱   ⑤ 等

① 카드를 조합하면 'càn', 'kàn', 'càng', 'kàng'을 만들 수 있다.

② 우리말과 중국어의 연결이 바르지 <u>않은</u> 것은?

① 수영하다 – yóuyǒng   ② 축구를 하다 – tī zúqiú

③ 농구를 하다 – dǎ lánqiú   ④ 음악을 듣다 – tīng yīnyuè

⑤ 노래를 부르다 – chàng shū

② 동사와 목적어가 어울리지 않는 것을 찾아보자.

③ 단어와 뜻의 연결이 바르지 <u>않은</u> 것은?

① 歌手 – 가수   ② 将来 – 장래   ③ 老师 – 의사

④ 运动 – 운동   ⑤ 电脑 – 컴퓨터

③
① 가수 – gēshǒu
② 장래 – jiānglái
③ 의사 – yīshēng
④ 운동 – yùndòng
⑤ 컴퓨터 – diànnǎo

④ 그림의 상황으로 보아 알 수 있는 것은?

① Tā dǎ de búcuò.

② Tā xǐhuan kàn shū.

③ Tā chàng de hěn hǎo.

④ Tā xiǎng dāng chúshī.

⑤ Tā wánr de bú tài hǎo.

⑤ 빈칸에 들어갈 말로 알맞은 것은?

A : Nǐ xiǎng zuò shénme?

B : Wǒ xiǎng dāng _____.

① shū   ② zúqiú   ③ lǎoshī

④ yīnyuè   ⑤ diànnǎo

⑤ 직업에 해당하는 단어를 찾아 보자.

6 빈칸에 들어갈 말로 알맞은 것은?

> A : Nǐ xǐhuan yóuyǒng ma?
>
> B : _____.

① Hěn xǐhuan
② Wǒ xǐhuan dǎ
③ Dǎ de hái kěyǐ
④ Wǒ xǐhuan tā de gē
⑤ Wǒ xiǎng dāng fānyì

6
좋아하는 운동에 관련해 물어
보는 대화이다.

7 그림에 대한 설명으로 옳지 <u>않은</u> 것은?

① 중국의 전통 예술이다.
② 명절이나 결혼식에 사용한다.
③ 유네스코 문화유산에 등재되었다.
④ 완성한 후에는 불에 태워 재를 날려 보낸다.
⑤ 쌍희는 기쁜 일이 잇따라 일어나라는 의미이다.

7
중국의 전통 종이 오리기 공
예(jiǎnzhǐ 剪纸)이다.

8 밑줄 친 '이것'에 해당하는 것은?

> • 이것은 중국의 남녀노소가 함께 즐기는 전통 놀이 기구이다.
> • 나무로 만든 손잡이를 쥐고 중간 부분의 줄을 이용해서 <u>이것</u>을 회전시킨다.

① 공죽
② 제기
③ 마작
④ 광장무
⑤ 붓글씨

본문 확인학습

※ 본문을 따라 쓰고, 우리말 해석을 채우며 본문을 외워 보세요.

회화가 술술 1

예나 Nǐ xǐhuan shénme yùndòng?
你喜欢什么运动?

우리말 :

량량 Wǒ xǐhuan dǎ lánqiú.
我喜欢打篮球。

우리말 :

예나 Nǐ dǎ de zěnmeyàng?
你打得怎么样?

우리말 :

량량 Dǎ de hái kěyǐ.
打得还可以。

우리말 :

회화가 술술 2

동현 Nǐ jiānglái xiǎng zuò shénme?
你将来想做什么?

우리말 :

샤오위 Wǒ xiǎng dāng gēshǒu.
我想当歌手。

우리말 :

동현 Nǐ xǐhuan shéi de gē?
你喜欢谁的歌?

우리말 :

샤오위 Wǒ xǐhuan Zhōu Jiélún de gē.
我喜欢周杰伦的歌。

우리말 :

Duōshao qián?
多少钱?

학습 목표 물건을 살 때 쓰는 표현을 말할 수 있다.

주요 표현
가격 1 Píngguǒ zěnme mài?
가격 2 Zhè jiàn yīfu duōshao qián?
흥정 Piányi yìdiǎnr ba.

문화 중국의 숫자 문화

알쏭달쏭 차이나

1 중국 런민비 100위안에 그려진 인물은 덩샤오핑이래.

누굴까요?

정답 X

런민비 100위안의 인물은 '마오쩌둥'이다.
- 마오쩌둥(1893~1976): 중국을 건국한 중국 최고의 지도자
- 덩샤오핑(1904~1997): 개혁 개방을 통해 중국의 경제 발전을 이룬 정치 지도자

2 100위안을 100콰이라고도 말할 수 있지.

위안? 콰이?

100元

정답 O

100위안을 회화에서는 '100콰이'라고 한다.

런민비 단위	글말	입말
yuán = kuài	元 yuán	块 kuài

머리에 쏙쏙

◆ 단어의 의미를 생각하며 들어 보세요.

yí jiàn chènshān

yì tiáo kùzi

yì shuāng xié

dǎ bā zhé

yì běn shū

yì jīn píngguǒ

mǎi yī sòng yī

단어

- jiàn · 벌(옷)
- chènshān · 셔츠
- tiáo · 벌(하의)
- kùzi · 바지
- shuāng · 켤레
- xié · 신발
- běn · 권(책)
- jīn · 근(무게)
- píngguǒ · 사과
- dǎzhé · 할인하다
- sòng · 주다
- mǎi · 사다

확인 학습

1 단어와 의미를 연결해 보세요.

① shū •　　　　• ㉠ 책

② xié •　　　　• ㉡ 사다

③ mǎi •　　　　• ㉢ 주다

④ sòng •　　　　• ㉣ 신발

2 우리말을 한어 병음으로 써 보세요.

① 바지 ➡ ＿＿＿＿＿＿＿＿＿

② 사과 ➡ ＿＿＿＿＿＿＿＿＿

② 한 근 ➡ ＿＿＿＿＿＿＿＿＿

듣기 TIP

1 백화점에서 볼 수 있는 물건 관련 표현이다. 명사와 해당 양사(단위 명사)에 주의하여 듣는다.

2 '一(yī)'의 성조에 유의한다. 단독으로 발음하면 제1성이지만, 아래의 경우에는 성조가 변하므로 주의하여 들어야 한다.

| 一(yī) + 제4성 | ➡ | 一(yí) + 제4성 | 예 yí jiàn 한 벌 |
| 一(yī) + 제1, 2, 3성 | ➡ | 一(yì) + 제1, 2, 3성 | 예 yì běn 한 권, yì shuāng 한 켤레 |

귀가 쫑긋

❶ 잘 듣고 알맞은 발음을 골라 보세요.

(1) ☑ guì   (2) ☑ yào   (3) ☑ zěnme
　　☐ kuì   ☐ yòu   ☐ zhěnme

❶
(1) guì 비싸다
(2) yào 필요로 하다
(3) zěnme 어떻게

🔊 **듣기 TIP**

(1) 성모 'g'와 'k'를 구분하는 문제이다. 'g'는 우리말의 'ㄲ'과 비슷하고 'k'는 'ㅋ'과 비슷한 발음이다.

(2) 운모 'iao'와 'iou'를 구분하는 문제이다. 두 운모 모두 성모와 결합하지 않았으므로 표기 할 때는 'i' 대신에 'y'로 바꾸어 표기한다.

(3) 성모 'z'와 'zh'를 구분하는 문제이다.

❷ 잘 듣고 빈칸에 알맞은 발음을 써 보세요.

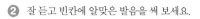

(1) z h ǎo   (2) píngg u ǒ   (3) d ǎzh é

❷
(1) zhǎo 거슬러 주다
(2) píngguǒ 사과
(3) dǎzhé 할인하다

🔊 **듣기 TIP**

(1) 성모 'zh'는 혀끝을 살짝 들어 올려 입천장에 붙였다 떼면서 내는 소리이다.

(2) 운모 'uo'는 발음에 특히 주의한다. '우오'가 아니라 '우어'에 가까운 발음이다.

(3) 우리말의 '으어'에 가까운 발음의 표기법이 'e'인 것에 주의한다.

❸ 잘 듣고 대화의 내용이 무엇인지 생각해 보세요.

❸
여학생 : 얼마예요?
판매원 : 100위안입니다.

🔊 **듣기 TIP**

신발의 가격을 묻고 대답하는 대화이다. 가격이 얼마인지 추측하면서 들어 본다.

회화가 술술 1

◆ 예나가 과일을 사러 갔습니다.

예나
Píngguǒ zěnme mài?
苹果怎么卖?

판매원
Liù kuài yì jīn. Nǐ yào jǐ jīn?
六块一斤。你要几斤?

예나
Wǒ yào sān jīn. Gěi nǐ èrshí kuài.
我要三斤。给你二十块。

판매원
Zhǎo nǐ liǎng kuài.
找你两块。

예나가 지불해야 하는 금액은 얼마인가요? ☐ 2위안 ✔ 18위안 ☐ 20위안 🎧075

píngguǒ 苹果 사과	zěnme 怎么 어떻게	mài 卖 팔다
kuài 块 위안[중국 화폐 단위]	jīn 斤 근[무게 단위]	yào 要 필요로 하다
gěi 给 주다, ~에게	zhǎo 找 거슬러 주다	

📋 본문 해설

★ **Píngguǒ zěnme mài?**

'zěnme(怎么)'는 '어떻게'라는 뜻으로 일반적으로 동사 앞에 쓰여 방법을 물을 때 사용하는 의문사이다.

⑩ Zěnme mài? 怎么卖? 어떻게 팔아요? (가격을 물을 때)
　Zěnme chī? 怎么吃? 어떻게 먹어요? (먹는 방법을 물을 때)

★ **Gěi nǐ èrshí kuài.**

'gěi(给)'는 '주다'라는 뜻의 동사로 간접 목적어(~에게), 직접 목적어(~을)를 취할 수 있다. 두 목적어가 함께 나올 때 어순은 아래와 같다.

gěi(给) ＋ 간접 목적어(~에게) ＋ 직접 목적어(~을)

⑩ Gěi wǒ píngguǒ. 给我苹果。 나에게 사과를 주세요.

💬 본문 해석

예나 : 사과 어떻게 팔아요?
판매원 : 한 근에 6위안이에요. 몇 근 드려요?
예나 : 세 근 주세요. 여기 20위안이에요.
판매원 : 2위안 거슬러 줄게요.

💬 물건 가격 표현법

가격 ＋ 숫자 ＋ 양사

⑩ liù kuài yì jīn(六块一斤)
　한 근에 6위안
　sān kuài yí ge(三块一个)
　한 개에 3위안

💬 숫자 2 읽기

2위안: liǎng kuài 两块(○)
　　　※ èr kuài 二块(×)
12위안: shí'èr kuài 十二块(○)
　　　 ※ shíliǎng kuài 十两块(×)
20위안: èrshí kuài 二十块(○)
　　　 ※ liǎngshí kuài 两十块(×)

💬 jīn(斤)

중국에서는 고기, 과일, 채소, 달걀 등을 일반적으로 무게 단위(근)로 판매하고 있다. 중국의 1근은 500g에 해당한다.

근 단위로 판매하는 수박

📝 확인 학습

1 빈칸에 알맞은 말을 써 보세요.

① 사과 어떻게 팔아요?

➡ Píngguǒ ＿＿＿＿ ＿＿＿＿?

② 2위안 거슬러 줄게요.

➡ ＿＿＿＿ nǐ liǎng kuài.

정답 **1** ① zěnme, mài ② Zhǎo

표현이 탄탄1

❶ 가격을 묻고 답해 보세요.

말할 때는 주로 'kuài 块'를 쓰고, 가격표에는 'yuán 元'을 씁니다.

A : Píngguǒ zěnme mài?　　B : Liù kuài yì jīn.

(1) xiāngjiāo / sì　4元/斤

(2) jiǎozi / shí'èr　12元/斤

(3) zhūròu / èrshí　20元/斤

❷ 밑줄 친 부분을 바꾸어 말해 보세요.

중국에서 1근은 500g이고, 과일, 야채, 고기, 음식 등을 근 단위로 판매해요.

A : Nǐ yào jǐ jīn?　　B : Wǒ yào sān jīn.

(1) ge / wǔ ge

(2) píng / liǎng píng

(3) běn / sì běn

숫자 읽기　요점만 콕콕

100	yìbǎi (一百)	'yī(一)'를 앞에 붙여 말합니다.
101	yìbǎi líng yī (一百零一)	숫자 중간에 '0'이 있으면 '0'의 개수에 상관없이 한 번만 읽습니다.
110	yìbǎi yīshí (一百一十) yìbǎi yī (一百一)	'0'으로 끝나는 숫자는 '0' 앞의 단위를 생략하여 말할 수 있습니다.

🔊 077

yuán 元 위안 [중국 화폐 단위]　　xiāngjiāo 香蕉 바나나　　jiǎozi 饺子 만두
zhū 猪 돼지　　ròu 肉 고기　　píng 瓶 병
běn 本 권 [책을 세는 단위]　　bǎi 百 백, 100　　líng 零 영, 0

---

❶ 가격 묻고 대답하기

　A: 대상 + zěnme mài?
　B: 숫자 + kuài + yì jīn.

A: 苹果怎么卖?
　사과 어떻게 팔아요?
B: 六块一斤。한 근에 6위안이에요.

(1) A: 香蕉怎么卖?
　　바나나 어떻게 팔아요?
　B: 四块一斤。
　　한 근에 4위안이에요.

(2) A: 饺子怎么卖?
　　만두 어떻게 팔아요?
　B: 十二块一斤。
　　한 근에 12위안이에요.

(3) A: 猪肉怎么卖?
　　돼지고기 어떻게 팔아요?
　B: 二十块一斤。
　　한 근에 20위안이에요.

❷ 물건 사기 표현

　A: Nǐ yào jǐ + 양사?
　B: Wǒ yào + 숫자 + 양사.

A: 你要几斤? 몇 근 드려요?
B: 我要三斤。세 근 주세요.

(1) A: 你要几个? 몇 개 드려요?
　B: 我要五个。다섯 개 주세요.
(2) A: 你要几瓶? 몇 병 드려요?
　B: 我要两瓶。두 병 주세요.
(3) A: 你要几本? 몇 권 드려요?
　B: 我要四本。네 권 주세요.

🎥 **확인 학습**

1 양사의 발음을 써 보세요.

① 斤 _____

② 瓶 _____

③ 本 _____

중국의 화폐 단위 (1위안 = 10자오)

글말	yuán(元)	jiǎo(角)
입말	kuài(块)	máo(毛)
화폐 실물	1위안 지폐	1자오 지폐

정답 ① jīn ② píng ③ běn

회화가 술술 2

◆ 동현이가 옷을 사러 갔습니다.

도현
Zhè jiàn yīfu duōshao qián?
这件衣服多少钱？

판매원
Yìbǎi kuài.
一百块。

도현
Tài guì le, Piányi yìdiǎnr ba.
太贵了，便宜一点儿吧。

판매원
Bāshí kuài zěnmeyàng? Gěi nǐ dǎ bā zhé.
八十块怎么样？给你打八折。

도현
Hǎo de.
好的。

 점원은 옷의 가격을 얼마나 할인해 주었나요? ☐ 8% ✓ 20% ☐ 80%

🎧079

jiàn 件 벌 [옷을 세는 단위]	yīfu 衣服 옷	duōshao 多少 얼마, 몇
qián 钱 돈	tài 太 너무	guì 贵 비싸다
le 了 감탄·완료·변화를 나타냄	piányi 便宜 싸다	dǎzhé 打折 할인하다

📋 본문 해설

★ **Tài guì le!**

'tài(太) + 형용사 + le(了)'의 형태로 쓰여, '너무~하다'라는 감탄이나 정도가 지나침을 나타낸다.

예 Tài hǎo le! 太好了! 너무 좋아요.
　 Tài dà le! 太大了! 너무 커요.

★ **Piányi yìdiǎnr ba.**

'형용사 + yìdiǎnr(一点儿) + (ba(吧))'의 형태로 쓰여 명령이나 요청을 표현할 수 있다.

예 Kuài yìdiǎnr (ba). 快一点儿(吧)。 좀 서둘러 주세요.

💬 본문 해석

동현 : 이 옷 얼마예요?
판매원 : 100위안이에요.
동현 : 너무 비싸요. 좀 싸게 해주세요.
판매원 : 80위안은 어때요? 20% 할인
　　　　 해 줄게요.
동현 : 좋아요.

💬 런민비 동전

런민비 동전은 1위안, 5자오, 1자오가 사용되고 있다. (1위안 = 10자오)
'자오(jiǎo 角)'는 입말로는 '마오(máo 毛)'라고 한다. 그러나 최근 물가 상승과 모바일 지불의 확대로 동전의 사용이 급격히 줄고 있다.

왼쪽부터 1자오, 5자오, 1위안

💬 신발 치수

중국은 신발 치수를 밀리미터로 표시하지 않고 호수(hào 号)로 표시한다.

| 한 | 230 | 235 | 240 | 245 | 250 |
| 중 | 36 | 37 | 38 | 39 | 40 |

자신의 신발 치수를 중국식으로 표현해 보자.

_____ mm = _____ hào(호)

신발 치수가 표시된 상자

✏️ 확인 학습

1 발음과 뜻을 연결해 보세요.

① guì　　　•
② dǎzhé　　•
③ piányi　•

• ㉠ 싸다
• ㉡ 비싸다
• ㉢ 할인하다

표현이 탄탄 2

❶ 밑줄 친 부분을 바꾸어 말해 보세요.

> 'tài + 형용사 + le'의 형태로 쓰여 '너무 ~하다'라는 감탄 또는 정도가 지나침을 나타냅니다.

Tài hǎo le.

(1) shuài

(2) dà

(3) nán

❷ 짝과 역할을 나누어 물건의 가격을 흥정해 보세요.

A : Zhè jiàn yīfu duōshao qián?
B : _____ kuài.

A : Tài guì le, Piányi yìdiǎnr ba.
B : _____ kuài ba.

(1) jiàn / chènshān   ¥100 → ¥80

(2) tiáo / kùzi   ¥150 → ¥120

(3) shuāng / xié   ¥198 → ¥160

요점만 콕콕

할인 관련 표현

▶ 'dǎzhé(打折)'는 중간에 숫자를 넣어 말하기도 합니다. 'dǎ bā zhé'라 하면 원래 상품 가격의 8할 (80%)을 받겠다는 의미입니다.

dǎ bā zhé = 80% 가격 지불 = 20% 할인

▶ 중국 상점에서 많이 볼 수 있는 'mǎi yī sòng yī(买一送一)'란 표현은 하나를 사면 하나를 덤으로 준다는 의미입니다.

[081]

shuài 帅 잘생기다
nán 难 어렵다
chènshān 衬衫 셔츠
tiáo 条 벌[하의를 세는 단위]
kùzi 裤子 바지
shuāng 双 켤레[신발을 세는 단위]
xié 鞋 신발
mǎi 买 사다
sòng 送 주다, 증정하다

알리바바와 징둥, 양대 전자 상거래 업체 매출액이 50조원을 돌파한 광군제 할인 행사(2017년)

광군제는 11월 11일로 숫자 '1'이 외로운 싱글을 닮았다는 뜻에서 이날을 '독신자의 날'로 기념하기 시작했다. ('광군 guānggùn 光棍'은 중국어로 '막대기'와 '싱글'이란 의미가 있음) 그러다 중국 전자 상거래 업체 알리바바가 2009년부터 이날에 맞춰 대규모 할인 행사를 시작하면서 세계 최대의 온라인 쇼핑 행사로 자리매김했다.

---

❶ 정도의 표현

Tài(太) + 형용사 + le(了)

太好了。너무 좋아요.

(1) 太帅了。너무 잘생겼어요.
(2) 太大了。너무 커요.
(3) 太难了。너무 어려워요.

❷ 물건 가격 흥정하기

A : 这件衣服多少钱?
이 옷 얼마예요?

B : _____块。_____위안이에요.

A : 太贵了，便宜一点儿吧。
너무 비싸요. 좀 싸게 해 주세요.

B : _____块吧。_____위안 합시다.

(1) A : 这件衬衫多少钱?
이 셔츠 얼마예요?

B : 一百块。100위안이에요.

A : 太贵了，便宜一点儿吧。
너무 비싸요. 좀 싸게 해주세요.

B : 八十块吧。80위안 합시다.

(2) A : 这条裤子多少钱?
이 바지 얼마예요?

B : 一百五十块。150위안이요.

A : 太贵了，便宜一点儿吧。
너무 비싸요. 좀 싸게 해주세요.

B : 一百二十块吧。
120위안 합시다.

(3) A : 这双鞋多少钱?
이 신발 얼마예요?

B : 一百九十八块。
198위안이에요.

A : 太贵了，便宜一点儿吧。
너무 비싸요. 좀 싸게 해주세요.

B : 一百六十块吧。
160위안 합시다.

📋 확인 학습

1 빈칸에 알맞은 말을 써 보세요.

① 30% 할인   dǎ _____ zhé

② 70% 할인   dǎ _____ zhé

정답 1 ① qī ② sān

실력이 쑥쑥

1 가격표를 보고 물건의 가격을 한어 병음으로 써 보세요.

(1) ¥28

____èrshíbā____ yuán

(2) ¥130

____yìbǎi sānshí____ yuán

2 빈칸에 들어갈 알맞은 단어를 골라 문장을 완성하세요.

jǐ
zěnme
duōshao
zěnmeyàng

(1) Píngguǒ ___zěnme___ mài?

(2) Nǐ yào ___jǐ___ jīn xiāngjiāo?

(3) Zhè shuāng xié ___duōshao___ qián?

3 한자를 바른 획순으로 쓰고, 알맞은 발음과 뜻을 찾아 연결해 보세요.

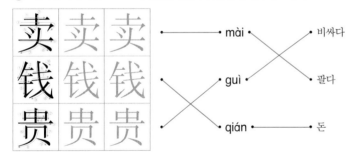

卖 卖 卖 ● ─── mài ● ● 비싸다

钱 钱 钱 ● ─── guì ● ● 팔다

贵 贵 贵 ● ─── qián ● ● 돈

---

1 가격표 읽기

(1) 二十八元 28위안

(2) 一百三十元 130위안

※ 주의 : 우리말로는 '백삼십'이라고 하지만 중국어는 'yìbǎi sānshí 一百三十'와 같이 '일(一)'을 붙여서 말해야 한다. 130은 'yìbǎi sān(一百三)'이라고 읽을 수 있으나 뒤에 단위가 붙을 때에는 'shí(十)'를 생략할 수 없다.

2 알맞은 의문사 찾기

(1) 苹果怎么卖?
　사과 어떻게 팔아요?

(2) 你要几斤香蕉?
　바나나 몇 근 드려요(원해요)?

(3) 这双鞋多少钱?
　이 신발 얼마예요?

한자 암기 TIP

· 卖(←賣)

士(出)　　買
나다　　물건을 사모으다

이익(貝 조개 패-고대의 화폐)을 거두어들인(ㅡ 그물 망) 후, 밖으로 가지고 나가(出 나갈 출→士로 모양이 변형) 판다는 의미에서 '팔다(賣 팔 매)'가 만들어졌다.

· 钱(←錢)

金　　戔
뜻(화폐)　　음(jiān)

뜻(화폐 金) + 발음(戔→戋)에서 돈(錢→钱)의 의미를 나타냄. 발음 부분(戋)을 돈을 꿴 꾸러미 모양으로 연상해 보자.

· 贵(←貴)

虫　　貝
두 손 모양　　재물

손으로 귀한 것(貝)을 취한다는 뜻에서 '귀하다', '비싸다(貴)'의 뜻을 나타낸다.

7과

벼룩 시장

놀이 방법

1 4~6명씩 모둠별로 상점을 차립니다.

2 모둠원들은 각자 팔고자 하는 물건을 준비해 옵니다.

3 모둠별로 의논하여 물건의 가격을 정하여 가격표를 붙입니다.

4 각 모둠원은 물건을 팔기도 하고, 견본 화폐(부록 143쪽)를 이용하여 각 상점을 돌아다니며 마음에 드는 물건을 중국어로 흥정하여 삽니다.

5 가장 많은 액수의 물건을 판 모둠이 승리!

중국의 화폐

• 명칭: 런민비(rénmínbì 人民币)
• 표기: ¥, RMB, CNY
• 지폐 앞면: 마오쩌둥
• 지폐 뒷면: 화폐마다 다름

100위안 [베이징 인민대회당]

50위안 [티베트 포탈라궁]

20위안 [구이린 산수]

10위안 [창장강 싼샤]

5위안 [타이산산]

1위안 [항저우 시후호]

중국의 모바일 결제

최근 중국에는 QR 코드를 활용한 모바일 결제가 보편화되었다. 2017년 10월 기준 중국의 모바일 결제 규모는 81조 위안(한화 약 1경3715조 원)을 돌파하였다.

벼룩 시장에서 쓸 수 있는 유용한 표현

• ~ 있어요?   Yǒu ~ ma?
• 이거 뭐예요?   Zhè shì shénme?
• 얼마예요?   Duōshao qián?
• 어떻게 팔아요?   Zěnme mài?
• 나는 ~을 원해요.   Wǒ yào ~.

• 한 개 주세요.   Gěi wǒ yí ge.
• 너무 비싸요.   Tài guì le.
• ~위안 어때요?   ~ kuài, hǎo ma?
• 더 싸게 해 주세요.   Zài piányi yìdiǎnr.
• 이것 필요 없어요.   Bú yào zhège.

중국의 숫자 문화

중국인들은 홀수보다 짝수를 좋아합니다. 좋은 일이 한 번으로 그치지 않고 짝을 이뤄 계속 되길 기원하는 마음에서 그렇다고 합니다. 그래서 선물이나 축의금을 줄 때와 음식을 주문할 때 짝수를 선호한다고 합니다.

선물은 짝수로!

중국인이 좋아하는 숫자 8

6은 '순조롭다'란 의미를 가진 'liúlì 流利'의 '流'와 발음이 비슷하고, 8은 '부자가 되다'란 의미를 가진 'fācái 发财'의 '发'와 발음이 비슷하여 좋아합니다. 상품 가격에 8이 많이 들어가는 것도 이런 이유에서입니다.

4층이 없는 빌딩

또한 9는 '영원하다'란 의미를 가진 'yǒngjiǔ 永久'의 '久'와 발음이 같아 좋아합니다. 반면, 4는 '죽다'란 의미의 'sǐ 死'와 발음이 비슷하여 싫어하는 숫자입니다.

 숫자를 이용하여 표현하는 중국의 인터넷 채팅 용어에 대해 조사해 봅시다.

💬 그 밖의 숫자 문화

사업이 순조롭기를 바라며 숫자 666을 사용한 슈퍼마켓

사랑이 영원하기를 바라며 9월 9일 혼인 신고를 하는 중국인들

선생님, 궁금해요~!

중국의 가격표에는 250위안이 없다는데 사실인가요?

네, 잘 사용하지 않아요. 중국에서 250은 '바보, 얼간이'라는 뜻이 있기 때문이에요.
옛날에는 은으로 무게 단위를 삼았는데 500량이 '一封(yì fēng)', 250량이 '半封'에 해당하는데, '半封(bàn fēng)'의 발음이 '半疯(bàn fēng 반 미치광이)'과 같아서 250이 '바보'라는 뜻이 되었다고 하는 설이 있어요.

확인 학습

1 중국인은 짝수보다 홀수를 더 좋아한다.

○ , ✕

2 숫자 4는 짝수 2가 두 번 더해져 행운을 나타내므로 중국인이 좋아한다.

○ , ✕

탐구과제

숫자를 이용한 인터넷 채팅 용어

• 3Q	Xièxie 谢谢 Thank you
• 88	Báibái 拜拜 Bye bye
• 520(521)	Wǒ ài nǐ 我爱你 사랑해
• 9494	Jiùshì jiùshì 就是就是 맞아맞아
• 596	Wǒ zǒu le 我走了 나간다

• 687	Duìbuqǐ 对不起 미안해
• 837	Bié shēngqì 别生气 화내지마
• 1798	Yìqǐ zǒu ba 一起走吧 같이 가자
• 2456	Èsǐ wǒ le 饿死我了 배고파 죽겠어
• 7456	Qìsǐ wǒ le 气死我了 짜증나 죽겠어

 정답 1 ✕ 2 ✕

126

❀ 물건 가격 묻기

> 대상+zěnme mài?
> 대상+duōshao qián?

· Píngguǒ zěnme mài? 苹果怎么卖? 사과 어떻게 팔아요?
· Zhè jiàn yīfu duōshao qián? 这件衣服多少钱? 이 옷 얼마예요?

❀ 필요한 양 묻고 대답하기

> A: Nǐ yào jǐ + 양사?
> B: Wǒ yào + 수사 + 양사.

A : Nǐ yào jǐ píng? 你要几瓶? 몇 병 드려요?
B : Wǒ yào sān píng. 我要三瓶。 세 병 주세요.

양사	명사	양사	명사
jīn(斤)		běn(本)	
jiàn(件)		shuāng(双)	
tiáo(条)		píng(瓶)	

❀ 목적어를 두 개 가지는 동사

'gěi(给 주다)', 'zhǎo(找 거슬러 주다)' 등의 동사는 목적어를 두 개 가진다.

> 동사 + (사람) 목적어(~에게) + (사물) 목적어(~을)

· Gěi nǐ èrshí kuài. 给你二十块。 여기 20위안이에요. (당신에게 20위안 드려요)
· Zhǎo nǐ liǎng kuài. 找你两块。 (당신에게) 2위안 거슬러 줄게요.

❀ 숫자 읽기

300	sānbǎi 三百	303	sānbǎi líng sān 三百零三
330	sānbǎi sān(shí) 三百三(十)	3030	sān qiān líng sānshí 三千零三十

① 발음 카드를 조합하여 만들 수 있는 발음에 해당하는 글자는?

① 斤　　② 件　　③ 两　　④ 瓶　　⑤ 钱

①

카드를 조합하면 'jīn', 'jíng', 'xīn', 'xíng'을 만들 수 있다.

② 단어와 뜻의 연결이 바르지 <u>않은</u> 것은?

① jiǎozi – 만두　　　　② píngguǒ – 사과
③ chènshān – 바지　　 ④ zhūròu – 돼지고기
⑤ xiāngjiāo – 바나나

②

① 饺子
② 苹果
③ 衬衫
④ 猪肉
⑤ 香蕉

③ 〈보기〉의 숫자를 중국어로 바르게 읽은 것은?

101

① yìbǎi　　　　　② yìbǎi yī　　　　　③ yìbǎi yīshí
④ yìbǎi líng yī　　⑤ yìbǎi líng yīshí

③

숫자 중간에 '0'이 있으면 '0'의 개수에 상관없이 한 번만 읽는다.

④ 빈칸에 들어갈 말로 알맞은 것은?

A : Píngguǒ sān kuài yì jīn.
B : Wǒ yào liǎng jīn. Gěi nǐ shí kuài.
A : Zhǎo nǐ _____ kuài.

① yí　　② liǎng　　③ sān　　④ sì　　⑤ wǔ

④

중국어로 가격을 이야기할 때는 '가격 + 판매 단위'로 표현한다.

5 빈칸에 들어갈 말로 알맞은 것은?

> **A** : 这件衣服 _____ 钱?
>
> **B** : 五百块。

① 几 　　　　　　② 什么 　　　　　　③ 多少
④ 怎么 　　　　　　⑤ 便宜

⑤

가격을 묻는 표현이다.

6 빈칸에 들어갈 말로 알맞은 것은?

> **A** : 这条裤子一百块。
>
> **B** : 太贵了，便宜一点儿吧。
>
> **A** : _____ 块怎么样? 给你打八折。

① 八 　　　② 二十 　　　③ 八十 　　　④ 九十 　　　⑤ 九十二

⑥

할인을 나타내는 '打~折'에서 중간에 들어가는 숫자는 상인이 받는 비율을 나타낸다. 1은 10%, 9는 90%의 비율이다.

7 그림을 참고할 때 빈칸에 들어갈 말로 알맞은 것은?

Wǒ xiǎng mǎi _____.

① yì shuāng xié 　　　　　　② yì jīn xiāngjiāo
③ liǎng tiáo kùzi 　　　　　　④ liǎng shuāng xié
⑤ liǎng jiàn chènshān

⑦

두 개가 한 쌍인 물건의 양사를 잘 생각해 보자.

8 중국의 숫자 문화에 대한 설명으로 바르지 않은 것은?

① 중국인은 선물을 줄 때 짝수를 선호한다.
② 4는 '죽다'란 의미의 '死'와 발음이 비슷해 싫어한다.
③ 6은 '순조롭다'란 의미의 단어와 발음이 비슷해 좋아한다.
④ 8은 '发'와 발음이 비슷하여 '부자가 되다'라는 의미가 있다.
⑤ 9는 '낡았다'란 의미를 가진 '久'와 발음이 같아 기피하는 숫자이다.

⑧

② 4 sì
③ 6 liù
④ 8 bā
⑤ 9 jiǔ

※ 본문을 따라 쓰고, 우리말 해석을 채우며 본문을 외워 보세요.

회화가 술술 1

예나
Píngguǒ zěnme mài?
苹果怎么卖?

우리말 :

판매원
Liù kuài yì jīn. Nǐ yào jǐ jīn?
六块一斤。你要几斤?

우리말 :

예나
Wǒ yào sān jīn. Gěi nǐ èrshí kuài.
我要三斤。给你二十块。

우리말 :

판매원
Zhǎo nǐ liǎng kuài.
找你两块。

우리말 :

회화가 술술 2

동현
Zhè jiàn yīfu duōshao qián?
这件衣服多少钱?

우리말 :

판매원
Yìbǎi kuài.
一百块。

우리말 :

동현
Tài guì le, piányi yìdiǎnr ba.
太贵了，便宜一点儿吧。

우리말 :

판매원
Bāshí kuài zěnmeyàng? Gěi nǐ dǎ bā zhé.
八十块怎么样? 给你打八折。

우리말 :

동현
Hǎo de.
好的。

우리말 :

08

Nǐ qù nǎr?
你去哪儿?

학습 목표 장소와 교통에 관한 표현을 말할 수 있다.

주요 표현
장소　　 Nǐ qù nǎr?
교통수단　 Zuò gōngjiāochē qù.
길 묻기　 Tiān'ānmén zěnme zǒu?

문화 중국의 기차

알쏭달쏭 차이나

1 중국 기차의 침대칸은 위 칸으로 갈수록 가격이 비싸대. 안전하니까.

위 칸이 최고!

정답 O

이동이 편리하고 위 침대와의 공간이 넓어서 앉아 있기 편한 아래 칸이 가장 비싸고, 위 칸으로 갈수록 가격이 조금씩 싸다.

2 'dòngchē'는 고속버스를 지칭하는 말이야.

dòngchē 타야지!

정답 X

'dòngchē(动车)'는 우리나라의 KTX와 같은 고속철도로, 차량 번호는 D로 시작하며 시속 200~300km로 운행하는 고속 열차이다. 차량 번호 G로 시작하는 고속 열차는 'gāotié(高铁)'라고 하며 평균 시속 250km 이상으로 운행한다.

머리에 쏙쏙

◆ 단어의 의미를 생각하며 들어 보세요.

xǐshǒujiān

yínháng

chāoshì

túshūguǎn

gōngjiāochē

chūzūchē

dìtiě

zìxíngchē

📋 단어

- xǐshǒujiān   화장실
- yínháng   은행
- chāoshì   슈퍼마켓
- túshūguǎn   도서관
- gōngjiāochē   버스
- chūzūchē   택시
- dìtiě   지하철
- zìxíngchē   자전거

💬 사진으로 보는 장소

중국의 화장실 표시

중국의 슈퍼마켓
※ chāo(超)+shì(市) : super+market

📖 확인 학습

1 단어와 의미를 연결해 보세요.

① dìtiě   •   • ㉠ 은행

② yínháng   •   • ㉡ 택시

③ chūzūchē   •   • ㉢ 지하철

2 우리말을 한어 병음으로 써 보세요.

① 도서관 ▶ _____

② 자전거 ▶ _____

③ 버스 ▶ _____

🔊 듣기 TIP

여러 가지 교통수단과 거리에서 볼 수 있는 장소에 관련된 단어들이다.

1 중국어로 도서관(图书馆)과 은행(银行)은 우리말과 같은 한자를 사용한다. 발음을 잘 들어 보도록 한다.

2 지하철(地铁)과 자전거(自行车)는 우리말과 사용 한자가 비슷하지만, 한 글자가 없거나 다르므로 주의해서 들어 보도록 한다.

귀가 쫑긋

❶ 잘 듣고 알맞은 발음을 골라 보세요.

(1) ☐ cuò   (2) ☐ wǎn   (3) ☑ qián

      ☑ zuò   ☑ yuǎn   ☐ xián

❶
(1) zuò (교통 수단을) 타다
(2) yuǎn 멀다
(3) qián 앞

🔊 듣기 TIP

(1) 성모 'c'와 'z'의 차이에 주의하여 듣는다. 'c'는 우리말의 'ㅊ'과, 'z'는 우리말의 'ㅉ'과 비슷한 발음이다.

(2) 운모 'u'와 'ü'의 차이에 주의하여 듣는다. 'ü'는 앞에 성모가 없을 때는 'yu-'로 표기한다. 'yuan'의 실제 발음은 '유안', '위안'이 아니라 '위앤'에 가깝게 들린다.

(3) 성모 'q'와 'x'의 차이에 주의하여 듣는다. 'xi'는 우리말의 '시'와 비슷한 소리이며, 'qi'는 혓바닥에서 나는 소리로 우리말의 '치'와 비슷한 소리이다.

❷ 잘 듣고 빈칸에 알맞은 발음을 써 보세요.

(1) ☐z☐ ǒu   (2) dìt☐i☐ě☐   (3) ☐y☐ì zh☐í☐

❷
(1) zǒu 걷다, 가다
(2) dìtiě 지하철
(3) yìzhí 곧장, 줄곧

🔊 듣기 TIP

(1) 성모 'z'는 혀끝을 윗니 뒷면에 붙였다 떼면서 내는 소리이며, 우리말 'ㅉ'과 비슷하다.

(2) 운모 'ie'는 우리말 '이에'의 발음과 비슷하다.

(3) 운모 'i'는 성모 없이 운모만 쓰일 때는 'yi'로 표기한다. 'zh' 뒤에 나오는 'i'는 우리말의 '으'와 비슷한 발음인 것에 주의한다.

❸ 잘 듣고 대화의 내용이 무엇인지 생각해 보세요.

❸
아빠 : 너 어디에 가니?
딸 : 저는 도서관에 가요.

Nǐ qù nǎr?

Wǒ qù túshūguǎn.

🔊 듣기 TIP

가는 곳에 대해 묻고 대답하는 아빠와 딸의 대화이다. '도서관(túshūguǎn)'의 발음에 유의하여 듣는다.

회화가 술술 1

◆ 량량과 예나가 길에서 만났습니다.

량량
Nǐ qù nǎr?
你去哪儿？

예나
Wǒ qù túshūguǎn, zài Wàngjīng.
我去图书馆，在望京。

량량
Zěnme qù?
怎么去？

예나
Zuò gōngjiāochē qù.
坐公交车去。

예나는 도서관까지 어떤 교통수단을 이용하나요?　□ 도보　☑ 버스　□ 지하철 085

nǎr 哪儿 어디	túshūguǎn 图书馆 도서관	zài 在 ~에 있다
Wàngjīng 望京 왕징 [지명]	zuò 坐 (교통수단을) 타다	gōngjiāochē 公交车 버스

📖 본문 해설

★ Zěnme qù?

'zěnme(怎么)'는 방법을 물어볼 때 사용하는 의문사이다.

예 Zěnme qù? 怎么去？ 어떻게 가요? (가는 방법, 교통수단)
　Zěnme mài? 怎么卖？ 어떻게 팔아요? (파는 방법, 가격)

★ Zuò gōngjiāochē qù.

두 가지 동작이 시간 순서에 따라 나타나거나, 한 동작이 다른 동작의 수단이나 방식을 나타낼 때는 다음과 같은 순서로 표현한다.

[동작1] + [동작2]

예 Wǒ zuò gōngjiāochē qù. 我坐公交车去。 나는 버스를 타고 간다. (방식)
　Nǐ qù kàn yíxià. 你去看一下。 네가 가서 한번 봐. (시간 순서)

📝 본문 해석

량량 : 너 어디 가니?
예나 : 도서관에 가. 왕징에 있어.
량량 : 어떻게 가니?
예나 : 버스 타고 가.

💬 nǎr(哪儿)

장소를 묻는 의문사이다. 장소를 나타내는 명사가 있는 자리에 'nǎr'을 사용하면 어순의 변화 없이 그대로 장소를 묻는 의문문이 된다.

예 A: Tā qù nǎr? 他去哪儿？
　　그는 어디에 가니?
　B: Tā qù Běijīng. 他去北京。
　　그는 베이징에 가.

💬 Wàngjīng(望京)

왕징은 베이징의 북동부인 차오양구에 있는 주거 지역이다. 1990년대 중반부터 베이징 서우두 공항에서 가깝고 주거 비용이 비교적 저렴한 왕징에 한국인들이 자리 잡게 되면서 자연스럽게 한인 타운이 형성되었다. 현재는 베이징에서 한국인이 가장 많이 주거하는 지역이지만 주거 비용과 물가도 많이 상승했다.

왕징의 랜드마크 SOHO 빌딩

🔎 확인 학습

1 빈칸에 알맞은 말을 써 보세요.

① 너 어디 가?

　Nǐ qù ＿＿＿＿＿＿＿?

② 나는 버스를 타고 가.

　Wǒ ＿＿＿＿＿＿＿ gōngjiāochē qù.

표현이 탄탄 1

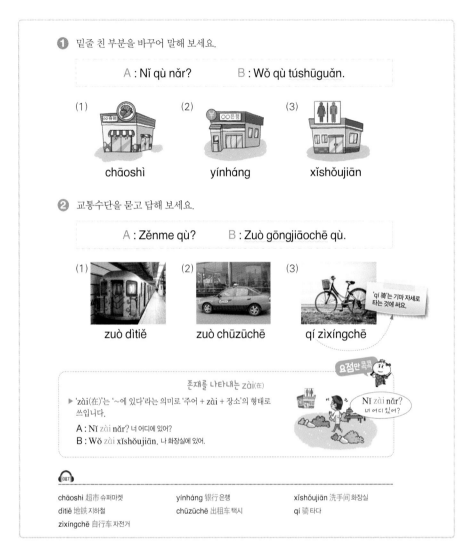

❶ 밑줄 친 부분을 바꾸어 말해 보세요.

> A : Nǐ qù nǎr?　　B : Wǒ qù túshūguǎn.

(1) chāoshì
(2) yínháng
(3) xǐshǒujiān

❷ 교통수단을 묻고 답해 보세요.

> A : Zěnme qù?　　B : Zuò gōngjiāochē qù.

(1) zuò dìtiě
(2) zuò chūzūchē
(3) qí zìxíngchē

'qí 骑'는 기마 자세로 타는 것에 써요.

존재를 나타내는 zài(在)

▶ 'zài(在)'는 '~에 있다'라는 의미로 '주어 + zài + 장소'의 형태로 쓰입니다.

A : Nǐ zài nǎr? 너 어디에 있어?
B : Wǒ zài xǐshǒujiān. 나 화장실에 있어.

Nǐ zài nǎr? 너 어디 있어?

chāoshì 超市 슈퍼마켓　　yínháng 银行 은행　　xǐshǒujiān 洗手间 화장실
dìtiě 地铁 지하철　　chūzūchē 出租车 택시　　qí 骑 타다
zìxíngchē 自行车 자전거

어법 Tip

★ zài(在)의 여러 가지 용법

1 동사(~에 있다) : zài(在) + 장소
ㆍWǒ jiā zài Shǒu'ěr. 我家在首尔。 우리 집은 서울에 있다.
　Tā xiànzài bú zài jiā. 她现在不在家。 그녀는 지금 집에 없다.

2 전치사(~에서) : zài(在) + 장소 + 동사
ㆍWǒ zài jiā chī fàn. 我在家吃饭。 나는 집에서 밥을 먹는다.
　Tā zài túshūguǎn kàn shū. 他在图书馆看书。 그는 도서관에서 책을 읽는다.

---

❶ 장소 묻고 답하기

> A : Nǐ qù nǎr?
> B : Wǒ qù + 장소.

A : 你去哪儿? 너 어디 가니?
B : 我去图书馆。 도서관에 가.

(1) 我去超市。 슈퍼마켓에 가.
(2) 我去银行。 은행에 가.
(3) 我去洗手间。 도서관에 가.

❷ 교통수단 묻고 답하기

> A : Zěnme qù?
> B : 동사 + 교통수단 + qù.

A : 怎么去? 어떻게 가니?
B : 坐公交车去。 버스 타고 가.

(1) 坐地铁去。 지하철 타고 가.
(2) 坐出租车去。 택시 타고 가.
(3) 骑自行车去。 자전거 타고 가.

※ 일반적인 교통수단은 'zuò(坐)'를, 말을 탈 때처럼 다리를 벌리고 타는 자전거, 오토바이 등은 'qí(骑)'를 사용한다.

A : 你在哪儿?
B : 我在洗手间。

확인 학습

1 빈칸에 알맞은 말을 써 보세요.

① 나는 도서관에 간다.
　Wǒ _____ _____.

② 어떻게 가니?
　_____ _____?

③ 지하철을 타고 가.
　Zuò _____ _____.

회화가 술술 2

◆ 동현이와 샤오위가 톈안먼에 가려고 합니다.

 샤오위
Qǐngwèn, Tiān'ānmén zěnme zǒu?
请问，天安门怎么走？

 행인
Yìzhí wǎng qián zǒu jiù shì.
一直往前走就是。

 동현
Lí zhèr yuǎn ma? •
离这儿远吗？

 행인
Bù yuǎn, zǒuzhe qù shí fēnzhōng jiù dào.
不远，走着去十分钟就到。

 톈안먼까지 걸어가면 시간이 얼마나 걸리나요?　□5분　✔10분　□30분

089

qǐngwèn 请问 말씀 좀 여쭙겠습니다	Tiān'ānmén 天安门 톈안먼	zǒu 走 걷다, 가다	yìzhí 一直 곧장, 줄곧
wǎng 往 ~쪽으로	qián 前 앞	jiù 就 바로	lí 离 ~로부터
zhèr 这儿 여기	yuǎn 远 멀다	zhe 着 ~하면서	fēnzhōng 分钟 분
dào 到 도착하다			

📋 본문 해설

★ Yìzhí wǎng qián zǒu jiù shì.

'wǎng(往)'은 '~쪽으로'라는 뜻의 전치사로 동작의 방향을 나타낸다.

wǎng(往)	+	방향	+	동사

예 Wǎng qián zǒu 往前走。 앞으로 가세요
Wǎng zhèr kàn. 往这儿看。 이쪽으로 보세요.

★ Zǒuzhe qù shí fēnzhōng jiù dào

'zhe(着)'는 두 동사를 연결하여 수단이나 방식을 나타낸다.

동사1(수단, 방식)	+	zhe(着)	+	동사2

예 Tā zǒuzhe qù xuéxiào. 她走着去学校。 그녀는 걸어서 학교에 간다.
Wǒ zǎoshang mǎizhe chī. 我早上买着吃。 나는 아침에 사서 먹는다.

📖 본문 해석

샤오위 : 실례합니다. 톈안먼에는 어떻게 가나요?
행인 : 쭉 앞으로 가면 바로예요.
동현 : 여기서 멀어요?
행인 : 멀지 않아요. 걸어서 10분이면 도착해요.

💬 lí(离)

'~에서, ~로부터'라는 뜻으로 기준점으로부터 떨어져 있음을 나타낸다.

A + lí(离) + 기준점 + 멀다/가깝다

예 Wǒ jiā lí zhèr hěn yuǎn.
我家离这儿很远。
우리 집은 여기서 아주 멀어.

💬 선생님, 궁금해요~!

"Zěnme zǒu?(怎么走?)"와 "Zěnme qù?(怎么去?)"는 둘 다 "어떻게 가요?"라는 뜻인데 차이점이 무엇인가요?

방향을 물을 때는 'Zěnme zǒu?(怎么走?)'를, 방법을 물을 때는 'Zěnme qù?(怎么去?)'를 사용해요.

예 A: Yínháng zěnme zǒu?
银行怎么走？
은행에 어떻게 가요?(방향)

B: Wǎng qián zǒu.
往前走。 앞으로 가세요.

A: Zěnme qù chāoshì?
怎么去超市？
슈퍼에 어떻게 가요?(방법)

B: Qí zìxíngchē qù ba.
骑自行车去吧。
자전거 타고 가세요.

🔖 확인 학습

1 단어와 발음을 연결해 보세요.

① 走 • • ㉠ qián
② 前 • • ㉡ wǎng
③ 往 • • ㉢ yuǎn
④ 远 • • ㉣ zǒu

표현이 탄탄 2

❶ 밑줄 친 부분을 바꾸어 길 안내를 해 보세요.

A : Tiān'ānmén zěnme zǒu?
B : Yìzhí wǎng qián zǒu jiù shì.

(1) wǎng zuǒ guǎi
(2) wǎng yòu guǎi
(3) wǎng dōng zǒu

❷ 밑줄 친 부분을 바꾸어 말해 보세요.

A : Lí zhèr yuǎn ma?   B : Bù yuǎn.

(1) Hěn yuǎn
(2) Bú tài yuǎn
(3) Hěn jìn

요점만 콕콕

fēn(分)과 fēnzhōng(分钟)

시각	시간
09:30 sānshí fēn 30분	sānshí fēnzhōng 30분간

zuǒ 左 왼쪽   guǎi 拐 방향을 바꾸다   yòu 右 오른쪽
dōng 东 동쪽   jìn 近 가깝다

❶ 길 안내하기 표현

A : 장소+zěnme zǒu?
B : Wǎng+방향+동사+jiù shì.

A : 天安门怎么走?
텐안먼에는 어떻게 가나요?

B : 一直往前走就是。
쭉 앞으로 가면 바로예요.

(1) 往左拐就是。
왼쪽으로 돌면 바로예요.

(2) 往右拐就是。
오른쪽으로 돌면 바로예요.

(3) 往东走就是。
동쪽으로 가면 바로예요.

❷ 거리의 표현

A : 离这儿远吗? 여기서 멀어요?
B : 不远。 멀지 않아요.

(1) 很远。 아주 멀어요.
(2) 不太远。 그리 안 멀어요.
(3) 很近。 아주 가까워요.

	远(멀다)	近(가깝다)
긍정문	很远。Hěn yuǎn.	很近。Hěn jìn.
부분부정문	不太远。Bú tài yuǎn.	不太近。Bú tài jìn.
부정문	不远。Bù yuǎn.	不近。Bú jìn.

요점만 콕콕

· 三十分 시각
· 三十分钟 시간(의 양)

확인 학습

1 반대말을 한어 병음으로 써 보세요.

① yuǎn(远) ⟷ _____
② zuǒ(左) ⟷ _____

방향을 나타내는 말

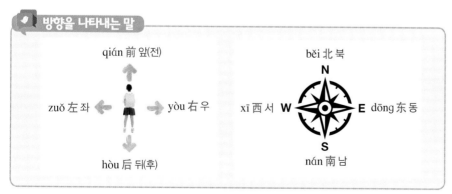

qián 前 앞(전)

zuǒ 左 좌 ← → yòu 右 우

hòu 后 뒤(후)

běi 北 북

N

xī 西 서 W   E dōng 东 동

S

nán 南 남

실력이 쑥쑥

① 단어를 바르게 배열하여 문장을 완성해 보세요.

(1)

| zhèr | ma | yuǎn | lí |

여기에서 먼가요? ➡ _____Lí zhèr yuǎn ma_____?

(2)

| qián | jiù | yìzhí | shì | wǎng | zǒu |

곧장 앞으로 가면 바로예요. ➡ Yìzhí wǎng qián zǒu jiù shì.

② 그림을 보고 빈칸에 알맞은 한어 병음을 써서 문장을 완성하세요.

(1)

Wǒ _zuò_ gōngjiāochē qù.

(2)

Bàba _qí_ zìxíngchē qù.

(3)

Mèimei _zǒu_ zhe qù.

③ 한자를 바른 획순으로 쓰고, 알맞은 발음과 뜻을 찾아 연결해 보세요.

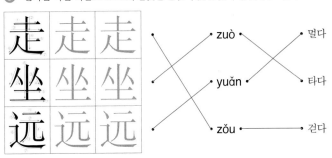

走
坐
远

- zuò — 멀다
- yuǎn — 타다
- zǒu — 걷다

① 중국어 문장 쓰기

(1) 离这儿远吗?

주어 + lí(离) + 기준점 + 멀다/가깝다

(2) 一直往前走就是。

wǎng(往) + 방향 + 동사

② 문장 완성하기

(1) 我坐公交车去。
나는 버스를 타고 간다.

(2) 爸爸骑自行车去。
아빠는 자전거를 타고 가신다.

(3) 妹妹走着去。
여동생은 걸어서 간다.

※ 다리를 벌리고 타는 교통수단(자전거, 오토바이 등)은 'qí(骑)'를 사용한다.

 한자 암기 TIP

• 走

大 (사람) + 止 (발)

사람이 달려가는 모양을 그린 글자이다. 지금은 '걷다', '가다'라는 뜻으로 쓴다.

• 坐

人人 (두 사람) + 土 (땅)

두 사람이 땅에 앉아 있는 모양에서 '앉다', '타다'라는 의미를 나타낸다.

• 远(←遠)

辶 (가다) + 袁 (옷이 길다)

'긴 거리를 가다'라는 뜻에서 '멀다'라는 뜻이 되었다.

138

벼룩 시장

놀이방법

1 2~3명씩 모둠을 구성합니다.

2 2박 3일 혹은 3박 4일 일정으로 베이징 여행을 가정하고 계획을 짭니다. 지하철 노선도(부록 142쪽)를 보며 가장 효율적으로 다닐 수 있는 경로를 찾습니다.

3 찾아다닐 명소에 대해 조사한 설명을 첨부하여 여행 계획서를 만듭니다.

4 계획서 작성이 끝나면 모둠별로 발표합니다.

학생들이 직접 만든 여행 계획서

🔵 지하철표 사기

현금을 사용해 표를 구매할 수 있으며, 터치스크린 방식으로 되어 있어 사용하기에 편리하다. 지역에 따라 다양한 모양과 용도의 티켓을 판매하고 있다.

상하이 지하철 티켓

톈진 지하철 티켓

베이징에서는 교통카드인 '이카퉁(一卡通)'을 사용하면 요금을 할인받을 수 있으며, 최근에 QR 코드 인식 시스템이 구축되어 스마트폰 앱으로 지하철을 이용할 수도 있다.

베이징 모바일 교통카드(이카퉁)

💬 베이징의 명소

지금성(北京故宫)

베이징에 있는 명·청 시대의 궁궐로 24명의 황제가 이곳에서 살았다. 현존하는 세계 최대 규모의 궁전으로, 1987년 유네스코 세계문화유산으로 지정되었다.

이허위안(颐和园)

베이징 서쪽 교외에 있는 정원 공원이자 궁전. 1888년 이허위안이라고 명명했고, 서태후가 여름 피서지로 사용하였다.

왕푸징(王府井)

베이징 중심부에 있는 번화가. 명나라 때 왕족 저택의 우물이 있었던 것에서 지명이 유래하였으며, 지금은 관광객들에게 인기 있는 지역이 되었다.

💬 지하철 승차 안전 검사

중국은 지하철에 승차할 때도 안전을 위해 승객의 짐을 검사한다. 이때 당황하지 말고 가방 등의 짐을 검사대에 올려놓으면 된다. 스프레이나 음료 등은 따로 확인받으면 된다.

중국의 기차

중국은 국토가 넓어 장거리 이동에 편리한 기차(huǒchē 火车)가 발달하였고 기차에 침대칸이 있는 것이 특징입니다. 기차 좌석의 종류에는 딱딱한 좌석, 딱딱한 침대, 푹신한 좌석, 푹신한 침대가 있고, 좌석의 종류에 따라 요금도 달라집니다.

고원을 달리는 기차

푹신한 침대칸

딱딱한 침대칸은 3층으로 되어 있는데, 맨 아래층이 천장이 높아 앉을 수도 있고 이동하기도 편리해 가격이 가장 비쌉니다. 푹신한 침대칸은 2층으로 되어 있고 네 좌석마다 칸으로 분리되어 있으며 문도 있습니다.

중국은 2008년 처음으로 고속철도를 개통한 이래 세계에서 가장 긴 고속철도 노선을 갖춘 국가가 되었습니다. 'dòngchē 动车'라 불리는 고속 열차는 최고 시속 350km로 달려 베이징에서 상하이까지 5시간에 갈 수 있습니다.

고속 열차의 모습

대륙을 바둑판처럼 잇는 고속철도

2020년까지 전국 주요 300여 개 도시를 연결하는 철도망을 완성하여 18,000km의 고속철도를 건설할 계획이라고 하니 중국 전역이 1일 생활권으로 묶일 날도 멀지 않았습니다.

> 기차 외에 중국의 대중교통수단에 대해 조사해 봅시다.

탐구과제

중국의 교통수단

정부에서 적극적으로 보급 중인 친환경 전기 자동차. 택시로도 많이 활용되고 있다.

2017년 현재 베이징, 상하이 등 전국 29개 도시에서 지하철(dìtiě 地铁)이 운행 중이다.

일반 버스(gōngjiāochē 公交车), 2층 버스, 굴절 버스, 트롤리 버스 등 다양한 버스가 운행되고 있다.

고속 열차 푸싱호(复兴号)

2017년 현재 중국에서 운행 중인 가장 빠른 고속 열차이며 베이징~상하이의 1,300km 거리를 평균 시속 350km로 달려 약 5시간에 갈 수 있다.

중국 기차표

중국 기차표에는 이름과 신분증 번호가 쓰여 있다. 외국인은 기차표를 구매하거나 승차할 때 여권을 항상 소지해야 한다.

확인 학습

1 중국의 기차에는 침대칸이 있다.

○, ×

2 'dòngchē(动车)'는 전기자동차를 가리키는 말이다.

○, ×

3 중국은 세계에서 가장 긴 고속철도 노선을 갖춘 국가이다.

○, ×

정답 1 ○ 2 × 3 ○

❀ 장소 묻기

주어 + qù(去) + nǎr(哪儿)?
주어 + zài(在) + nǎr(哪儿)?

A : Nǐ qù nǎr? 你去哪儿? 너 어디에 가니?

B : Wǒ qù túshūguǎn. 我去图书馆。 난 도서관에 가.

A : Tā zài nǎr? 她在哪儿? 그녀는 어디에 있어?

B : Tā zài yínháng. 她在银行。 그녀는 은행에 있어.

❀ 방향, 교통수단 묻기

방향 : 장소 + zěnme(怎么) + zǒu(走)?
교통수단 : Zěnme(怎么) + qù(去) + 장소?

A : Tiān'ānmén zěnme zǒu? 天安门怎么走?
톈안먼에 어떻게 가나요? (방향)

B : Yìzhí wǎng qián zǒu. 一直往前走。
쭉 앞으로 가세요.

A : Zěnme qù túshūguǎn? 怎么去图书馆?
도서관에 어떻게 가나요? (교통수단)

B : Zuò dìtiě qù ba. 坐地铁去吧。
지하철 타고 가세요.

❀ 길 안내하기

Wǎng zuǒ guǎi.
往左拐。
왼쪽으로 도세요.

Wǎng qián zǒu.
往前走。
앞으로 가세요.

Wǎng yòu guǎi.
往右拐。
오른쪽으로 도세요.

❀ 거리 표현

lí(离) + 기준점 + yuǎn(远) / jìn(近)

A : Lí zhèr yuǎn ma? 离这儿远吗? 여기에서 멀어요?

B : Bù yuǎn, shí fēnzhōng jiù dào. 不远, 十分钟就到。 안 멀어요, 10분이면 도착해요.

· Wǒ jiā lí xuéxiào hěn jìn. 我家离学校很近。 우리 집은 학교에서 아주 가까워요.

❀ 교통수단

zuò 坐 타다	gōngjiāochē 公交车 버스	qí 骑 (다리 벌리고) 타다	zìxíngchē 自行车 자전거
	chūzūchē 出租车 택시		
	dìtiě 地铁 지하철		

① 발음 카드를 조합하여 만들 수 있는 발음에 해당하는 글자는?

① 去　　② 在　　③ 走　　④ 左　　⑤ 坐

② 우리말과 중국어의 연결이 바르지 <u>않은</u> 것은?

① yínháng – 은행　　　　② chūzūchē – 택시

③ zìxíngchē – 지하철　　④ chāoshì – 슈퍼마켓

⑤ túshūguǎn – 도서관

③ 밑줄 친 발음에 해당하는 글자로 알맞은 것은?

Wǒ qù túshūguǎn.

① 哪　　② 去　　③ 这　　④ 走　　⑤ 坐

④ 빈칸에 들어갈 말로 알맞은 것은?

A : Nǐmen zěnme qù Wàngjīng?

B : Zuò _____ qù.

① zǒuzhe　　　　② chāoshì　　　　③ túshūguǎn

④ xǐshǒujiān　　　⑤ gōngjiāochē

⑤ 빈칸에 들어갈 말로 가장 알맞은 것은?

A : Qǐngwèn, Tiān'ānmén zěnme zǒu?

B : _____.

① Hěn yuǎn   ② Shí fēnzhōng

③ Zài xǐshǒujiān   ④ Lí zhèr hěn jìn

⑤ Wǎng qián zǒu

⑤
톈안먼에 가는 방향을 물어보는 질문이다.

⑥ 빈칸에 들어갈 말로 가장 알맞은 것은?

A : 你家离这儿远吗?

B : _____。

① 很近   ② 不喜欢   ③ 一直走

④ 往右拐   ⑤ 往东走

⑥
거리를 물어보는 질문이다.

⑦ 중국 고속 열차의 명칭으로 알맞은 것은?

① huǒchē   ② dòngchē   ③ chūzūchē

④ zìxíngchē   ⑤ gōngjiāochē

⑦
① 火车
② 动车
③ 出租车
④ 自行车
⑤ 公交车

⑧ 중국의 기차에 대한 설명으로 옳은 것을 있는 대로 고른 것은?

   a. 기차의 푹신한 침대칸은 3층으로 되어 있다.

   b. 고속 열차로 베이징에서 상하이까지 약 5시간에 갈 수 있다.

   c. 중국은 세계에서 가장 긴 고속철도 노선을 가지고 있다.

① a   ② a, b   ③ a, c   ④ b, c   ⑤ a, b, c

⑧
딱딱한 침대칸은 3층으로 되어 있다.

※ 본문을 따라 쓰고, 우리말 해석을 채우며 본문을 외워 보세요.

회화가 술술 1

량량
Nǐ qù nǎr?
你去哪儿?

우리말:

예나
Wǒ qù túshūguǎn, zài Wàngjīng.
我去图书馆，在望京。

우리말:

량량
Zěnme qù?
怎么去?

우리말:

예나
Zuò gōngjiāochē qù.
坐公交车去。

우리말:

회화가 술술 2

샤오위
Qǐngwèn, Tiān'ānmén zěnme zǒu?
请问，天安门怎么走?

우리말:

행인
Yìzhí wǎng qián zǒu jiù shì.
一直往前走就是。

우리말:

동현
Lí zhèr yuǎn ma?
离这儿远吗?

우리말:

행인
Bù yuǎn, zǒuzhe qù shí fēnzhōng jiù dào.
不远，走着去十分钟就到。

우리말:

1 빈칸 (a), (b)를 결합한 발음에 해당하는 글자는?

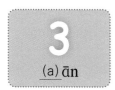

3
(a) ān

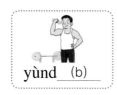

yùnd___(b)

① 打　　② 找　　③ 卖　　④ 看　　⑤ 送

2 빈칸에 들어갈 발음으로 알맞은 것은?

足球　z____qiú

① á　　② é　　③ ú　　④ ǎo　　⑤ uǒ

3 밑줄 친 부분의 발음으로 알맞은 것은?

我喜欢<u>游泳</u>。

① yīfu　　　② dìtiě　　　③ yóuyǒng
④ chènshān　　⑤ fēnzhōng

4 단어와 뜻의 연결이 바르지 <u>않은</u> 것은?

① shū – 책　　　② qù – 가다
③ wánr – 놀다　　④ yīnyuè – 음악
⑤ diànnǎo – 텔레비전

5 빈칸에 공통으로 들어갈 말로 알맞은 것은?

• ___乒乓球　　　• ___八折

① 打　　② 听　　③ 看　　④ 唱　　⑤ 踢

6 빈칸에 들어갈 말로 알맞은 것은?

Tā chàng ____ hěn hǎo.

① a　　② de　　③ le　　④ ma　　⑤ ne

7 빈칸에 들어갈 말로 가장 알맞은 것은?

A : 苹果怎么卖?
B : 六块一___。

① 斤　　② 双　　③ 件　　④ 条　　⑤ 瓶

8 빈칸에 들어갈 말로 알맞은 것은?

图书馆不远, 走着去一分钟就___。

① 到　　② 近　　③ 看　　④ 远　　⑤ 走

9 빈칸에 들어갈 말로 알맞은 것은?

A : Nǐ xǐhuan zuò shénme yùndòng?

B : _____ .

① Wǒ qù chāoshì
② Dǎ de hái kěyǐ
③ Wǒ bù tīng yīnyuè
④ Zuò gōngjiāochē qù
⑤ Wǒ xǐhuan dǎ lánqiú

10 대화의 상황과 관련 있는 그림은?

A : Nǐ dǎ de zěnmeyàng?

B : Dǎ de bú tài hǎo.

11 빈칸에 들어갈 말로 알맞지 <u>않은</u> 것은?

A : Nǐ jiānglái xiǎng zuò shénme?

B : Wǒ xiǎng dāng _____ .

① kùzi   ② fānyì   ③ lǎoshī
④ gēshǒu   ⑤ yīshēng

12 빈칸에 들어갈 말로 알맞은 것은?

A : Píngguǒ zěnme mài?

B : Wǔ kuài yì jīn. _____

A : Wǒ yào liǎng jīn.

① Nǐ yào ma?   ② Gěi nǐ sān jīn.
③ Sì kuài yì běn.   ④ Duōshao qián?
⑤ Zhǎo nǐ wǔ kuài.

13 대화의 순서를 바르게 배열한 것은?

A : 这件衣服多少钱?

B : _____   ㉠ 三百块。

A : _____   ㉡ 给你打八折。

B : _____   ㉢ 便宜一点儿吧。

① ㉠-㉡-㉢   ② ㉠-㉢-㉡   ③ ㉡-㉠-㉢
④ ㉢-㉠-㉡   ⑤ ㉢-㉡-㉠

14 빈칸에 들어갈 말로 가장 알맞은 것은?

① Nǐ tài shuài le.
② Wǒ yào liǎng ge.
③ Zhǎo nǐ sì kuài ba.
④ Wǒ xiǎng qù yínháng.
⑤ Zhè shuāng xié tài guì le.

15 대화의 연결이 자연스럽지 <u>않은</u> 것은?

① A: Nǐ tī de zěnmeyàng?
　B: Tī de hái kěyǐ.
② A: Nǐ xǐhuan shénme gē?
　B: Wǒ xǐhuan Zhōngguó gē.
③ A: Nǐ xiǎng zuò shénme?
　B: Wǒ xiǎng wánr diànnǎo.
④ A: Nǐ yào jǐ jīn xiāngjiāo?
　B: Zuò dìtiě qù.
⑤ A: Tiān'ānmén zěnme zǒu?
　B: Wǎng yòu guǎi jiù shì.

16-17 대화를 잘 읽고 물음에 답하시오.

A : Zhè jiàn chènshān yìbǎi kuài.
B : Tài guì le.
A : Hǎo, gěi nǐ dǎ bā zhé ba.
B : Wǒ yào yí jiàn, gěi nǐ yìbǎi kuài.
A : Zhǎo nǐ ____㉠____ kuài.

16 대화의 내용으로 보아 두 사람의 관계로 가장 알맞은 것은?

① 경찰과 목격자　　　② 사이좋은 친구
③ 선생님과 학생　　　④ 판매원과 고객
⑤ 행인과 여행객

17 빈칸 ㉠에 들어갈 말에 해당하는 한자는?

① 二十　　　② 四十　　　③ 六十
④ 八十　　　⑤ 一百

18 우리말을 중국어로 옮길 때 밑줄 친 단어를 어순에 맞게 바르게 배열한 것은?

은행은 여기에서 아주 가까워.

银行离㉠近 ㉡很 ㉢这儿。

① ㉠-㉡-㉢　　　② ㉠-㉢-㉡　　　③ ㉡-㉠-㉢
④ ㉢-㉠-㉡　　　⑤ ㉢-㉡-㉠

19 문장 표현이 옳지 <u>않은</u> 것은?

① Mèimei xǐhuan kàn shū.
② Wǒ zuò gōngjiāochē qù.
③ Zǒuzhe qù wǔ fēn jiù dào.
④ Yìzhí wǎng qián zǒu jiù shì.
⑤ Wǒ jiānglái xiǎng qù Zhōngguó.

20 문장 표현이 옳은 것만을 있는 대로 고른 것은?

㉠ Tā zài xǐshǒujiān.
㉡ Wǒ yào yì běn shū.
㉢ Zhè jīn xié tài dà le.

① ㉠　　　② ㉠, ㉡　　　③ ㉠, ㉢
④ ㉡, ㉢　　　⑤ ㉠, ㉡, ㉢

21 다음 숫자를 바르게 읽은 것은?

808

① 八百　　　② 八十八　　　③ 八百八
④ 八百零八　　　⑤ 八百八零

22 설명에 해당하는 전통 놀이를 나타낸 그림으로 알맞은 것은?

나무로 만든 손잡이를 쥐고 중간 부분의 줄과 '이 것'을 마찰해 회전시키는 것으로, 남녀노소가 함께 즐기는 전통 놀이이다.

① ② ③ ④ ⑤

23 중국의 기차에 대한 설명으로 옳지 <u>않은</u> 것은?

① 딱딱한 침대칸은 3층으로 되어 있다.
② 기차에 침대칸이 있는 것이 특징이다.
③ 좌석에 종류에 따라 요금이 달라진다.
④ 중국의 고속 열차는 '动车'라고 불린다.
⑤ 침대칸은 제일 위층의 요금이 가장 비싸다.

서술형

24 중국의 상품 가격에 숫자 8이 많이 들어가는 이유를 다음 단어를 모두 사용하여 서술하시오.

发, 발음, 부자

_____

_____

25 다음 단어를 사용하여 우리말을 중국어로 옮기시오.

前 , 往 , 到 , 就 , 走

앞으로 가면 바로 도착해요.

→ _____

Nǐ hǎo!

09

Wǒ qǐngkè!
我请客!

학습 목표 음식에 관한 표현을 말할 수 있다

주요 표현
식사 Nǐ chī fàn le ma?
초대 Jīntiān wǒ qǐngkè.
주문 Lái yí ge xīhóngshì chǎo jīdàn.

문화 중국의 식사 예절

알쏭달쏭 차이나

---

1 식사에 초대받은 손님은 출입문 가까이에 앉아.

문 쪽이 편리하지!

정답 X

식사 초대를 받아 집에 가면, 주인은 출입문을 등지고 앉고 손님은 주인의 맞은편에 앉는다. 하지만 격식을 갖춘 접대에서는, 초대한 사람이 출입문을 바라본 가장 안쪽에 앉고, 손님은 그 오른쪽에 앉는다. 이는 오른쪽을 왼쪽보다 중시하는 문화에서 비롯된 것이다.

2 중국에서 밥그릇을 손에 들고 먹으면 예의에 어긋나.

그릇은 들면 안돼!

정답 X

중국에서는 밥을 먹을 때에도 긴 젓가락을 사용한다. 게다가 중국의 쌀은 찰기가 부족해서 젓가락으로 식사할 때 밥알이 식탁에 떨어지기 쉽기 때문에 밥그릇을 들고 먹는 것이 자연스럽다. 사기로 된 숟가락은 탕 요리를 먹을 때 주로 사용한다.

머리에 쏙쏙

◆단어의 의미를 생각하며 들어 보세요.

hǎochī

zhájiàngmiàn

kǎoyā

gōngbǎojīdīng

jiǎozi

mǐfàn

mápódòufu

xīhóngshì chǎo jīdàn

🅥 단어

- jiǎozi　　　　만두
- mǐfàn　　　　쌀밥
- kǎoyā　　　　오리구이
- hǎochī　　　　맛있다
- mápódòufu　　마파두부
- zhájiàngmiàn　자장면
- gōngbǎojīdīng　닭고기땅콩볶음

🖥 확인 학습

1 단어와 의미를 연결해 보세요.

① hǎochī　•　　　• ㉠ 쌀밥

② mǐfàn　•　　　• ㉡ 만두

③ jiǎozi　•　　　• ㉢ 오리구이

④ kǎoyā　•　　　• ㉣ 맛있다

2 한어 병음에 해당하는 우리말을 써 보세요.

① zhájiàngmiàn

◈ _____

② mápódòufu

◈ _____

🗨 듣기 TIP

1 여러 가지 음식 이름이다. 음식의 종류와 재료를 잘 생각하며 음식 이름을 주의하여 듣고 따라 한다.

2 4음절 이상의 단어는 끊어 읽기에 유의하여 잘 들어 보고 발음하도록 한다. 4음절 단어는 2음절씩 읽거나 의미상 끊기는 데서 끊어 읽는다. 5음절 이상의 단어는 의미상 끊기는 데서 끊어 읽는다.

　예 mápó / dòufu, xīhóngshì / chǎojīdàn

귀가 쫑긋

❶ 잘 듣고 알맞은 발음을 골라 보세요.

(1) ☑ chǎo   (2) ☑ mǐfàn   (3) ☑ hǎochī
    ☐ zhǎo   ☐ mǐfěn   ☐ huǒchē

🔊 **듣기 TIP**

(1) 성모 'ch'와 'zh'를 구분하는 문제이다

(2) 발음이 비슷한 단어를 구분하는 문제이다. 'mǐfàn'은 '쌀밥', 'mǐfěn'은 '쌀국수'란 의미의 단어이다. 'fàn'과 'fěn'의 발음의 차이를 주의하며 듣는다.

(3) 발음이 비슷한 단어를 구분하는 문제이다. 'hǎochī'는 '맛있다', 'huǒchē'는 '기차'란 의미의 단어이다. 두 단어의 성조 구성과 성모 구성이 같아서 혼동할 수 있으므로 주의하여 듣는다.

❶

(1) chǎo 볶다
(2) mǐfàn 쌀밥
(3) hǎochī 맛있다

❷ 잘 듣고 빈칸에 알맞은 발음을 써 보세요.

(1) ｘ ián   (2) ｗ è ｉ dào   (3) ｍ ǎsh à ｎ ｇ

🔊 **듣기 TIP**

(1) 운모 발음에 주의해서 들어 본다. 'xián'은 '시앤'에 가깝게 발음하는 것에 주의한다.

(2) 4성이 연이어 나오는 데 주의해서 들어 본다.

(3) 운모 'ɑng'에 주의해서 들어 보고, 발음할 때는 3성의 성조 변화에 유의한다.

❷

(1) xián 짜다
(2) wèidào 맛
(3) mǎshàng 곧, 금방

❸ 잘 듣고 대화의 내용이 무엇인지 생각해 보세요.

Jīntiān wǒ qǐngkè.

Tài hǎo le.

🔊 **듣기 TIP**

'qǐngkè'의 의미가 '한턱내다'이므로 말하는 사람이 밥을 사겠다는 의도로 말하는 것임을 기억하고 듣도록 한다.

❸

여학생 : 오늘 내가 한턱낼게.
남학생 : 잘됐다.

회화가 술술1

◆ 량량이 예나와 동현이를 점심시간에 만났습니다.

 량량
Nǐmen chī fàn le ma?
你们吃饭了吗?

 동현
Wǒmen hái méi chī ne.
我们还没吃呢。

 량량
Nà jīntiān wǒ qǐngkè.
那今天我请客。

 예나
Tài hǎo le! Wǒ xiǎng chī Zhōngguócài.
太好了! 我想吃中国菜。

예나가 먹고 싶은 음식의 종류는 무엇인가요?　□ 일식　✔ 중식　□ 한식

 (095)

---

hái 还 아직	méi(yǒu) 没(有) ~하지 않았다	nà 那 그러면
qǐngkè 请客 한턱내다	cài 菜 요리	

📋 본문 해설

★ **Nǐmen chī fàn le ma?**

동사 뒤에 'le(了)'를 써서 어떤 동작이나 행위의 실현 또는 완료를 나타낸다.

例 A: Nǐ qù nǎr le? 你去哪儿了?
　　 너 어디 갔었니?

　 B: Wǒ qù chāoshì le. 我去超市了。
　　 나 슈퍼마켓 갔었어.

의문문은 문장 끝에 'ma(吗)'를 붙이거나 'méiyǒu(没有)'를 붙여서 만든다.

例 Nǐmen chī fàn le méiyǒu?
　 你们吃饭了没有? 너희 밥 먹었니?

★ **Wǒmen hái méi chī ne.**

완료형의 부정문은 동사 앞에 'méiyǒu(没有)'를 붙이고, 'le(了)'는 쓰지 않는다.

| méi(yǒu) | + | 동사 |

例 Wǒmen méi chī fàn. 我们没吃饭。
　 우리는 식사 안 했어.

'méiyǒu(没有)' 앞에 'hái(还)'를 써서 동작이 실현되지 않았음을 나타내기도 한다.

| hái | + | méi(yǒu) | + | 동사 | + | ne |

例 Wǒ hái méi mǎi ne. 我还没买呢。
　 나 아직 안 샀어.

🗣 본문 해석

량량 : 너희 밥 먹었니?
동현 : 우리 아직 안 먹었어.
량량 : 그럼, 오늘 내가 한턱낼게.
예나 : 잘됐다! 나 중국 음식 먹고 싶어.

💬 nà(那)

1. 접속사

'nàme(那么)'의 줄임말로 '그러면'으로 해석되고, 앞에서 말한 내용으로 오게 되는 결과나 판단을 나타낸다.

例 A: Bù hǎoyìsi, wǒ jīntiān hěn máng.
　　 不好意思, 我今天很忙。
　　 미안해, 오늘은 바빠.

　 B: Nà míngtiān jiàn ba.
　　 那明天见吧。
　　 그럼 내일 만나자.

2. 지시 대명사

자신으로부터 멀리 있는 것을 가리킬 때도 쓴다.

例 Nà shì wǒ de shǒujī.
　 那是我的手机。
　 저건 내 휴대전화야.

💬 qǐngkè(请客)

'초대하다, 한턱내다'란 의미의 동사이다.

qǐng(请) + kè(客)
술어 + 목적어

이미 'qǐngkè' 자체에 명사 목적어가 포함되어 있어서 뒤에 다른 명사 목적어가 올 수 없음에 주의한다.

※ Wǒ qǐngkè nǐ. (×)

📢 확인 학습

1 빈칸에 알맞은 말을 써 보세요.

① 밥 먹었어?

➡ Nǐ chī fàn ＿＿＿＿ ma?

② 아직 밥 안 먹었어.

➡ Wǒ hái ＿＿＿＿ chī ne.

표현이 탄탄 1

① 밑줄 친 부분을 바꾸어 말해 보세요.

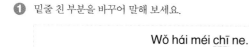

> Wǒ hái méi chī ne.

(1)
kàn

(2)
xiàkè

(3)
shuìjiào

② 밑줄 친 부분을 먹고 싶은 음식으로 바꾸어 말해 보세요.

> A : Nǐ xiǎng chī shénme?
> B : Wǒ xiǎng chī Zhōngguócài.

(1)
Hánguócài

(2)
Rìběncài

(3)
Yìdàlìcài

요점만 콕콕

완료의 le(了)

동사 + le

동사 뒤에 써서 '~했다'라는 완료를 나타냅니다.

méi + 동사

부정형은 동사 앞에 'méi(没)'를 쓰고 'le(了)'를 쓰지 않습니다.

Lái le ma? 왔니?

Lái le. 왔어요.

Tā méi lái. 그는 안 왔어요.

Yìdàlì 意大利 이탈리아

① 완료형의 부정

hái méi(还没)+동사+ne(呢)

我还没吃呢。 아직 안 먹었어.

(1) 我还没看呢。 아직 안 봤어.

(2) 我还没下课呢。
아직 수업 안 끝났어.

(3) 我还没睡觉呢。 아직 안 잤어.

② 각국 음식 표현

나라 이름+cài(菜)

A: 你想吃什么?뭐 먹고 싶니?

B: 我想吃中国菜。
중국 요리 먹고 싶어.

(1) 我想吃韩国菜。
한국 요리 먹고 싶어.

(2) 我想吃日本菜。
일본 요리 먹고 싶어.

(3) 我想吃意大利菜。
이탈리아 요리 먹고 싶어.

요점만 콕콕

• 선생님 : 来了吗?

• 학생1 : 来了。

• 학생2 : 他没来。

🗨 어법 Tip

★ 'Tài hǎo le'의 'le'도 완료인가요?

'Tài hǎo le(太好了)'의 'le(了)'는 완료와 상관이 없다. 'tài+형용사+le'의 형태로 감탄이나 정도의 지나침을 나타낸다.

예 Zhè jiàn yīfu tài guì le. 这件衣服太贵了。 이 옷 너무 비싸네요.

🔖 중국어 음식 이름

hànbǎobāo 汉堡包 햄버거	kǎoròu 烤肉 불고기	fāngbiànmiàn 方便面 라면
bǐsà(pīsà) 比萨(披萨) 피자	zházhūpái 炸猪排 포크커틀릿	bànfàn 拌饭 비빔밥
zǐcàibāofàn 紫菜包饭 김밥	sānmíngzhì 三明治 샌드위치	zhájī 炸鸡 프라이드치킨
pàocài 泡菜 김치	Yìdàlìmiàn 意大利面 파스타	shòusī 寿司 초밥

🗨 확인 학습

1 부정문을 만들어 보세요.

① Tā qù le.

→ _____

② Wǒ shuìjiào le.

→ _____

회화가 술술 2

◆ 량량이 식당에서 주문을 합니다.

량량

Lái yí ge xīhóngshì chǎo jīdàn、
来一个西红柿炒鸡蛋、
yí ge mápódòufu、
一个麻婆豆腐、
sān wǎn mǐfàn.
三碗米饭。

종업원

Hǎo de, mǎshàng lái.
好的，马上来。

◆ 요리가 나오자 량량이 예나에게 음식을 권합니다.

량량

Nǐ chángchang,
你尝尝,
wèidào zěnmeyàng?
味道怎么样?

예나

Zhège cài hěn hǎochī.
这个菜很好吃。

 량량이 주문한 요리는 무엇인가요? ✔ 마파두부 ✔ 토마토계란볶음 ☐ 오리구이

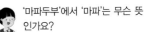

lái 来 (어떤 동작·행동을) 하다	xīhóngshì chǎo jīdàn 西红柿炒鸡蛋 토마토계란볶음		
mápódòufu 麻婆豆腐 마파두부	wǎn 碗 그릇	mǐfàn 米饭 쌀밥	mǎshàng 马上 곧, 금방
cháng 尝 맛보다	wèidào 味道 맛	hǎochī 好吃 맛있다	

📋 본문 해설

★ **Nǐ chángchang, wèidào zěnmeyàng?**
중국어의 동사는 중첩해서 사용할 수 있으며, 이때 의미는 '좀 ~하다, 한번 해 보다'로 가벼운 시도와 어감을 부드럽게 하는 역할도 한다. 중첩된 두 번째 동사는 경성으로 읽는다.
◉ Tīngting. 听听。들어 봐.
중첩된 동사 사이에 'yī(一)'를 넣을 수도 있다. 이때 'yī(一)'는 경성으로 읽는다.
◉ Tīng yi tīng. 听一听。들어 봐.

★ **Zhège cài hěn hǎochī.**
'hǎo(好)'가 일부 동사 앞에 쓰여 효과가 좋음을 나타낸다.

hǎohē 好喝	hǎokàn 好看	hǎotīng 好听	hǎowánr 好玩儿
맛있다(액체류)	보기 좋다(예쁘다)	듣기 좋다	놀기 좋다(재밌다)

📣 본문 해석

량량 : 토마토계란볶음 하나, 마파두부 하나, 밥 세 공기 주세요.

종업원 : 예, 금방 드릴게요.

량량 : 한번 먹어 봐. 맛이 어떠니?

예나 : 이 음식 정말 맛있다.

💬 **lái(来)**
'오다'라는 뜻의 동사로, 'lái(来)+명사'의 형태로 쓰이면 부탁이나 명령을 나타낸다.
◉ Kuài lái yì bēi shuǐ!
　快来一杯水! 빨리 물 한 잔요!
　※ bēi 杯 잔

❓ 선생님, 궁금해요~!

🧑 '마파두부'에서 '마파'는 무슨 뜻인가요?

👩 '마파'는 '얽었다'는 의미의 '마(má 麻)'와 '할머니'를 뜻하는 '파(pó 婆)'가 합쳐진 말로 '마파두부'는 얼굴에 얽은 자국이 있었던 할머니가 만든 음식입니다. 그녀는 청나라 때 청두에 살았고 사람들은 그녀를 진마파라 불렀어요. 그녀는 작은 가게를 열어 생계를 꾸렸고, 오가던 상인들이 두부와 고기를 사와 그녀에게 요리를 부탁하곤 했는데, 요리를 잘하던 그녀가 만든 요리는 금방 유명해졌다고 합니다. 사람들은 그 두부 요리를 '마파두부'라 불렀고 지금까지 전해져오고 있습니다.

🖥️ 확인 학습

1 단어와 발음을 연결해 보세요.

① 马上 ・　　・㉠ mǎshàng

② 尝　 ・　　・㉡ hǎochī

③ 味道 ・　　・㉢ wèidào

④ 好吃 ・　　・㉣ cháng

2 중국어를 우리말로 옮겨 보세요.

① 马上来。⇒ _____

② 你尝尝。⇒ _____

② 한번 먹어 봐.
2 ① 금방 드릴게요.
1 ① ㉠ ② ㉣ ③ ㉢ ④ ㉡

표현이 탄탄 2

❶ 차림표를 보고 짝과 역할을 나누어 음식을 주문해 보세요.

MENU

gōngbǎojīdīng	¥35 / ge
mápódòufu	¥28 / ge
kǎoyā	¥168 / zhī
jiǎozi	¥20 / jīn
zhájiàngmiàn	¥18 / wǎn

A : Lái yí ge xīhóngshì chǎo jīdàn.
B : Hǎo de, mǎshàng lái.

❷ 밑줄 친 부분을 바꾸어 맛을 표현해 보세요.

A : Wèidào zěnmeyàng?
B : Hěn hǎochī.

(1)

(2)

(3)

tián   là   xián

요점만 콕콕

동사의 중첩

▶ 동사를 중복하면 '좀 ~하다'라는 뜻을 나타냅니다. 동사 사이에 'yī(一)'를 넣어서 표현하기도 합니다.

두 번째 동사는 경성으로 읽어요.

kàn
보다

kàn kan = kàn yi kàn

중첩된 동사 사이의 yī는 경성으로 읽어요.

좀 보세요 / 좀 봅시다

🎧101

gōngbǎojīdīng 宫保鸡丁 닭고기땅콩볶음   kǎoyā 烤鸭 오리구이   zhī 只 마리[동물을 세는 단위]
zhájiàngmiàn 炸酱面 자장면   tián 甜 달다   là 辣 맵다
xián 咸 짜다

 선생님, 궁금해요~!

 중국의 자장면은 우리나라 자장면과 다른가요?

 자장면은 1883년 인천항 개항 이후 몰려든 화교 중 부둣가에서 일
하던 산동 출신의 짐꾼과 인력거꾼들이 즐겨 먹던 음식이라고 합
니다. 근로자들이 싸고 손쉽게 끼니를 때울 수 있도록 볶은 중국
식 된장(춘장)에 국수를 비벼 먹도록 한 것인데, 당시에는 손수레에 싣고
팔았다고 해요. 이후 차츰 한국인의 입맛에 맞게 단맛이 가미된 현재의
자장면으로 변모한 거죠.
중국의 자장면은 볶은 중국식 된장과 익히지 않은 숙주나물, 배추, 오이와 같은 채소를 수타로 뽑은 국수에 얹어 비벼
먹는 음식입니다. 한국의 자장면에 비해 맛이 담백하고, 짠맛이 좀 강한 편입니다. 지역에 따라 자장면의 재료가 조금
씩 차이가 있다 하며, 그중 베이징의 자장면이 역사가 깊고 유명합니다.

---

❶ 요리 주문하기

Lái(来)+숫자+양사+요리 이름

A: 来一个西红柿炒鸡蛋。
토마토계란볶음 하나요.

B: 好的，马上来。
예, 금방 드릴게요.

— 메 뉴 —

· 宫保鸡丁	¥35/个	
닭고기땅콩볶음	35위안/개	
· 麻婆豆腐	¥28/个	
마파두부	28위안/개	
· 烤鸭	¥168/只	
오리구이	168위안/마리	
· 饺子	¥20/斤	
만두	20위안/근	
· 炸酱面	¥18/碗	
자장면	18위안/그릇	

❷ 맛 표현하기

A: 味道怎么样? 맛이 어떤가요?
B: 很好吃。맛있어요.

(1) 很甜。 달아요.
(2) 很辣。 매워요.
(3) 很咸。 짜요.

💬 다양한 맛의 표현

suān 酸 시다
kǔ 苦 쓰다
málà 麻辣 얼얼하게 맵다
qīngdàn 清淡 담백하다
yóunì 油腻 느끼하다

요점만 콕콕

· 看   · 看看 = 看一看

📖 확인 학습

1 빈칸에 알맞은 말을 써 보세요.

A : Wèidào _____ ?

B : Yǒudiǎnr là.

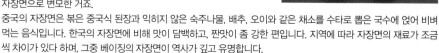

실력이 쑥쑥

1 단어를 바르게 배열하여 문장을 완성해 보세요.

(1)

ne　hái　wǒ　chī　méi

나 아직 안 먹었어. ➡ _____Wǒ hái méi chī ne_____.

(2)
cài　zhè　hěn　ge　hǎochī

이 요리는 정말 맛있어. ➡ _____Zhège cài hěn hǎochī_____.

2 빈칸에 알맞은 한어 병음을 골라 대화를 완성해 보세요.

xiǎng
lái
zěnme
zěnmeyàng

(1) A: Nǐ __xiǎng__ chī shénme?
　　B: Wǒ __xiǎng__ chī Zhōngguócài.

(2) A: __Lái__ yí ge zhájiàngmiàn.
　　B: Hǎo de, mǎshàng __lái__.

(3) A: Zhège cài wèidào __zěnmeyàng__?
　　B: Bú tài hǎochī.

3 한자를 바른 획순으로 쓰고, 알맞은 발음과 뜻을 찾아 연결해 보세요.

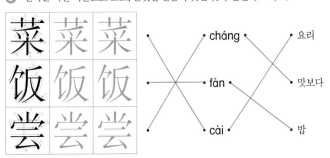

菜　饭　尝

　　• cháng　　• 요리

• fàn　　• 맛보다

　　• cài　　• 밥

1

(1) 我还没吃呢。

　　hái(还) + méi(没) + 동사 + ne(呢)
　　아직 ～하지 않았다

(2) 这个菜很好吃。

2 대화 완성하기

(1) A: 你<u>想</u>吃什么?
　　뭐 먹고 싶니?

　　B: 我<u>想</u>吃中国菜。
　　중국 음식 먹고 싶어.

(2) A: <u>来</u>一个炸酱面。
　　자장면 하나 주세요.

　　B: 好的, 马<u>上来</u>。
　　네, 금방 드릴게요.

(3) A: 这个菜味道<u>怎么样</u>?
　　이 음식 맛이 어때?

　　B: 不太好吃。
　　별로 맛이 없어.

🖊 한자 암기 TIP

• 菜

艹 뜻(풀) + **采** 음(cǎi)

본래 뜻은 '채소'로 손으로 풀을 채취하는 모습을 한자로 만든 글자다. 지금은 뜻이 확장되어 채소뿐 아니라 모든 음식을 의미한다.

• 饭(←飯)

食 뜻(먹다) + **反** 음(fǎn)

본래는 '식사하다'란 의미에서 비롯되었다. 식사란 음식을 반복적으로 씹고 넘기는 행위인데, '反'에 반복한다는 의미가 있기 때문이다. 지금은 '식사, 밥'의 의미로 많이 쓰인다.

• 尝(←嘗)

旨 뜻(먹다) + **尚** 음(shàng)

숟가락(匕)으로 음식을 입에 넣는 (日) 모습에서 비롯된 글자로 말한다는 의미를 가진 '云'를 넣어 간화자를 만들었다.

토마토계란볶음 만들기

토마토와 계란을 함께 볶은
토마토계란볶음(xīhóngshì chǎo jīdàn
西红柿炒鸡蛋)은 중국 사람들이
일상적으로 먹는 요리입니다.

만드는 법도 정말 간단해요.
같이 만들어 볼까요?

준비물 토마토 2개, 계란 3개, 설탕 1큰술, 소금, 식용유

1 계란에 소금을 약간 넣고 풀어
달궈진 팬에 살짝 볶아준다.

2 반쯤 익힌 계란을 그릇에 덜어 놓는다.

3 토마토를 썰어서 기름을 두른 팬에
넣고 센 불로 익힌다.

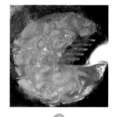

4 토마토에 국물이 생기면 불을 약하게 하고
설탕과 소금을 넣어 간을 한다.

5 담아 놓은 계란을 같이 넣어
살짝 볶아준다.

6 토마토계란볶음 완성!

중국의 여러 가지 만두

중국의 다양한 만두에 대해 알아보자.

1. 자오쯔(jiǎozi 饺子)

보통 물에 삶은 만두를 지칭하며 물만
두(shuǐjiǎo 水饺)라 부르기도 한다.
고기, 해물, 채소 등 다양한 소를 넣어
만들고, 설에 먹는 명절 음식이기도
하다.

2. 바오쯔(bāozi 包子)

밀가루를 반죽할 때 발효분을 넣으며
만두피가 두껍고 소는 고기를 주재료
로 한다. 보통 찐만두를 지칭하며 아
침 식사로 즐겨 먹는다.

3. 만터우(mántou 馒头)

한자를 읽으면 '만두'지만 한국의 만
두와는 매우 다르다. 소가 없이 밀가
루로만 만든 찐빵으로, 북방 사람들은
밥 대신 주식으로 먹는다.

4. 샤오룽바오(xiǎolóngbāo 小笼包)

바오쯔의 일종이며, 작은 대나무 찜통
인 샤오룽(xiǎolóng 小笼)에 쪄냈다
하여 샤오룽바오라 부른다. 만두피가
얇고 진한 육즙의 만두소가 특징이다.

5. 훈툰(húntun 馄饨)

밀가루로 반죽한 피에 돼지고기나 채
소, 새우살 등의 소를 넣고 만두처럼
빚어 삶은 후 육수에 넣고 끓여 먹는
음식으로 우리나라의 만둣국과 유사
하다.

중국어 메뉴판 어렵지 않아요

중국 요리의 이름에는 재료, 조리법, 모양, 맛 등의 정보가 들어 있어서 이름만 보아도 어떤 음식인지 알 수 있다.

1. 조리 방법

예 shāoqiézi 烧茄子 가지조림

chǎo 炒 볶다	zhá 炸 튀기다	jiān 煎 지지다
kǎo 烤 굽다	zhēng 蒸 찌다	
shāo 烧 튀기거나 볶은 후 국물에 졸이다		

2. 재료의 모양

예 gōngbǎojīdīng 宫保鸡丁 닭고기땅콩볶음

piàn 片 얇게 편으로 썬 모양	kuài 块 깍둑썰기 한 모양
sī 丝 얇고 길게 채친 모양	dīng 丁 块보다 작게 썬 모양

3. 향신료와 양념

예 tángcùròu 糖醋肉 탕수육

cōng 葱 파	suàn 蒜 마늘	jiāng 姜 생강
làjiāo 辣椒 고추	cù 醋 식초	táng 糖 설탕

4. 요리 재료

예 niúròumiàn 牛肉面 소고기국수

zhūròu 猪肉 돼지고기	niúròu 牛肉 소고기	jīròu 鸡肉 닭고기
jīdàn 鸡蛋 달걀	yú 鱼 생선	qiézi 茄子 가지
tǔdòu 土豆 감자	jiǔcài 韭菜 부추	mógu 蘑菇 버섯

중국의 식사 예절

중국 친구에게 식사 초대를 받은 동현이는 어떻게 행동해야 할까요?

> 할아버지, 여기 앉으세요.

원형 식탁에서 식사를 할 때는 자리가 정해져 있습니다. 출입문 맞은편 안쪽 중앙이 상석이고, 어른이나 초대받은 손님이 앉습니다.

> 중국 숟가락은 우리와 다르게 생겼네.

우리나라에서는 밥그릇을 손으로 들고 밥을 먹으면 예의에 어긋나지만, 중국에서는 밥그릇을 손에 들고 젓가락을 사용해서 밥을 먹습니다. 숟가락은 국물을 먹을 때 주로 사용합니다.

> 내가 먹던 숟가락으로 국을 떠먹어야지.

여러 사람이 식사할 때는 공용 국자와 젓가락으로 개인 접시에 음식을 덜어서 먹습니다.

> 잘 먹었다~ 끄억!

주인에게 푸짐한 대접을 받았다는 의미로 아무리 맛있어도 음식을 조금은 남겨야 예의입니다. 그러나 최근에는 음식 낭비를 줄이고자 '접시 비우기 캠페인'을 펼치고 있으므로, 개인 접시 음식은 깨끗이 비우는 것이 좋습니다.

> 중국과 우리나라 식사 예절 중 같은 점과 다른 점을 더 조사해 봅시다.

탐구과제

중국과 한국의 식사 예절

	같은 점	다른 점
한국	• 어른이 먼저 수저를 든다. • 음식을 입에 문 채 말하지 않는다. • 식사 중 상대방에게 불쾌감을 주는 이야기는 삼간다. • 소리를 내면서 먹으면 실례가 된다.	• 밥과 국은 숟가락으로 먹는다. • 반찬과 밥, 국을 한상에 차려 함께 먹는다. • 식사를 다 하더라도 어른이 식사를 마칠 때까지 자리를 뜨지 않는다.
중국		• 밥은 젓가락으로 국은 숟가락으로 먹는다. • 냉채류로 시작하고 볶거나 튀긴 요리가 나온다. 맨 나중에 밥, 면 등의 주식과 탕이 나온다. • 회전 테이블에서 음식이 나오면 손님 쪽으로 수시로 돌려 주되 시계 방향으로 돌린다.

알아두면 좋은 중국 식당 문화

1. 중국인은 사람 수에 비해 음식을 많이 주문하는 편이다. 예전에는 음식을 남기는 것이 예의였으나, 최근에는 환경 보호를 위해 남은 음식을 포장해 가는 경우가 많다. 음식이 남으면 주저하지 말고 포장을 부탁하자.

2. 중국 식당은 물을 무료로 제공하지 않는 곳이 많다. 대신 뜨거운 물이나 차를 무료로 제공하기도 하는데, 차를 따로 주문해야 하는 식당도 있다.

3. 테이블 위의 포장된 젓가락과 물티슈 세트는 돈을 지불해야 하는 경우도 있다. (런민비 1~2위안)

4. 고수(xiāngcài 香菜)는 중국 요리에 많이 들어가는 향신 채소이다. 본인 입맛에 안 맞을 경우 주문할 때 미리 빼 달라고 이야기한다.

5. 중국인은 요리를 먼저 먹고, 주식을 나중에 먹기 때문에 밥을 미리 주지 않는 경우가 많다. 밥이 필요하면 먼저 달라고 요청하는 것이 좋다.

6. 중국에서는 식사 후 자기 좌석에 앉아서 계산하는 경우가 많다.

식당에서 유용한 표현

• Qǐng dǎ bāo.
  请打包。포장해 주세요.

• Bú yào xiāngcài.
  不要香菜。고수 빼 주세요.

• Xiān shàng mǐfàn.
  先上米饭。밥 먼저 주세요.

• Fúwùyuán, mǎidān.
  服务员，买单。종업원, 계산요.

확인 학습

1 중국에서 식사 초대를 받으면 반드시 음식을 많이 남겨야 한다.

○, ✕

2 여러 사람이 식사할 때는 공용 젓가락으로 음식을 덜어 먹는다.

○, ✕

○ 2 ✕ 1

❀ 완료의 표현 (1)

긍정문　동사 + le
부정문　méi(yǒu) + 동사
　　　　hái + méi(you) + 동사 + ne

- Tā lái le. 她来了。 그녀가 왔다.
- Tā méi lái. 她没来。 그녀는 오지 않았다.
- Tā hái méi lái ne. 她还没来呢。 그녀는 아직 오지 않았다.

❀ 완료의 표현 (2)

의문문　동사 + le + ma?
　　　　동사 + le + méiyǒu?

- Tā lái le ma? 她来了吗? 그녀는 왔나요?
  = Tā lái le méiyǒu? 她来了没有?

❀ 명령과 부탁의 lái(来)

'lái(来) + 명사'의 형태로 쓰여, 부탁이나 명령을 나타낸다.

- Lái yí ge mápódòufu. 来一个麻婆豆腐。 마파두부 하나요.
- Kuài lái yì bēi shuǐ! 快来一杯水! 빨리 물 한 잔요.

❀ 동사의 중첩

동사를 중첩하면 '좀~하다, 한번 해 보다'라는 의미로, 짧은 시간의 동작이나 시도를 나타내며, 두 번째 동사는 경성으로 읽는다. 또는 동사 사이에 'yī(一)'를 넣어 주고, 경성으로 발음한다.

단음절 동사 AA ＝ A yi(一) A

- Wǒ kànkan. 我看看。
  = Wǒ kàn yi kàn. 我看一看。 제가 좀 볼게요.

1 발음 카드를 조합하여 만들 수 있는 발음에 해당하는 글자는?

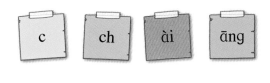

① 菜　　② 尝　　③ 炒　　④ 吃　　⑤ 请

1

카드를 조합하면 'cài', 'cāng', 'chài', 'chāng'의 단어를 만들 수 있다.

2 밑줄 친 부분의 성조로 알맞은 것은?

你尝一尝。

① 제1성　　② 제2성　　③ 제3성　　④ 제4성　　⑤ 경성

2

동사의 중첩 사이에 있는 'yī(一)'는 경성으로 읽는다.

3 단어와 뜻의 연결이 바른 것은?

① 辣 – 짜다　　② 还 – 이미　　③ 好吃 – 맛있다
④ 马上 – 그러면　　⑤ 味道 – 식사

4 빈칸에 들어갈 말로 알맞은 것은?

A : Wèidào zěnmeyàng?

B : _____.

① Hěn là　　② Wǒ qǐngkè　　③ Mǎshàng lái
④ Wǒ bù chī fàn　　⑤ Lái yì wǎn mǐfàn

4

맛이 어떤지 묻는 데 대한 대답을 고르는 문제이다.

5 대화가 이루어진 장소로 알맞은 것은?

> **A :** Lái yì zhī kǎoyā.
>
> **B :** Hǎo de, mǎshàng lái.

① 식당   ② 은행   ③ 학교
④ 길거리   ⑤ 버스 안

6 밑줄 친 부분을 순서대로 바르게 배열한 것은?

6
还＋没(有)＋동사＋呢

> **A :** Nǐ chī fàn le ma?
>
> **B :** Wǒ ㉠chī ㉡ne ㉢méi ㉣hái.

① ㉠-㉡-㉣-㉢   ② ㉢-㉡-㉠-㉣   ③ ㉢-㉣-㉠-㉡
④ ㉣-㉢-㉠-㉡   ⑤ ㉣-㉢-㉡-㉠

7 밑줄 친 부분에 해당하는 것은?

7
kǎo – 굽다
chǎo – 볶다

> • <u>kǎo</u>yā
>
> • xīhóngshì <u>chǎo</u> jīdàn

① 조리법   ② 향신료   ③ 지역 이름
④ 요리 재료   ⑤ 재료 모양

8 중국인의 식사 예절에 대한 설명으로 바른 것은?

① 밥그릇을 들고 먹으면 안 된다.
② 주로 숟가락을 사용하여 밥을 먹는다.
③ 출입문 맞은편 안쪽 중앙이 상석이다.
④ 요리와 탕은 보통 개인 접시에 덜어먹지 않는다.
⑤ 음식을 남김없이 먹어야 대접을 잘 받았다는 의미로 받아들인다.

※ 본문을 따라 쓰고, 우리말 해석을 채우며 본문을 외워 보세요.

회화가 술술 1

량량
Nǐmen chī fàn le ma?
你们吃饭了吗?

우리말 :

동현
Wǒmen hái méi chī ne.
我们还没吃呢。

우리말 :

량량
Nà jīntiān wǒ qǐngkè.
那今天我请客。

우리말 :

예나
Tài hǎo le! Wǒ xiǎng chī Zhōngguócài.
太好了! 我想吃中国菜。

우리말 :

회화가 술술 2

량량
Lái yí ge xīhóngshì chǎo jīdàn、
yí ge mápódòufu、sān wǎn mǐfàn.
来一个西红柿炒鸡蛋、一个麻婆豆腐、三碗米饭。

우리말 :

종업원
Hǎo de, mǎshàng lái.
好的，马上来。

우리말 :

량량
Nǐ chángchang, wèidào zěnmeyàng?
你尝尝，味道怎么样?

우리말 :

예나
Zhège cài hěn hǎochī.
这个菜很好吃。

우리말 :

10

Nǐ de shǒujī hàomǎ shì duōshao?

你的手机号码是多少?

학습 목표 전화와 건강에 관한 표현을 말할 수 있다.

주요 표현
통신 Nǐ de shǒujī hàomǎ shì duōshao?
건강 Wǒ shēntǐ bù shūfu.

문화 중국의 선물 문화

알쏭달쏭 차이나

1 중국인들은 친한 친구 사이에 배를 선물한대.

자~ 선물이야!

정답 X
중국어로 배를 뜻하는 'lí(梨)'는 이별을 의미하는 'lí(离)'와 발음이 같아 선물로는 꺼리는 과일이다. 특히 연인 사이에 배를 나눠 먹는 것은 'fēnlí(分离)', 즉 '이별'이란 단어를 연상시켜 피한다고 한다.

2 중국에서는 119로 화재 신고를 하면 돼.

화재 신고는 119~

정답 O
중국도 우리나라와 마찬가지로 화재 신고는 119로 하면 된다.

머리에 쏙쏙

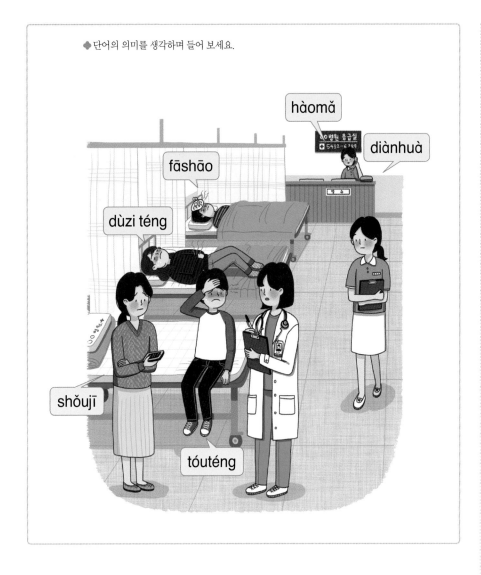

🔽 단어

- shǒujī   휴대전화
- diànhuà   전화
- hàomǎ   번호
- fāshāo   열이 나다
- tóuténg   머리가 아프다
- dùzi téng   배가 아프다

💬 병원에 관한 표현
yīyuàn 医院 병원
yīshēng 医生 의사
hùshi 护士 간호사
bìngrén 病人 환자
jízhěn 急诊 응급실
dǎzhēn 打针 주사 맞다
yàofāng 药方 처방전
guàhào 挂号 접수하다
zhùyuàn 住院 입원하다
chūyuàn 出院 퇴원하다

확인 학습

1 단어와 의미를 연결해 보세요.

① dùzi　·　　·㉠ 번호

② shǒujī　·　　·㉡ 전화

③ hàomǎ　·　　·㉢ 휴대전화

④ diànhuà·　　·㉣ 배

2 우리말을 한어 병음으로 써 보세요.

① 머리 아프다

➔ _____

② 열이 나다

➔ _____

듣기 TIP

다음의 발음 방법을 기억하며 주의하여 듣고 발음을 따라 한다.

1 제4성과 제4성이 연이어 나오면 앞의 4성은 반4성으로 읽어 준다.

　제4성 + 제4성　=　반4성 + 제4성

　⑩ diànhuà, shuìjiào

2 제3성 뒤에 제1성이 오면 앞의 제3성은 반3성으로 읽는다. 반3성은 제3성의 앞부분, 즉 낮은 소리 부분만 발음하는 것을 말한다.

　⑩ shǒujī, hǎohāor

귀가 쫑긋

① 잘 듣고 알맞은 발음을 골라 보세요.

(1) ☑ tóu   (2) ☐ sūpu   (3) ☐ hǎomā
    ☐ tuó   ☑ shūfu   ☑ hàomǎ

①

(1) tóu 머리
(2) shūfu 편안하다
(3) hàomǎ 번호

🔊 듣기 TIP

(1) 운모 'ou'와 'uo'를 구분하는 문제이다.

(2) 성모 's'와 'sh', 'p'와 'f'를 구분하는 문제이다. 단어를 읽을 때도 각각 주의하여 발음한다.

(3) 성조를 구분하여 잘 들어 본다.

② 잘 듣고 빈칸에 알맞은 발음을 써 보세요.

(1) s h ǒu j ī   (2) g ǎ n mào   (3) x i ū x i

②

(1) shǒujī 휴대전화
(2) gǎnmào 감기에 걸리다
(3) xiūxi 쉬다

🔊 듣기 TIP

(1) 성모 'sh'는 혀끝을 살짝 들어 올려 입천장에 가까이 대고 내는 소리이다.

(2) 제3성은 제3성 이외의 성조가 다음에 나올 때 반3성으로 발음한다. 그러나 표기는 바뀌지 않음에 주의한다.

(3) 'x+iou=xiu'가 되었음을 기억하고, 'o'가 생략되었지만 실제 발음할 때에는 'o'도 발음이 됨을 주의한다. 결합 운모 'iu'는 두 번째 음절에 성조 표기를 한다.

③ 잘 듣고 대화의 내용이 무엇인지 생각해 보세요.

Nǐ zěnme méi lái?

Wǒ shēntǐ bù shūfu.

③

선생님 : 너 왜 안 왔니?
여학생 : 저 몸이 안 좋아요.

🔊 듣기 TIP

'zěnme'는 '왜, 어째서'의 의미로 이유를 묻고 있음에 유의한다.

회화가 술술 1

◆ 동현이가 량량의 새 휴대전화를 구경하고 있습니다.

Hǎo piàoliang, zhè shì xīn mǎi de shǒujī ma?
好漂亮，这是新买的手机吗？

Ǹg, wǒ zuótiān mǎi de.
嗯，我昨天买的。

Nǐ de shǒujī hàomǎ shì duōshao?
你的手机号码是多少？

Wǒ de shǒujī hàomǎ shì yāo bā bā liù sān yāo qī bā bā bā bā.
我的手机号码是18863178888。

량량은 언제 휴대전화를 구입했나요?　□그저께　✔어제　□오늘

| hǎo 好 매우 | xīn 新 방금, 새로이 | ǹg 嗯 응, 그래 | hàomǎ 号码 번호 |

본문 해설

★ Hǎo piàoliang, zhè shì xīn mǎi de shǒujī ma?

'hǎo(好)'가 형용사 앞에서 부사로 쓰여 정도가 심함을 나타내며, 감탄의 어감도 갖는다.
예 Jīntiān hǎo lěng. 今天好冷. 오늘 꽤 춥다.
중국어에서 '새로 산 휴대전화'와 같이 동사가 명사를 수식하는 경우 'de(的)'로 연결하여 쓴다.

　동사　+　的　+　명사

예 Zhè shì wǒ xǐhuan de cài.
这是我喜欢的菜.
이건 내가 좋아하는 음식이야.

★ Ǹg, wǒ zuótiān mǎi de.

원래 문장은 'Wǒ shì zuótiān mǎi de'로, 구입한 시간 'zuótiān(昨天)'을 강조하고자 'shì(是)~de(的)' 강조 구문을 사용하였고, 'shì(是)'가 생략된 형태의 문장이다.

주어 + (是) + 구문(시간·장소·방법) + 的

예 Wǒ shì zài chāoshì mǎi de.
我是在超市买的.
나는 슈퍼마켓에서 샀어. (장소 강조)
Wǒ shì zuò fēijī lái de.
我是坐飞机来的.
나는 비행기를 타고 왔어. (방법 강조)

확인 학습

1 우리말을 중국어로 옮길 때 빈칸에 알맞은 말을 써 보세요.

이거 새로 산 휴대전화니?
▶ Zhè shì xīn mǎi _____ shǒujī ma?

2 중국어를 우리말로 옮겨 보세요.

① 手机号码 _____
② 好漂亮! _____

정답 1 de 2 ① 휴대전화 번호 ② 정말 예쁘다!

표현이 탄탄 1

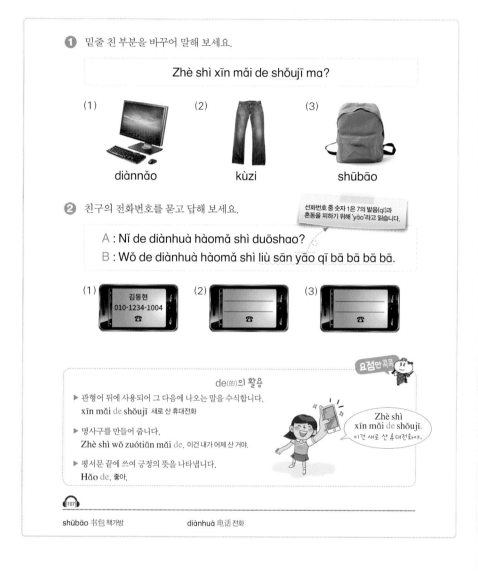

❶ 밑줄 친 부분을 바꾸어 말해 보세요.

Zhè shì xīn mǎi de shǒujī ma?

(1) diànnǎo

(2) kùzi

(3) shūbāo

❷ 친구의 전화번호를 묻고 답해 보세요.

> 선화번호 중 숫자 1은 7의 발음(qī)과 혼동을 피하기 위해 'yāo'라고 읽습니다.

A : Nǐ de diànhuà hàomǎ shì duōshao?
B : Wǒ de diànhuà hàomǎ shì liù sān yāo qī bā bā bā bā.

(1) 김동현
010-1234-1004 ☎

(2) ☎

(3) ☎

🔹 요점만 콕콕

de(的)의 활용

▶ 관형어 뒤에 사용되어 그 다음에 나오는 말을 수식합니다.
xīn mǎi de shǒujī 새로 산 휴대전화

▶ 명사구를 만들어 줍니다.
Zhè shì wǒ zuótiān mǎi de. 이건 내가 어제 산 거야.

▶ 평서문 끝에 쓰여 긍정의 뜻을 나타냅니다.
Hǎo de. 좋아.

> Zhè shì
> xīn mǎi de shǒujī.
> 이건 새로 산 휴대전화야.

🎧 107

shūbāo 书包 책가방   diànhuà 电话 전화

💬 **어법 Tip**

★ 수식어가 있으면 꼭 'de(的)'를 써야 하나요?

다음과 같은 경우 'de'를 쓰지 않아도 된다.

(1) 인칭 대명사+친족 명칭
   📌 wǒ bàba 我爸爸 우리 아빠, tā jiějie 他(她)姐姐 그(녀)의 누나(언니)

(2) 인칭 대명사+소속 기관
   📌 wǒ jiā 我家 우리 집, wǒmen xuéxiào 我们学校 우리 학교

(3) 분류하는 뜻을 나타낼 때
   📌 Hànyǔ lǎoshī 汉语老师 중국어 선생님, Měiguó diànyǐng 美国电影 미국 영화

---

❶ **동사의 명사 수식**

> 동사 + de(的) + 명사
> 这是新买的手机吗?
> 이거 새로 산 휴대전화니?

(1) 这是新买的电脑吗?
   이거 새로 산 컴퓨터니?
(2) 这是新买的裤子吗?
   이거 새로 산 바지니?
(3) 这是新买的书包吗?
   이거 새로 산 책가방이니?

❷ **전화번호 읽기**

A: 你的电话号码是多少?
   너 전화번호 몇 번이야?
B: 我的电话号码是63178888。
   내 전화번호는 63178888이야.

(1) líng yāo líng yāo èr sān sì
    yāo líng líng sì

※ 숫자를 하나씩 읽는다. 1은 'yāo'로 읽을 수 있다

🔹 요점만 콕콕

新买的手机
妈妈给我买的。
好的。

📋 **확인 학습**

1 한어 병음 문장을 우리말로 옮겨 보세요.

① Zhè shì wǒ māma gěi wǒ mǎi de.

_____

② Zhè shì xīn mǎi de diànnǎo.

_____

회화가 술술 2

◆ 샤오위가 결석한 예나에게 전화를 합니다.

 (샤오위)
Wéi, Yìnà, nǐ jīntiān zěnme méi lái?
喂，艺娜，你今天怎么没来？

 (예나)
Wǒ shēntǐ bù shūfu, yǒudiǎnr tóuténg.
我身体不舒服，有点儿头疼。

 (샤오위)
Nǐ gǎnmào le ba, yào hǎohāor xiūxi.
你感冒了吧，要好好儿休息。

 (예나)
Hǎo de, xièxie.
好的，谢谢。

예나가 오늘 학교에 결석한 이유는 무엇일까요? ✔ 감기 ☐ 가족 여행

(109)

wéi 喂 여보세요	shēntǐ 身体 몸, 신체	shūfu 舒服 편안하다
yǒudiǎnr 有点儿 좀, 조금	tóuténg 头疼 머리 아프다	gǎnmào 感冒 감기에 걸리다
yào 要 ~해야 한다	hǎohāor 好好儿 풍, 충분히	xiūxi 休息 쉬다

📋 본문 해설

★ Nǐ jīntiān zěnme méi lái?

'zěnme(怎么)'는 '어떻게'라는 뜻 외에도 '왜, 어째서'라는 의미로, 방식·원인·성질·사정 등을 물음을 나타낸다.

📢 Tā zěnme lái le? 他怎么来了? 그는 왜 왔어?

★ Wǒ yǒudiǎnr tóuténg.

'yǒudiǎnr(有点儿)'은 '조금, 약간'이라는 뜻으로, 불만족스러운 어감을 나타낸다.

📢 Yǒudiǎnr dà. 有点儿大。
(작았으면 좋겠는데) 좀 크네요.
Yǒudiǎnr lěng. 有点儿冷。
(날씨가 따뜻하면 좋겠는데) 좀 춥네요.

★ Nǐ gǎnmào le ba, yào hǎohāor xiūxi.

(1) 'ba(吧)'는 문장 끝에 쓰여 추측이나 확인 등을 나타낸다.

📢 Bàba zài jiā ba? 爸爸在家吧?
아빠 집에 계시지요?

(2) 'hǎohāor(好好儿)'은 형용사를 중복하여 부사적으로 쓰인 경우이다. 이때 끝에 '儿'을 붙여 주고, 두 번째 '好'는 제1성으로 바꾸어 읽는다.

📢 Nǐ hǎohāor xuéxi. 你好好儿学习。
열심히 공부해라.

💬 본문 해석

샤오위 : 여보세요. 예나야, 너 오늘 왜 안 왔어?
예나 : 나 몸이 안 좋아. 머리가 좀 아파.
샤오위 : 너 감기 걸렸구나. 잘 쉬어야 겠다.
예나 : 그래, 고마워.

💬 wéi(喂)

누군가를 부를 때는 'wèi'처럼 4성으로 발음하고, 전화상에서 '여보세요'의 의미로 말할 때는 'wéi'처럼 제2성으로 발음하는데, 이는 제2성이 제4성보다는 부드러운 어조로 들리기 때문이다.

💬 yào(要)

뒤에 다른 동사가 와서 '~해야 한다'란 뜻을 나타낸다.

📢 Wǒ yào huí jiā. 我要回家。
나 집에 돌아가야 해.

이때 '~하지 않아도 된다'라는 의미를 나타내려면 'búyòng(不用)'을 쓰고, 'búyào(不要)''를 쓰지 않음에 주의한다.

📢 Wǒ búyòng huí jiā.
我不用回家。
나 집에 돌아가지 않아도 돼.

부정형인 'búyào(不要)'는 '~하지 마라'라는 금지를 나타낸다.

📢 Nǐ búyào zháojí.
你不要着急。 서두르지 마.

💬 확인 학습

1 단어와 발음을 연결해 보세요.

① 舒服 ·   · ㉠ shēntǐ

② 感冒 ·   · ㉡ gǎnmào

③ 身体 ·   · ㉢ shūfu

2 빈칸에 알맞은 말을 넣어 보세요.

① 나 머리가 좀 아파.

➡ 我 _____ 头疼。

② 너 잘 쉬어야 해.

➡ 你要 _____ 休息。

2 ① 有点儿 ② 好好儿
1 ① ㉢ ② ㉡ ③ ㉠

표현이 탄탄 2

① 밑줄 친 부분을 바꾸어 말해 보세요.

> Wǒ gǎnmào le.

(1) tóuténg

(2) dùzi téng

(3) fāshāo

② 밑줄 친 부분을 바꾸어 말해 보세요.

> 형용사 중첩음 후 'er(儿)'이 추가되면, 두 번째 음절은 제1성으로 발음해요.

> Nǐ yào hǎohāor xiūxi.

(1) chī fàn

(2) xuéxí

(3) shuìjiào

요점만 콕콕

yǒudiǎnr(有点儿)과 yìdiǎnr(一点儿)

모두 '조금'이라고 해석되지만, 문장에서의 위치와 의미는 다릅니다. 'yǒudiǎnr'은 형용사 앞에 사용하여 부정적인 어감을 나타냅니다.

yǒudiǎnr + 형용사 vs 형용사 + yìdiǎnr

Zhège yǒudiǎnr guì, yǒu méiyǒu piányi yìdiǎnr de?
이것은 조금 비싸네요. 좀 싼 것은 없어요?

dùzi 肚子 배   téng 疼 아프다   fāshāo 发烧 열이 나다
xuéxí 学习 공부하다

🗣 신체 부위에 관한 표현

- liǎn 脸 얼굴
- yǎnjing 眼睛 눈
- ěrduo 耳朵 귀
- bízi 鼻子 코
- zuǐ 嘴 입
- bózi 脖子 목

- gēbo 胳膊 팔
- shǒu 手 손
- tuǐ 腿 다리
- jiǎo 脚 발
- xiōng 胸 가슴
- pìgu 屁股 엉덩이

① 여러 가지 질병 표현

> 我感冒了。 감기 걸렸어.

(1) 我头疼。 머리가 아파.
(2) 我肚子疼。 배가 아파.
(3) 我发烧。 열이 나.

💬 감기 증상 말하기

liú bítì 流鼻涕 콧물이 나다
bí sāi 鼻塞 코가 막히다
bíyán 鼻炎 비염
késou 咳嗽 기침하다
dǎ pēntì 打喷嚏 재채기하다
sǎngzi téng 嗓子疼 목이 아프다

② 부사어 好好儿

> 你要好好儿休息。 잘 쉬어야 해.

(1) 你要好好儿吃饭。
밥 잘 먹어야 해.
(2) 你要好好儿学习。
너 열심히 공부해야 해.
(3) 你要好好儿睡觉。
너 푹 자야 해.

요점만 콕콕

> 这个有点儿贵，有没有便宜一点儿的?

📖 확인 학습

1 빈칸에 알맞은 말을 써 보세요.

① 나 배가 아파.
　Wǒ ＿＿＿＿ téng.

② 너 열심히 공부해야 해.
　Nǐ yào ＿＿＿＿＿ xuéxí.

정답 1 ① dùzi ② hǎohāor

실력이 쑥쑥

① 단어를 바르게 배열하여 문장을 완성해 보세요.

(1)
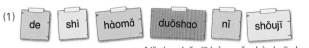

네 휴대전화 번호는 몇 번이야? ➡ Nǐ de shǒujī hàomǎ shì duōshao ?

(2)

너 오늘 왜 안 왔니? ➡ Nǐ jīntiān zěnme méi lái ?

② 중국의 긴급 전화 번호를 한어 병음으로 써 보세요.

구분	번호	한어 병음
📞 전화번호 안내	114	yāo yāo sì
🚓 범죄 신고	110	yāo yāo líng
🚒 화재 신고	119	yāo yāo jiǔ
🚑 응급 의료	120	yāo èr líng

③ 한자를 바른 획순으로 쓰고, 알맞은 발음과 뜻을 찾아 연결해 보세요.

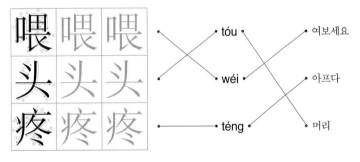

tóu · 여보세요

wéi · 아프다

téng · 머리

---

① 문장 완성하기

(1) 你的手机号码是多少?
※ 명사가 명사를 수식할 때 중간에 'de'로 연결해준다.

명사 + de(的) + 명사

(2) 你今天怎么没来?
(=今天你怎么没来?)
※ 'zěnme(怎么)'는 의문사로 '왜, 어째서'의 의미를 나타낸다.

주어 + 시간 부사어 + 술어
= 시간 부사어 + 주어 + 술어

② 전화번호 읽기

※ 숫자 1은 'yāo'로, 숫자 0은 'líng'으로 읽는다.

💬 그 밖의 중국에서 유용한 번호

구분	번호
교통사고	122
공안 문자 신고	12110
일기예보	121
베이징 주중 한국 대사관	01085310700 (근무 시간) 18611730089 (근무 시간 외)

📱 **한자 암기 TIP**

· 喂

口 + 畏
뜻(입)   음(wèi)

본래 '음식을 섭취한다'라는 의미에서 감탄사로 쓰이게 되었다.

· 头(←頭)

大 + ⸚
사람   머리의 위치

번체자 '頭'의 간화자로 '头'에서 '大'는 사람의 모습이고 'ㆍ'는 머리의 위치를 나타낸다.

· 疼

疒 + 冬
뜻(질병)   뜻, 음(dōng)

'병이 정점에 달한다'는 의미로 '아프다'의 뜻을 나타낸다.

중국어 문자 보내기 미션

 놀이방법

1 중국어로 불러 주시는 선생님의 휴대전화 번호를 듣고 기록해 두세요.

2 아래 문장을 중국어로 입력 후 선생님의 휴대전화로 문자를 보냅니다.

> 老师好！我是XXX。谢谢！
> (Lǎoshī hǎo! Wǒ shì XXX. Xièxie!)

3 선생님의 휴대전화에 문자가 제일 먼저 도착한 학생이 승리합니다.

휴대전화에 중국어 입력하는 방법

❶ 키보드 설정에 들어가서 중국어 간체를 다운받아 설치하세요.
(앱스토어에서 '중국어 키보드'로 검색하여 전용 앱을 설치해도 됩니다.)

❷ 메시지 입력란을 선택하고, 지구본을 눌러 중국어를 선택하세요.

❸ 한어 병음을 입력하고 해당 중국어를 선택하세요.
예) "nihao"를 입력하고 "你好"를 찾아 선택

ni hao
你好 你 拟 尼 呢 泥 妳 妮 腻 ▶

🗨 웨이신(Wēixìn 微信)

중국판 카카오톡이라 할 수 있는 웨이신은 2011년 텐센트(Téngxùn 腾讯)에서 개발한 모바일 메신저이다. 'Wechat(위챗)'이라고도 불리며 2017년 이용자 수가 이미 8억 명을 넘어섰다. 위챗페이 서비스는 공인인증서나 비밀번호 등 없이 QR 코드 스캔만으로 쉽게 결제가 가능하여 일상생활에서 많은 사람들이 이용하고 있다. 편의점, 식당 등에서의 결제뿐 아니라 공과금 납부도 가능하며 '훙바오(hóngbāo 红包)' 기능이 있어 세뱃돈까지도 위챗페이를 통해 전달할 정도라고 한다.

휴대전화를 통한 QR 코드 스캔 지불 방식은 중국에서 이미 보편화되었다.

💬 채팅에서 많이 쓰는 신조어

1. jiǒng(囧)

본래 뜻은 '빛나는, 광명스러운'이다. 그러나 한자의 생김새로 인해 지금은 '난감하다, 우울하다, 망했다' 등의 의미로 널리 쓰인다.

2. méngméngda(萌萌哒)

'귀엽고 깜찍하다'라는 의미로 쓰인다. 우리말 신조어 중 '귀요미'의 의미에 근접하다고 볼 수 있다. 최근 인터넷에서 단어 끝에 붙여 쓰는 'de(的)' 대신 'dā(哒)'를 사용하기 시작하면서 많은 신조어를 만들어냈다. 예를 들면, 애인이나 친구를 친근하게 부를 때도 'qīn'ài de(亲爱的)' 대신 'qīn'ài dā(亲爱哒)'로 쓰기도 한다.

3. mēmēdā(么么哒)

우리가 '쪽'이라고 표현하는 뽀뽀 소리를 중국에서는 'Mu a(무아)'라고 표현하는 데에서 나왔다. '쪽쪽' 느낌의 'mēmē(么么)'에다가 'dā(哒)'를 붙여 "mēmēdā(么么哒)"라는 귀여운 표현이 탄생하였다. 원래 연애 중인 남녀 사이에서 주로 사용되던 애정 표현이었는데, 각종 SNS를 통해 널리 사용되면서 지금은 사이좋은 친구 사이에서도 애정 표현으로 많이 쓰인다.

중국의 선물 문화

중국 친구에게 무슨 선물을 주면 좋을까요?

선물 포장을 빨간색으로 하는 걸 좋아하고, 축의금 봉투도 빨간색이야.

'우산(sǎn 伞)'은 '헤어지다'의 'sàn(散)'과 발음이 비슷해서 바람직하지 않아.

'배(lí 梨)'는 '이별하다'의 'lí(离)'와 발음이 같아서 그만 만나자는 의미로 오해할 수 있어.

'사과(píngguǒ 苹果)' 발음에 '평안(píng'ān 平安)'을 나타내는 'píng'이 들어 있어서 좋아해.

중국인에게 병문안이나 집들이를 갈 때 어떤 선물이 좋은지 알아봅시다.

탐구과제

중국 선물 에티켓

1. 중국에서 친구나 지인이 초대했을 때
한국과 비슷하게 빵이나 과일, 음료를 준비해 가져가는 것이 보통이라고 한다. 부담스럽지 않고 준비한 이의 정성이 담긴 선물을 준비하도록 한다. 단, 벽시계를 주는 것(送钟 sòng zhōng)은 '장례를 치르다, 임종을 지키다'란 의미의 '送终(sòngzhōng)'을 연상시키니 피하도록 한다.

2. 병문안을 갈 때
한국과 마찬가지로 빈손으로 가는 것은 실례인데, 이

때 과일이나 몸을 보신할 수 있는 영양 식품을 준비하여 가는 것이 좋다. 단, 꽃은 오래가지 않는 선물이기 때문에 피하는 것이 좋다.

3. 선물할 때
흰색이나 검은색 포장은 피하고, 붉은색이나 금색이 들어간 포장지로 포장하면 좋아하며, 홀수보다는 짝수를 선호한다. 또한, 중국인들은 선물을 받을 때 사양하는 습관이 있으며 선물을 받은 자리에서 열어보는 것은 실례라고 생각한다고 한다.

길함을 상징하는 것들

1. 거꾸로 오는 복

설날을 맞이하여 중국 사람들은 '복(福)'이라는 글자를 대문에 거꾸로 붙여 놓는다. 이는 '복을 뒤집는다(dàofú 倒福)'가 '복이 도착하다(dàofú 到福)'와 발음이 같기 때문에 새해를 맞이하여 복이 많이 들어오기를 바라는 마음에서 비롯되었다고 할 수 있다.

2. 풍요를 가져다주는 물고기

중국에서는 춘절 전날인 음력 12월 마지막 날 온 가족이 모여 풍성한 저녁식사를 한다. 이날 식사에서 빠지지 않는 것이 바로 생선 요리이다. 이는 'nián nián yǒu yú(年年有余) 해마다 풍요롭길 바란다'에서 풍요로움을 의미하는 'yú(余)'와 생선을 의미하는 'yú(鱼)'의 발음이 같기 때문이다. 그래서 이날 생선을 먹으면 온 가족이 한 해를 풍족하게 보낼 수 있다고 여겨 생선을 빼놓지 않고 챙겨 먹는다고 한다.

확인 학습

1 중국에서 결혼식 축의금 봉투는 보통 흰색이다.

○, ×

2 중국 친구에게 병문안을 갈 때 사과를 사가는 것은 실례이다.

○, ×

3 중국에서 연인 사이에 배를 나누어 먹지 않는다.

○, ×

정답 1 × 2 × 3 ○

✿ de(的)의 여러 가지 용법

(1) A+de(的)+B : 'de(的)는 '~의'라는 뜻의 조사로, 'A의 B'라는 뜻을 나타낸다.
- Zhè shì wǒ de shū. 这是我的书。 이거 내 책이야.

이때 'B'가 생략되면 'A의 것'이란 뜻으로 명사가 된다.
- Zhè shì wǒ de. 这是我的. 이거 내 거야.

(2) shì(是)~de(的) 강조 구문

주어 + (是) + 구문(시간 · 장소 · 방법) +的

- Wǒ (shì) zuótiān mǎi de. 我(是)昨天买的。 나는 어제 산 거야. (시간 강조)
- Wǒ shì zài chāoshì mǎi de. 我是在超市买的。 나는 슈퍼마켓에서 샀어. (장소 강조)
- Wǒ shì zuò fēijī lái de. 我是坐飞机来的。 나는 비행기를 타고 왔어. (방법 강조)

✿ 전화번호 읽기

숫자를 하나씩 읽고 'yī(一)'는 'qī(七)'와의 혼동을 피하기 위해 'yāo'로 읽는다.
- 18674312205 yāo bā liù qī sì sān yāo èr èr líng wǔ

✿ zěnme(怎么)

방식 · 원인 · 성질 · 사정 등을 물을 때 사용한다.
(1) 어떻게
- Zhège zì zěnme niàn? 这个字怎么念? 이 글자 어떻게 읽어요?
(2) 왜, 어째서
- Nǐ zěnme bù zhīdào? 你怎么不知道? 너 어째서 모르는 거니?

✿ yǒudiǎnr(有点儿)과 yìdiǎnr(一点儿)

두 단어 모두 우리말 해석은 '조금, 약간'이란 의미이지만 쓰임에서는 차이가 있다.

yǒudiǎnr(有点儿) + 형용사/동사   vs   형용사/동사 + yìdiǎnr(一点儿)

- Jīntiān yǒudiǎnr lěng, duō chuān yìdiǎnr ba. 今天有点儿冷，多穿一点儿吧。
  오늘 좀 추우니까 좀 많이 입어라.

✿ 추측의 ba(吧)

확실치 않을 때나 상대방에게 확인하려 할 때 문장 끝에 붙인다.
- Nǐ bú shì Hánguórén ba? 你不是韩国人吧? 한국인 아니지요?
그 밖에 제안 · 권유의 어감을 나타내기도 한다.
- Wǒmen yìqǐ qù chī fàn ba. 我们一起去吃饭吧。 우리 같이 밥 먹으러 가자.

1 빈칸에 들어갈 한어 병음이 순서대로 짝지어진 것은?

_____ǒu _____ī

① s – j   ② s – z   ③ ch – z
④ sh – j   ⑤ sh – zh

2 밑줄 친 부분의 발음으로 알맞은 것은?

好<u>好</u>儿

① hāo   ② háo   ③ hǎo   ④ hào   ⑤ hao

2
'푹, 충분히'라는 뜻이다.

3 단어와 발음의 연결이 바르지 <u>않은</u> 것은?

① 肚子 – dùzi   ② 舒服 – shūpu
③ 休息 – xiūxi   ④ 感冒 – gǎnmào
⑤ 漂亮 – piàoliang

4 빈칸에 공통으로 들어갈 말로 알맞은 것은?

    A : 这是新买____手机吗?
    B : 嗯，我昨天买___。

① 吧   ② 得   ③ 的   ④ 了   ⑤ 是

4
'de'의 용법을 정확히 이해
한다.

5 밑줄 친 단어와 같은 의미로 쓰인 것은?

Hǎo piàoliang, zhè shi nǐ de shūbāo ma?

① Dàjiā hǎo!　　　　　　② Tā hǎo shuài a.
③ Hǎo de, xièxie.　　　　④ Wǒ shēntǐ hěn hǎo.
⑤ Zhège cài hěn hǎochī.

6 'yìdiǎnr'이 들어갈 위치로 알맞은 것은?

Yǒu　méiyǒu　piányi　de?
ⓐ　　ⓑ　　　　ⓒ　　　ⓓ　ⓔ

① ⓐ　　　　② ⓑ　　　　③ ⓒ　　　　④ ⓓ　　　　⑤ ⓔ

6
'yìdiǎnr'은 형용사 뒤에 위치한다.

7 〈보기〉를 우리말로 바르게 옮긴 것은?

〈보기〉
Nǐ jīntiān zěnme méi lái?

① 오늘 왜 안 왔니?　　　　② 오늘 누가 안 오니?
③ 오늘 언제 올 거니?　　　④ 오늘 어떻게 올 거니?
⑤ 오늘 어떻게 안 오니?

7
'zěnme'는 상황에 따라 '왜, 어째서'와 '어떻게'란 의미를 나타낸다.

8 빈칸에 들어갈 발음이 바르게 짝지어진 것은?

• 배는 이별을 의미하는 '＿＿＿＿'와 발음이 같아서 선물로 피한다.
• 사과의 발음에는 평안을 나타내는 '＿＿＿＿'이 있어 선물로 받으면 좋아한다.

① fú - ān　　　② fú - sàn　　　③ lí - píng
④ lí - sàn　　　⑤ yú - píng

175

본문 확인학습

※ 본문을 따라 쓰고, 우리말 해석을 채우며 본문을 외워 보세요.

회화가 술술 1

동현
Hǎo piàoliang, zhè shì xīn mǎi de shǒujī ma?
好漂亮，这是新买的手机吗?

우리말 :

량량
Ǹg, wǒ zuótiān mǎi de.
嗯，我昨天买的。

우리말 :

동현
Nǐ de shǒujī hàomǎ shì duōshao?
你的手机号码是多少?

우리말 :

량량
Wǒ de shǒujī hàomǎ shì yāo bā bā
liù sān yāo qī bā bā bā bā.
我的手机号码是18863178888。

우리말 :

회화가 술술 2

샤오위
Wéi, Yìnà, nǐ jīntiān zěnme méi lái?
喂，艺娜，你今天怎么没来?

우리말 :

예나
Wǒ shēntǐ bù shūfu, yǒudiǎnr tóuténg.
我身体不舒服，有点儿头疼。

우리말 :

샤오위
Nǐ gǎnmào le ba, yào hǎohāor xiūxi.
你感冒了吧，要好好儿休息。

우리말 :

예나
Hǎo de, xièxie.
好的，谢谢。

우리말 :

1 그림 카드의 빈칸에 들어갈 발음으로 알맞은 것은?

shuì＿＿＿

① jiāo
② jiáo
③ jiǎo
④ jiào
⑤ jiao

2 발음 카드를 조합하여 만들 수 있는 발음에 해당하는 글자는?

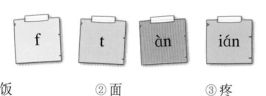

① 饭 ② 面 ③ 疼
④ 碗 ⑤ 咸

3 〈보기〉의 단어와 성조 배열이 같은 것은?

〈보기〉
休息

① 肚子 ② 漂亮 ③ 舒服
④ 书包 ⑤ 怎么

4 빈칸에 들어갈 발음이 순서대로 짝지어진 것은?

전화번호 중 숫자 1은 7의 발음 '＿＿＿＿'와(과) 혼동을 피하기 위해 '＿＿＿＿'라고 읽는다.

① jī – wéi   ② yī – qī   ③ yī – yāo
④ qī – yāo   ⑤ qī – líng

5 단어와 뜻의 연결이 바른 것은?

① diànhuà – 컴퓨터 ② wèidào – 음식
③ mǎshàng – 아직 ④ qǐngkè – 한턱내다
⑤ shēntǐ – 편안하다

6 그림의 상황을 표현한 말로 알맞은 것은?

① fāshāo
② gāoxìng
③ jiànkāng
④ kuàilè
⑤ shūfu

7 빈칸에 공통으로 들어갈 말로 알맞은 것은?

• Nǐ máng ba? ＿＿＿＿ míngtiān jiàn ba.
• ＿＿＿＿ shì wǒ de shūbāo.

① Nà   ② Nǎr   ③ Zài
④ Zhè   ⑤ Zhèr

8 빈칸에 들어갈 말로 알맞지 <u>않은</u> 것은?

这个很好_____。

① 看　　　　② 听　　　　③ 尝
④ 喝　　　　⑤ 玩儿

9 빈칸에 들어갈 말로 알맞지 <u>않은</u> 것은?

你要好好儿_____。

① 看　　　　② 学习　　　　③ 吃饭
④ 休息　　　⑤ 头疼

10 대화의 상황을 그림으로 나타낸 것은?

A : Wéi, nǐ zài nǎr?

B : Wǒ zài jiā.

11 빈칸에 들어갈 말로 알맞은 것은?

A : Nǐ de shǒujī hàomǎ shì _____?

B : Wǒ de shǒujī hàomǎ shì
18863178800.

① jǐ　　　　② nǎ　　　　③ shénme
④ duōshao　　⑤ zěnmeyàng

12 빈칸에 들어갈 말로 알맞은 것은?

A : Wèidào zěnmeyàng?

B : Hěn _____.

① cháng　　② chī　　　③ kǎo
④ téng　　　⑤ tián

13-14 대화를 잘 읽고 물음에 답하시오.

A : Nǐmen chī fàn le ㉠ma?

B : Wǒmen hái ____㉡____.

13 밑줄 친 ㉠과 바꾸어 쓸 수 있는 것은?

① bù　　　　② ne　　　③ yǒu
④ bù chī　　⑤ méiyǒu

14 빈칸 ㉡에 들어갈 말로 알맞은 것은?

① chī le　　② bù chī　　③ bù chī le
④ méi chī le　⑤ méi chī ne

15 빈칸에 공통으로 들어갈 말로 알맞은 것은?

A : _____ yí ge xīhóngshì chǎo jīdàn,
yì wǎn zhájiàngmiàn.

B : Hǎo de, mǎshàng _____.

① gěi   ② lái   ③ duō

④ guì   ⑤ shì

16 문장을 우리말로 바르게 해석한 것은?

Zhè jiàn yīfu yǒudiǎnr dà.

① 이 옷은 좀 크다.
② 이 옷은 너무 크다.
③ 이 옷은 아주 크다.
④ 이 옷은 별로 크지 않다.
⑤ 이 옷은 크지도 작지도 않다.

17 빈칸에 들어갈 말로 알맞은 것은?

A : Nǐ zěnme méi lái?

B : Wǒ _____.

① yào qù   ② gǎnmào le
③ yìqǐ huí jiā   ④ míngtiān bù lái
⑤ zuò huǒchē qù

18 밑줄 친 부분과 같은 의미의 말로 알맞은 것은?

Zhè shì Zhōu Jiélún de ge, nǐ tīngting.

① tīng le   ② tīng ma
③ tīngting le   ④ tīng le tīng
⑤ tīng yi tīng

19 밑줄 친 부분과 같은 의미로 쓰인 것은?

Jīntiān hǎo lěng.

① Tài hǎo le!
② Nǐ hǎo ma?
③ Tā hǎo piàoliang.
④ Nǐ chàng de hěn hǎo.
⑤ Zhège cài hěn hǎochī.

20 우리말을 중국어로 옮길 때 밑줄 친 부분을 어순에 맞게 바르게 배열한 것은?

이건 내가 좋아하는 음식이야.
➡ 这是 ㉠的 ㉡喜欢 ㉢菜 ㉣我。

① ㉠-㉣-㉡-㉢   ② ㉡-㉠-㉢-㉣
③ ㉡-㉣-㉢-㉠   ④ ㉣-㉡-㉠-㉢
⑤ ㉣-㉠-㉡-㉢

21 우리말을 중국어로 옮길 때 필요 <u>없는</u> 것은?

내가 어제 산 것이야.

➡ Wǒ _____.

① de　　　　② le　　　　③ mǎi

④ shì　　　　⑤ zuótiān

22 밑줄 친 부분이 공통으로 가리키는 것은?

MENU

• mápódòufu	¥25
• xīhóngshì chǎo jīdàn	¥15
• gōngbǎojīdīng	¥30
• kǎoyā	¥160

① 재료　　　　② 양념　　　　③ 지역

④ 조리 방법　　⑤ 재료의 모양

23 중국의 해음 문화에 대한 설명으로 바른 것은?

① 우산은 만남을 의미하는 글자와 발음이 같아 선호하는 선물이다.
② 사과는 이별을 의미하는 글자와 발음이 같아 연인끼리 나눠 먹지 않는다.
③ 생선은 풍요를 의미하는 글자와 발음이 같아 명절에 꼭 챙겨 먹는 음식이다.
④ 시계는 장수를 의미하는 글자와 발음이 같아 특히 어르신에게 선물하면 좋다.
⑤ 배는 평안을 의미하는 글자와 발음이 같아 명절에 친척끼리 주고받는 풍습이 있다.

24 다음 우리말을 'xiǎng'을 사용하여 한어 병음으로 쓰시오.

나 중국 음식 먹고 싶어.

➡ _____.

※ 답안 작성 시 유의 사항 : 한어 병음을 쓸 때 대·소문자의 사용과 성조 표기까지 정확하게 쓰시오.

25 밑줄 친 부정사 ㉠, ㉡의 쓰임을 비교 설명하시오.

가. A : 他来了吗?
　　B : 他㉠没来。

나. A : 他来吗?
　　B : 他㉡不来。

_____

_____

Nǐ hǎo!

단원 평가
중간·기말고사 대비 예상 문제

정답 및 해설

 정답

| ❶ ③ | ❷ ③ | ❸ ② | ❹ ④ |
| ❺ ③ | ❻ ⑤ | ❼ ① | ❽ ③ |

 해설

❶ 중국 개관

① 수도는 베이징이다.

② 국기는 '오성홍기'이다.

④ 공식 명칭은 '중화인민공화국'이다.

⑤ 56개의 민족으로 이루어져 있다.

❷ 중국의 문자

③ 중국에서는 간화자를 사용하고 있다.

❸ 설첨음 : d, t, n, l

① 설치음　　　③ 설근음

④ 설면음　　　⑤ 권설음

❹ 성모(권설음)

> 조건 1. lǎoshī 선생님
> 조건 2. 권설음 : zh, ch, sh, r

① 설근음　　　② 설치음　　　③ 설면음

④ 권설음　　　⑤ 권설음

❺ 제3성의 소리값 2-1-4

① 5-5　　　② 3-5

④ 5-1　　　⑤ 짧고 가벼운 소리

❻ 성조 표기 위치

ɑ > o e > i u ü

⑤ lèi

❼ 성모와 운모의 결합

① u+en=un으로 e는 생략된다.

　　ch+ūn=chūn

❽ 중국어 숫자 읽기

① 2 – èr　　　② 4 – sì

④ 7 – qī　　　⑤ 10 – shí

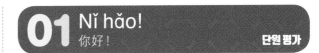 정답

| ❶ ④ | ❷ ⑤ | ❸ ④ | ❹ ① |
| ❺ ⑤ | ❻ ③ | ❼ ⑤ | ❽ ⑤ |

 해설

❶ 성모와 운모의 결합

카드를 조합하면 'nā', 'niàn', 'tā', 'tiàn'을 만들 수 있다.

① bù 아니다　　　② jiàn 만나다

③ nín 'nǐ'의 높임말　　　④ tā 그

⑤ men ~들(복수형)

❷ 한어 병음과 뜻 연결

① 我　　② 你　　③ 好　　④ 见　　⑤ 大家 여러분

❸ bù(不)의 성조 변화

> 不客气。 천만에.

'不'의 원래 성조는 제4성이나, 제4성 앞에서는 제2성으로 발음한다.

① 不听 bù tīng 듣지 않다(제4성)

② 不来 bù lái 오지 않다(제4성)

③ 不好 bù hǎo 좋지 않다(제4성)

④ 不看 bú kàn 보지 않다(제2성)

⑤ 对不起 Duìbuqǐ 미안해(경성)

❹ 만났을 때 하는 인사말

> 남 : Nǐ hǎo! 안녕!
> 여 : Nǐ hǎo! 안녕!

① nǐ 너　　　② wǒ 나　　　③ tā 그

④ dàjiā 여러분　　⑤ tóngxuémen 학우들

❺ 헤어질 때 하는 인사말

> A: 再见! 잘가!
> B: _____!

① 谢谢 고마워　　　　② 对不起 미안해

③ 大家好 여러분 안녕　　④ 没关系 괜찮아

⑤ 明天见 내일 봐

⑥ 감사의 표현

A: 谢谢! 고마워!
B: _____.

① 你好 안녕　　　　② 拜拜 잘 가
③ 不客气 천만에　　④ 对不起 미안해
⑤ 老师好 선생님 안녕하세요

⑦ 사과의 표현

A: <u>Duìbuqǐ</u>! 미안해!
B: Méi guānxi. 괜찮아.

① Báibái 잘 가
② Xièxie 고마워
③ Bú kèqi 천만에
④ Tóngxuémen hǎo 학우들 안녕
⑤ Bù hǎoyìsi 미안해

⑧ 중국 문화 : 인사말

① "Yíhuìr jiàn(一会儿见)!"은 "이따 봐!"라는 의미로 헤어질 때 하는 인사말이다.
② "Nǐ hǎo ma(你好吗)?"는 "잘 지냈어요?"라는 의미로 아는 사이에 사용하는 인사말이다.
③ 선생님을 만나면 "Lǎoshī hǎo(老师好)!"라고 인사한다.
④ 'nín(您)'은 'nǐ(你)'의 높임말로 존중의 의미를 나타낸다.

02 Nǐ jiào shénme míngzi?
你叫什么名字?　　　**단원 평가**

[정답]

❶ ①　　❷ ⑤　　❸ ③　　❹ ②
❺ ⑤　　❻ ④　　❼ ⑤　　❽ ⑤

[해설]

❶ 성모와 운모의 결합

카드를 조합하면 'hū', 'huō', 'shū', 'shuō'를 만들 수 있다.

① shū 책　　　　　② jiào 부르다
③ máng 바쁘다　　④ guó 나라
⑤ hěn 매우

❷ 지시 대명사

这是我的朋友。<u>이 사람</u>은 나의 친구야

① de ~의　　　　　② nà 그(저), 그것(저것)
③ shì ~이다　　　 ④ wǒ 나
⑤ zhè 이, 이것, 이 사람

❸ 한어 병음과 뜻 연결

① 手机 휴대전화　　② 叫 부르다
③ 忙　　　　　　　　④ 聪明 똑똑하다
⑤ 漂亮 예쁘다

❹ yě(也)의 용법

'yě(也)'는 주어 다음, 술어 앞에 사용하여 '~도'라는 의미를 나타낸다.

A: Rènshi nǐ hěn gāoxìng. 알게 돼서 기뻐.
B: Wǒ yě hěn gāoxìng. 나도 기뻐.

① bù 아니다　　　　② yě ~도
③ de ~의　　　　　 ④ nà 그(저), 그것(저것)
⑤ shì ~이다

❺ 형용사 술어문

她很_____。 그녀는_____.

① 不 아니다　　　　② 名字 이름
③ 什么 무엇　　　　④ 朋友 친구
⑤ 漂亮 예쁘다

❻ 이름 묻고 답하기

A: Nǐ jiào shénme míngzi?
　 네 이름은 뭐니?
B: Wǒ jiào Wáng Xiǎoyǔ.
　 내 이름은 왕샤오위야.

❼ 국적 묻고 답하기

A: 你是哪国人? 어느 나라 사람이니?
B: _____。

① 是 응
② 不是 아니야
③ 我是朋友 나는 친구야
④ 我也很好 나도 잘 지내
⑤ 我是韩国人 나는 한국인이야

⑧ 중국 문화 : 이름과 호칭
① 중국인은 한 글자, 두 글자, 세 글자 이상의 이름도 있다.
② 친한 형(오빠)에게 'gē(哥)'라는 호칭을 사용하고, 누나(언니)에게는 'jiě(姐)'라는 호칭을 사용한다.
③ 선생님에게 'lǎoshī(老师)'라는 호칭을 사용한다.
④ 현재 중국에서 가장 많은 성씨는 리(李)씨이다.

제0·1·2과
1학기 중간고사 대비 예상 문제

정답

❶	②	❷	②	❸	⑤	❹	①
❺	③	❻	②	❼	②	❽	④
❾	②	❿	③	⓫	②	⓬	②
⓭	②	⓮	④	⓯	②	⓰	⑤
⓱	⑤	⓲	④	⓳	⑤	⓴	③
㉑	⑤	㉒	③	㉓	③		

㉔ (1) 성조 : 제1성(혹은 ‒)
　　(2) 성모 : t
　　(3) 운모 : ing

㉕ (1) 수정 문장 : Nín hǎo! ➡ Nǐ hǎo!
　　(2) 수정 이유 : 연장자(할아버지)가 자기보다 한참 어린 사람에게 높임말인 'Nín'을 사용하지 않는다.

해설

❶ 설첨음 : d, t, n, l
② 'g'는 설근음이다.

❷ 운모 ü의 발음

> j, q, x + ü = ju, qu, xu

①, ③, ④의 'u'는 우리말의 [위]처럼 발음한다.
⑤ 'ü'가 단독으로 쓰이면 'yu'로 표기되고, 우리말의 [위]처럼 발음한다.
② 'lu'의 'u'는 우리말의 [우]와 비슷하게 발음한다.

❸ 경성의 의미 알기

❹ 성모 없이 단독으로 쓰일 때 운모의 표기
① ie → ye

❺ 성조 표기 규칙

① bāo　　② guì　　④ měi　　⑤ yuè

❻ 성모와 운모의 결합
카드를 조합하면 'jǐ', 'tī', 'jiàn', 'tiàn'을 만들 수 있다.
① de ～의　　　　　② jiàn 만나다
③ nà 그(저), 그(저)것　④ tā 그녀
⑤ zhè 이, 이것

❼ 제3성+제3성의 발음
제3성이 연속되는 2음절 단어를 읽을 때 앞의 제3성의 실제 발음은 제2성이다. 그러나 성조 표기는 바뀌지 않는다.

❽ bù(不)의 성조 변화
'不'는 원래 제4성이나, 뒤에 제4성의 단어가 오면 제2성으로 바뀐다.
① bù tīng 不听 듣지 않다
② bù lái 不来 오지 않다
③ bù hǎo 不好 좋지 않다
④ bú duì 不对 맞지 않다
⑤ bù máng 不忙 바쁘지 않다

❾ 손가락 숫자

9−7=2		
① 一 1	② 二 2	③ 三 3
④ 四 4	⑤ 五 5	

❿ 복수형 men(们)

· nǐ＿＿＿＿＿	· tóngxué＿＿＿＿＿

① de ～의　　② ma ～입니까?　③ men ～들
④ shì ～이다　⑤ zhè 이, 이것

⓫ 단어의 뜻
① 您 – 당신　　② 书 – 책
③ 老师 – 선생님　④ 朋友 – 친구
⑤ 明天 – 내일

⑫ 국기와 국가명

① Xībānyá 西班牙 스페인　　② Měiguó 美国 미국
③ Zhōngguó 中国 중국　　　④ Hánguó 韩国 한국
⑤ Rìběn 日本 일본

⑬ 만났을 때 하는 인사말

'대상+好'의 형태로 인사말을 만들 수 있으나, ② tā는 부적절하다.

> **A:** 你好! 안녕!
> **B:** _____好! 안녕하세요!

① 你 너　　　　　　　② 他(她) 그(녀)
③ 您 당신　　　　　　④ 大家 여러분
⑤ 老师 선생님

⑭ 헤어질 때 하는 인사말

> **A:** 再见! 또 봐!
> **B:** 一会儿见! 이따 봐!

⑮ 감사의 표현

> **A:** _____!
> **B:** 不客气! 천만에!

① 拜拜 바이바이　　　　② 谢谢 고마워
③ 再见 또 봐　　　　　　④ 大家好 여러분 안녕
⑤ 没关系 괜찮아

⑯ 대화의 이해

> **A:** 王同学，再见! 왕 군, 잘 개!
> **B:** 老师，再见! 선생님, 안녕히 가세요!

⑰ 사과의 표현

> **A:** Duìbuqǐ! 미안해!
> **B:** Méi guānxi. 괜찮아.

① Hěn hǎo 아주 좋아　　② Xièxiè 고마워
③ Báibái 바이바이　　　　④ Nǐ hǎo ma? 잘 지냈니?
⑤ Bù hǎoyìsi 미안해

18-20

> **A:** 你叫什么名字? 네 이름은 뭐니?
>   Nǐ jiào shénme míngzi?
> **B:** 我叫朴艺娜。 나는 박예나라고 해.
>   Wǒ jiào Piáo Yìnà.

> **A:** 你是哪国人? 너는 어느 나라 사람이야?
>   Nǐ shì nǎ guó rén?
> **B:** 我是韩国人。 나는 한국인이야.
>   Wǒ shì Hánguórén.

⑱ 동사 叫 jiào 부르다

① 很 아주　　　　　　② 是 ~이다
③ 见 만나다　　　　　⑤ 忙 바쁘다

⑲ 의문사 什么

① de ~의
② nǎ 어느
③ nà 그(저), 그것(저것)
④ zhè 이, 이것
⑤ shénme 무엇

⑳ 동사 술어문

동사 술어문은 '주어+동사+목적어'의 형태로 표현하므로, 빈칸에 들어갈 단어는 '是'이다. ⑤ '不是'는 대화의 내용상 적절하지 않다.

① bù 아니다(부정 부사)　② men ~들
③ shì ~이다　　　　　　④ yě ~도
⑤ bú shì 아니다

㉑ 어순 배열

형용사 술어문은 '주어+정도 부사+형용사'의 형태로 쓰이고, 'yě(也)'는 주어 다음, 술어 앞에 쓰여 '~도'라는 의미를 나타낸다.

> 나도 기뻐. ➡ 我ⓒ也ⓛ很ⓨ高兴。
>   Wǒ yě hěn gāoxìng.

㉒ 푸퉁화 : 현대 중국의 표준어

① 한위 : 한족의 언어
④ 만다린 : 북방을 중심으로 한 공식 언어
⑤ 광둥어 : 광둥 지역에서 사용하는 중국어 방언

㉓ 중국 개관

① 수도는 '상하이'이다. → 베이징
② 국기는 '금성홍기'이다. → 오성홍기
④ 한족과 56개의 소수 민족으로 이루어져 있다. → 55개
⑤ 중국어는 세계에서 두 번째로 모국어로 많이 사용되는 언어이다. → 세계 1위

24 한어 병음의 구성
중국어 음절은 성조, 성모, 운모로 구성된다. 성모는 우리말의 자음에 해당하고, 운모는 성모를 제외한 나머지 부분이다.

25 대상에 알맞은 인사말
나이가 많이 차이나는 어른에게는 'nín(您)'을 사용하여 존경의 의미를 표현할 수 있으나, 어린 사람에게 'nín(您)'을 사용하는 것은 적절하지 않다.

03 Nǐ jiā yǒu jǐ kǒu rén?
你家有几口人?
단원 평가

정답

| 1 | ⑤ | 2 | ⑤ | 3 | ③ | 4 | ⑤ |
| 5 | ① | 6 | ⑤ | 7 | ④ | 8 | ② |

해설

1 성모와 운모의 결합
카드를 조합하면 'dāo', 'dǒu', 'kāo', 'kǒu'를 만들 수 있다.
① dà (나이가)많다
② dōu 모두
③ duō 얼마나
④ gāo 높다
⑤ kǒu 식구[양사]

2 한어 병음과 뜻 연결
① 谁 누구
② 年纪 나이, 연세 (※ 학년 : 年级 niánjí)
③ 高中 고등학교 (※ 중학교 : 初中 chūzhōng)
④ 多大 나이를 묻는 표현
⑤ 小学 초등학교

3 한자와 발음
① 都 dōu 모두 (※ duō 多 : 얼마나)
② 家 jiā 집 (※ ge 个 : 개, 명[단위])
③ 和 hé ~와(과)
④ 二 èr 둘, 2 (※ liǎng 两 : 둘)
⑤ 上 shàng (학교에) 다니다

4 liǎng(两)의 용법
수량을 셀 때는 'liǎng(两)'을 사용한다.

我有两个弟弟。 나는 남동생이 두 명 있다.
① 大 (나이가) 많다
② 二 둘, 2(순서)
③ 哪 어느
④ 多 얼마나
⑤ 两 둘(수량을 셀 때)

5 나이를 묻는 표현

A: Nǐ gēge duō dà le?
너의 형(오빠)은 몇 살이니?
B: Tā èrshí suì.
그는 스무 살이야.

어린이에게 : Nǐ jǐ suì? 你几岁?
일반적으로 : Nǐ duō dà? 你多大?
어른에게 : Nín duō dà niánjì? 您多大年纪?

6 yǒu(有)의 부정 형식
'yǒu(有)'를 부정할 때는 'bù(不)'가 아니라 'méi(没)'를 사용한다.

A: 你有妹妹吗? 너는 여동생이 있니?
B: 没有，她是我姐姐。 없어. 그녀는 내 언니야.

① 好 좋다
② 是 ~이다
③ 有 있다
④ 不是 아니다
⑤ 没有 없다

7 학년 묻고 답하기

A: 你上几年级? 너 몇 학년이니?
B: 我_____。

① 是老师 선생님이다
② 是他妹妹 그의 여동생이다
③ 没有姐姐 언니(누나)가 없다
④ 上二年级 2학년이다
⑤ 家有三口人 식구가 3명이다

8 중국 문화 : 중국의 가족 정책
① bālínghòu(八零后) : 80년대 이후에 태어난 세대
② xiǎohuángdì(小皇帝) : 한 자녀 정책 시행 이후 태어난 외동아이를 가리키는 말
③ 중국인은 혼인 신고를 하면 결혼증을 받는다.
④ 산아 제한 정책: 인구 조절을 위한 가족 계획 정책
⑤ 두 자녀 정책: 인구 감소 위기로 2016년부터 시행된 가족 정책

04 Jīntiān jǐ hào?
今天几号?

정답

① ④   ② ③   ③ ①   ④ ①

⑤ ④   ⑥ ⑤   ⑦ ④   ⑧ ④

해설

① 生日 shēngrì 생일

② 날짜를 나타내는 말

昨天 zuótiān 어제   今天 jīntiān 오늘

明天 míngtiān 내일   后天 hòutiān 모레

③ jǐ(几)의 용법

10 미만의 수에 대한 의문사. 날짜, 요일, 시간, 가족의 수, 어린이의 나이 등을 물을 때 사용한다.

- Jǐ hào kǎoshì? 며칠에 시험 보니?
- Jīntiān xīngqī jǐ? 오늘 무슨 요일이니?
- Nǐ jiā yǒu jǐ kǒu rén? 너희 식구 몇 명이니?

① jǐ 몇   ② méi 없다

③ nǎ 어느   ④ hǎo 좋다

⑤ yǒu 있다

④ 응원의 표현

① 加油! 힘내!   ② 你好! 안녕!

③ 再见! 잘 가!   ④ 大家好! 여러분 안녕하세요!

⑤ 祝你健康! 건강하세요!

⑤ 요일을 묻는 표현

날짜나 요일을 물을 때는 의문사 jǐ(几)를 사용한다.

시간을 나타내는 말과 동작을 나타내는 말이 함께 쓰일 때는 '시간+동작'의 순서로 사용한다.

Nǐ xīngqī jǐ kǎoshì? 你星期几考试?

⑥ 대화의 내용 파악하기

A: 今天几月几号? 오늘은 몇 월 며칠이니?

B: 十月十四号。 10월 14일이야.

A: 我们几号见? 우리 며칠에 만나?

B: 后天。 모레 만나.

---

⑦ 올바른 문장 찾기

a. 昨天不是八号。 어제는 8일이 아니다.

b. 我们考试星期五。→ 我们星期五考试。
     나는 금요일에 시험을 본다.

c. 星期天是我的生日。 일요일은 내 생일이다.

a. 명사 술어문의 긍정문에서는 '是'를 생략하여 쓰지만 부정문에서는 생략할 수 없다.

b. 시간을 나타내는 말과 동작을 나타내는 말이 함께 쓰일 때는 '시간+동작'의 순서로 사용한다.

⑧ 중국 문화 : 중국의 설(Chūnjié 春节)

음력 1월 1일. 중국의 최대 명절로 가족과 함께 모여 만두(jiǎozi 饺子)를 먹고 폭죽을 터트린다. 어른들은 아이들에게 빨간 봉투(hóngbāo 红包)에 세뱃돈을 넣어 준다.

웨빙(yuèbing 月饼)은 추석(Zhōngqiū Jié 中秋节)에 먹는 음식으로 둥근 보름달처럼 생겼다.

---

05 Xiànzài jǐ diǎn?
现在几点?

정답

① ①   ② ④   ③ ③   ④ ①

⑤ ⑤   ⑥ ②   ⑦ ①   ⑧ ⑤

해설

① 성모와 운모의 결합

카드를 조합하면 'bàn', 'biàn', 'dàn', 'diàn'을 만들 수 있다.

① bàn 반, 30분   ② diǎn 시   ③ jiàn 만나다

④ nián 해, 년   ⑤ tiān 날

② 한어 병음과 뜻 연결

① 等   ② 回家   ③ 起床

④ 下课 수업을 마치다   ⑤ 现在

③ ér(儿)의 표기법과 발음법

A: Nǐ kuài <u>diǎnr</u>! 빨리!

B: Bié zháojí. 서둘지 마.

앞 음절의 운모가 'n, ng'로 끝나는 경우 'e'를 없애고 'r'만 붙여 쓴다. 발음할 때는 'n, ng'의 음은 없어지고 'r'의 음만 발음한다.

diǎn + ér → diǎnr

④ 시간 표현

A: 东贤几点上课? 동현이는 몇 시에 수업을 시작합니까?
B: _____。

① 九点 9시　　　　② 八点十分 8시 10분
③ 三点三刻 3시 45분　④ 六点三十分 6시 30분
⑤ 四点四十五分 4시 45분

⑤ bié(别)+동작 : ~하지 마.(금지, 명령)

① 别哭。울지 마.　　② 别客气。사양하지 마.
③ 别迟到。늦지 마.　④ 别着急。서둘지 마.
⑤ 别睡觉。자지 마.

⑥ 우리말로 옮기기

'yìqǐ(一起)'는 주어 뒤 동사 앞에 위치한다. 'ba(吧)'는 문장 끝에 쓴다.

我们一起回家吧。Wǒmen yìqǐ huí jiā ba.

① ba ~하자　　　② lái 오다
③ huí jiā 집에 돌아가다　④ wǒmen 우리
⑤ yìqǐ 함께, 같이

⑦ 시간의 표현

시 : 숫자 + diǎn(点)　　　분 : 숫자 + fēn(分)
15분, 45분 : yíkè(一刻),　sān kè(三刻)
30분 : bàn(半)
※ 30분은 kè(刻)를 사용하여 표현하지 않는다.

⑧ 중국 문화 : 중국 중학생의 생활

중국의 학교는 9월에 새 학년이 시작되며 고등학교 입학시험은 지역별로 6월 중에 시행되고 졸업식은 7월에 진행된다. 우리나라처럼 주5일제 수업이며 일과 중 단체 체조 시간 또는 눈 체조 시간이 있다. 점심시간이 2시간 정도라 식사 후 낮잠을 자기도 한다. 학생들은 보통 운동복을 교복으로 입지만 한류의 영향으로 우리나라와 같은 스타일의 교복을 입는 학교도 많아졌다.

91쪽 미로 통과하기 정답

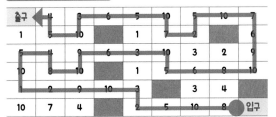

제3·4·5과
1학기 기말고사 대비 예상 문제

정답

❶	⑤	❷	⑤	❸	③	❹	②
❺	④	❻	①	❼	①	❽	①
❾	②	❿	②	⓫	③	⓬	③
⓭	②	⓮	②	⓯	①	⓰	①
⓱	⑤	⓲	⑤	⓳	②	⓴	③
㉑	④	㉒	③	㉓	⑤		

㉔ (1) 两点半　　(2) 两点三十分

㉕ 你也是学生吗?

해설

❶ 성모와 운모의 결합

가능한 조합은 'jiū', 'jué', 'xiū', 'xué'이다.
① jiě　② jiǔ　③ suì　④ xiǎo　⑤ xué

❷ 운모 'i'의 발음

'i'는 설치음, 권설음과 함께 쓰이면 우리말의 [으]와 같이 발음한다. 그 밖의 경우는 모두 [이]와 같이 발음한다.
④ 'yi'는 운모 'i'가 성모 없이 쓰일 때의 표기이다.

❸ ér(儿)의 표기법과 발음법

앞 음절의 운모가 'n, ng'로 끝나는 경우 'e'를 없애고 'r'만 붙여 쓴다. 발음할 때는 'n, ng'의 음은 없어지고 'r'의 음만 발음한다.
yìdiǎn + ér → yìdiǎnr

❹ 제3성의 성조 변화

你家有几口人? 너희 집은 몇 식구이니?

제3성+제3성 → 제2성+제3성
제3성+제1, 2, 4성, 경성 → 반3성+제1, 2, 4성, 경성

단, 발음은 바뀌지만 실제 성조 표기는 바뀌지 않는다.

❺ 단어의 뜻

① kuàilè 즐겁다　　② mèimei 여동생
③ xīngqī 요일　　　④ jiāyóu 힘을 내다
⑤ kǎoshì 시험 보다

❻ jǐ(几)의 용법

- 今天几号? 오늘은 며칠이니?
- 几点下课? 몇 시에 수업이 끝나요?

날짜, 요일, 시간, 식구의 수, 어린이의 나이 등을 물을 때는 의문사 'jǐ(几)'를 사용한다.

① 几 몇(10 미만의 수) ② 哪 어느
③ 多 얼마나 ④ 谁 누구
⑤ 什么 무슨

❼ 날짜를 나타내는 말

가능한 조합은 '昨天', '明天', '后天', '今天'이다.

② 어제 昨天 zuótiān ③ 오늘 今天 jīntiān
④ 내일 明天 míngtiān ⑤ 모레 后天 hòutiān

❽ 그림과 단어의 연결

① 哭 kū 울다
② 起床 qǐchuáng 일어나다
③ 上课 shàngkè 수업하다
④ 吃饭 chī fàn 밥 먹다
⑤ 睡觉 shuìjiào 잠자다

❾ shàng(上)의 용법

'shàngkè(上课)'는 '수업하다'라는 뜻이다.
'上+학교 또는 학년'의 형식으로 '학교에 다니다, 몇 학년에 다니다'라는 뜻으로 쓴다.

- Wǒ bā diǎn shàngkè.
  나는 8시에 수업을 시작한다.
- Wǒ shàng chūzhōng yī niánjí.
  나는 중학교 1학년이다.

① děng 기다리다
③ shì ~이다
④ xià 내리다 (※ 下课 xiàkè 수업을 마치다)
⑤ yǒu 있다

❿ 대화의 이해

A: 爸爸的爸爸叫什么?
   아빠의 아빠는 뭐라고 부릅니까?
B: 爸爸的爸爸叫爷爷。
   아빠의 아빠는 '할아버지'라고 부릅니다.

② 奶奶 nǎinai 할머니 ③ 爸爸 bàba 아빠
④ 哥哥 gēge 형, 오빠 ⑤ 姐姐 jiějie 언니, 누나

⓫ 대화의 연결

A: _____?
B: Wǔ kǒu rén. 다섯 식구야.

① Tā shì shéi 그는 누구니
② Nǐmen hǎo ma 너희들 잘 지냈니
③ Nǐ jiā dōu yǒu shéi 너희 식구는 누구누구니
④ Nǐ yǒu dìdi ma 너 남동생 있니
⑤ Nǐ jiā yǒu jǐ kǒu rén 너희 집은 식구가 몇 명이니

⓬ 시간 표현의 이해

① Qī diǎn bàn qǐchuáng. 7시 반에 기상한다.
→ 七点一刻(十五分)起床。
   Qī diǎn yíkè(shíwǔ fēn) qǐchuáng.
   7시 15분에 기상한다.
② Bā diǎn sān kè kǎoshì. 8시 45분에 시험을 본다.
→ 八点半上课。Bā diǎn bàn shàngkè.
   8시 반에 수업을 시작한다.
③ Sān diǎn wǔshí fēn xiàkè. 3시 50분에 수업이 끝난다.
④ Shí'èr diǎn huí jiā, chī fàn.
   12시에 집에 돌아가서 밥을 먹는다.
→ 十点回家。Shí diǎn huí jiā. 10시에 집에 돌아간다.
⑤ Shíyī diǎn sānshí fēn shuìjiào. 11시 30분에 잠을 잔다.
→ 十一点三刻(四十五分)睡觉。
   Shíyī diǎn sān kè(sìshíwǔ fēn) shuìjiào.
   11시 45분에 잠을 잔다.

⓭ 대화의 이해

A: _____
B: 谢谢! 고맙습니다.

① 你多大? 몇 살입니까?
② 我很着急。 나는 매우 초조해요.
③ 他上二年级。 그는 2학년입니다.
④ 奶奶很健康。 할머니는 매우 건강하십니다.
⑤ 祝你生日快乐! 생일 축하합니다!

⓮ 내용의 이해

A: 今天几月几号? 오늘은 몇 월 며칠이야?
B: 四月十八号。 4월 18일이야.
A: 后天考试吗? 모레 시험 보니?
B: 是, 我们加油吧! 응, 우리 힘내자!

오늘은 4월 18일이고 시험은 모레인 4월 20일에 본다.

⑮ 대화의 이해

> **A**: Nǐ jǐ diǎn chī fàn? 너 몇 시에 밥 먹니?
> **B**: Liù diǎn. Nǐ ne? 6시. 너는?
> **A**: Wǒ yě shì. Wǒmen yìqǐ chī ba.
> 나도야. 우리 같이 먹자.

16-17 대화의 이해

> **A**: Wǒ jiā yǒu sì kǒu rén. 우리 집은 네 식구야.
> **B**: ㉠Dōu yǒu ㉡shéi? ㉠모두 ㉡누가 있니?
> **A**: Nǎinai、bàba、māma、dìdi hé wǒ.
> 할머니, 아빠, 엄마, 남동생 그리고 나야.

⑯ 가족 구성원 묻기

가족의 구성원을 묻는 질문은 "(你家)都有谁?"이다.

① dōu 모두　　　② duō 얼마나
③ hěn 매우　　　④ jǐ 몇(10 미만의 수)
⑤ yě 역시

⑰ 의문사

'shéi(谁)'는 가족 구성원이 어떤 사람이냐는 물음이므로 'shénme rén(什么人)'과 바꾸어 쓸 수 있다.

① nǎ 어느　　　② shénme 무슨
③ jǐ kǒu rén 몇 식구　　④ hěn duō rén 매우 많은 사람

⑱ yǒu(有)의 부정 형식

'yǒu(有)'를 부정할 때는 'bù(不)'가 아니라 'méi(没)'를 사용한다.

> **A**: 你有姐姐吗? 너는 언니가 있니?
> **B**: 没有，我有哥哥。 없어, 나는 오빠가 있어.

① 不 아니다　　　② 多 얼마나
③ 好 안녕하다　　　④ 很 아주

⑲ 올바른 문장 찾기

① 학년을 묻는 표현은 'niánjì(年纪)'가 아니라 'niánjí(年级)'를 사용해야 한다.
→ 你上几年级? Nǐ shàng jǐ niánjí?
너는 몇 학년이니?
② Nǐmen kuài diǎnr! 너희들 좀 빨리 해!
③ 요일을 나타내는 문장은 'shì(是)'를 생략하여 쓸 수 있지만 부정문에서는 생략할 수 없다.

→ 今天不是星期三。Jīntiān bú shì xīngqīsān.
오늘은 수요일이 아니다.
④ 요일을 묻는 표현은 의문사 'jǐ(几)'를 사용한다.
→ 明天星期几? Míngtiān xīngqī jǐ?
내일은 무슨 요일입니까?
⑤ 숫자 2가 수량을 나타낼 때는 'liǎng(两)'을 사용하여 표현한다.
→ 我有两个妹妹。Wǒ yǒu liǎng ge mèimei.
나는 여동생 두 명이 있다.

⑳ 대화의 순서 이해하기

> **A**: ㉢Nǐ jǐ hào kǎoshì? 너 며칠에 시험 보니?
> **B**: ㉠Èrshíjiǔ hào. 29일이야.
> **A**: ㉡Jǐ diǎn? 몇 시에?
> **B**: Jiǔ diǎn. 아홉 시.

㉑ 기념일

> Hánguó de ＿＿＿＿＿＿ shì wǔ yuè wǔ hào,
> Zhōngguó de ＿＿＿＿＿＿ shì liù yuè yī hào.
> 한국의 ＿＿＿＿＿＿ 은 5월 5일이고,
> 중국의 ＿＿＿＿＿＿ 은 6월 1일입니다.

중국의 어린이날은 국제 아동절인 6월 1일이다.
① 단오절 – 음력 5월 5일
② 성탄절 – 12월 25일
③ 스승의 날 – 한국은 5월 15일, 중국은 9월 10일
⑤ 어버이날 – 한국은 5월 8일, 중국은 어머니날이 5월 두 번째 일요일, 아버지날이 6월 세 번째 일요일로 따로 기념한다.

㉒ 문화의 이해 : 단오

단오는 음력 5월 5일로 초나라의 시인이자 정치가인 굴원을 기념하는 명절로, 용선 경기를 하고 쭝쯔를 먹는다.

㉓ 문화의 이해—중국의 학교

중국의 중등 교육과정은 중학교(chūzhōng 初中) 3년, 고등학교(gāozhōng 高中) 3년으로 중·고등학교가 함께 있는 경우가 많아 이를 합하여 '中学(zhōngxué)'라고 한다. 9월에 새 학년이 시작되며 고등학교 입학시험은 지역별로 6월 중에 시행된다. 점심시간이 2시간 정도라 식사 후 낮잠을 자기도 한다. 학생들은 보통 운동복을 교복으로 입지만 한류의 영향으로 우리나라와 같은 스타일의 교복을 입는 학교도 많아졌다.

㉔ 시간 표현

- 半 bàn 반, 30분
- 点 diǎn 시
- 二 èr 2, 둘
- 分 fēn 분
- 刻 kè 15분
- 两 liǎng 둘
- 三 sān 3, 셋
- 十 shí 10, 열

'두 시'는 'liǎng diǎn(两点)'으로 쓴다.

'30분'은 'bàn(半)'과 'sānshí fēn(三十分)'의 두 가지로 표현할 수 있다.

(1) 两点半 liǎng diǎn bàn 두 시 반

(2) 两点三十分 liǎng diǎn sānshí fen 두 시 30분

㉕ ne(呢) 의문문

A: Nǐ shì xuéshēng ma?

당신은 학생입니까?

B: Shì. Nǐ ne?

예. 당신은요? (= 당신도 학생입니까?)

A: Wǒ bú shì xuéshēng, shì lǎoshī.

저는 학생이 아니고 선생님입니다.

'ne'는 앞에서 한 것과 동일한 질문을 반복하여 할 때 사용하며, 여기서는 '당신도 학생입니까?'라는 질문을 생략하여 표현하였다. 또, '~도'라는 의미의 'yě(也)'는 주어 다음에 써주어야 한다.

→ 你也是学生吗? Nǐ yě shì xuéshēng ma?

06 Nǐ xǐhuan shénme yùndòng?
你喜欢什么运动? 단원 평가

정답

❶ ③ ❷ ⑤ ❸ ③ ❹ ③

❺ ③ ❻ ① ❼ ④ ❽ ①

해설

❶ 성모와 운모의 결합

카드를 조합하면 'càn', 'kàn', 'càng', 'kàng'을 만들 수 있다.

---

① dǎ (운동을) 하다
② wán 놀다
③ kàn 보다
④ chàng 부르다
⑤ děng 기다리다

❷ 우리말과 중국어 연결

① 游泳
② 踢足球
③ 打篮球
④ 听音乐
⑤ 노래를 부르다 → chàng gē 唱歌

❸ 단어와 뜻 연결

① gēshǒu
② jiānglái
③ lǎoshī-선생님 (※ 의사 医生 yīshēng)
④ yùndòng
⑤ diànnǎo

❹ 정도의 표현

① 她打得不错。 그녀는 (운동을) 잘한다.

② 她喜欢看书。 그녀는 책 읽는 걸 좋아한다.

③ 她唱得很好。 그녀는 노래를 아주 잘한다.

④ 她想当厨师。 그녀는 요리사가 되고 싶다.

⑤ 她玩儿得不太好。 그녀는 잘 못 논다.

❺ 장래 희망과 직업 표현

A: 你想做什么? 너는 무엇을 하고 싶어?

B: 我想当_____。

나는 _____이(가) 되고 싶어.

① 书 책
② 足球 축구
③ 老师 선생님
④ 音乐 음악
⑤ 电脑 컴퓨터

❻ 취미의 표현

A: 你喜欢游泳吗? 너 수영하는 거 좋아해?

B: _____。

① 很喜欢 아주 좋아해

② 我喜欢打 (구기 종목) 하는 걸 좋아해

③ 打得还可以 그럭저럭 해

④ 我喜欢他的歌 나는 그의 노래를 좋아해

⑤ 我想当翻译 나는 통(번)역사가 되고 싶어

❼ 중국 문화 : 중국 전통 종이 오리기 공예

중국 전통 종이 오리기 공예(jiǎnzhǐ 剪纸)의 설명에 해당하지 않는 것은 ④이다.

⑧ 중국 문화 : 중국인의 취미 생활

③ 마작: 중국에서 기원한 4인용 보드게임으로, 136개의 마작 패를 이용해 복잡한 게임 규칙에 따라 패를 맞추어 승패를 겨루는 게임이다.

④ 광장무: 공원에서 단체로 음악에 맞춰 춤을 추는 취미 활동이다.

07 Duōshao qián?
多少钱?
단원 평가

정답

❶ ①	❷ ③	❸ ④	❹ ④
❺ ③	❻ ③	❼ ①	❽ ⑤

해설

❶ 성모와 운모의 결합

카드를 조합하면 'jīn', 'jíng', 'xīn', 'xíng'을 만들 수 있다.

① jīn 근   ② jiàn 벌(옷을 세는 단위)

③ liǎng 둘   ④ píng 병

⑤ qián 돈

❷ 단어와 뜻 연결

① 饺子

② 苹果

③ 衬衫 셔츠 (※ 바지 kùzi 裤子)

④ 猪肉

⑤ 香蕉

❸ 숫자 읽기

yìbǎi líng yī   一百零一

① 一百 100   ② 一百一 110

③ 一百一十 110   ⑤ 틀린 표현임

❹ 물건 사기

> **A:** 苹果三块一斤。
> 사과가 한 근에 3위안이에요.
>
> **B:** 我要两斤。给你十块。
> 두 근 주세요. 여기 10위안요.
>
> **A:** 找你四块。4위안 거슬러 줄게요.

❺ 물건 사기

> **A:** Zhè jiàn yīfu <u>duōshao</u> qián?
> 이 옷 얼마예요?
>
> **B:** Wǔbǎi kuài.
> 500위안요.

① jǐ 몇 (10 이하의 수를 물을 때)

② shénme 무엇

③ duōshao 얼마

④ zěnme 어떻게

⑤ piányi 싸다

❻ 물건 사기

> **A:** Zhè tiáo kùzi yìbǎi kuài.
> 이 바지 100위안이에요.
>
> **B:** Tài guì le, piányi yìdiǎnr ba.
> 너무 비싸요. 좀 싸게 해 주세요.
>
> **A:** <u>Bāshí</u> kuài zěnmeyang? Gěi nǐ dǎ bā zhé.
> <u>80</u>위안 어때요? 20% 할인이에요.

❼ 양사와 명사

> **我想买<u>一双鞋</u>。**
> 나는 <u>신발 한 켤레</u>를 사고 싶다.

② 一斤香蕉 바나나 한 근

③ 两条裤子 바지 두 벌

④ 两双鞋 신발 두 켤레

⑤ 两件衬衫 셔츠 두 벌

❽ 중국 문화 : 중국인과 숫자

⑤ 9는 '영원하다'란 의미를 가진 'yǒngjiǔ(永久)'의 '久'와 발음이 같아 중국인이 좋아한다. 사랑이 변하지 않고 지속된다는 의미도 있어 중국의 연인들이 사랑을 고백하거나 9가 들어간 날짜에 결혼 신고를 하기도 한다.

08 Nǐ qù nǎr?
你去哪儿?

정답

| ❶ ⑤ | ❷ ③ | ❸ ② | ❹ ⑤ |
| ❺ ⑤ | ❻ ① | ❼ ② | ❽ ④ |

해설

❶ 성모와 운모의 결합

카드를 조합하면 'cǎo', 'cuò', 'zǎo', 'zuò'를 만들 수 있다.

① qù 가다   ② zài 있다

③ zǒu 걷다, 가다   ④ zuǒ 왼쪽

⑤ zuò 앉다, 타다

❷ 단어와 뜻 연결

① 银行

② 出租车

③ 自行车 자전거 (※ 지하철 dìtiě 地铁)

④ 超市

⑤ 图书馆

❸ 한자 읽기

　　　　　我去图书馆。 나는 도서관에 <u>간다</u>.

① nǎ 어느   ② qù 가다

③ zhè 이, 이것   ④ zǒu 걷다, 가다

⑤ zuò 앉다, 타다

❹ 교통수단의 표현

A: 你们怎么去望京?
　　 너희는 어떻게 왕징에 가니?

B: <u>坐公交车去</u>。 <u>버스</u>를 타고 가.

① 走着 걸어서

② 超市 슈퍼마켓

③ 图书馆 도서관

④ 洗手间 화장실

❺ 길 묻기 표현

A: 请问，天安门怎么走?
　　 실례합니다. 톈안먼에는 어떻게 가나요?

B: <u>往前走</u>。 앞쪽으로 가세요.

① 很远 아주 멀어요

② 十分钟 10분

③ 在洗手间 화장실에 있어요

④ 离这儿很近 여기서 아주 가까워요

❻ 거리와 소요 시간의 표현

A: Nǐ jiā lí zhèr yuǎn ma?
　　 당신 집은 여기에서 멀어요?

B: Hěn jìn. <u>아주 가까워요</u>.

② Bù xǐhuan 좋아하지 않아요

③ Yìzhí zǒu 쭉 가세요

④ Wǎng yòu guǎi 오른쪽으로 도세요

⑤ Wǎng dōng zǒu 동쪽으로 가세요

❼ 중국 문화 : 중국 고속 열차

① 火车 기차   ② 动车 고속 열차

③ 出租车 택시   ④ 自行车 자전거

⑤ 公交车 버스

❽ 중국 문화 : 중국 기차

일반적으로 딱딱한 침대칸은 3층으로, 푹신한 침대칸은 2층으로 되어 있다.

제6·7·8과 2학기 중간고사 대비 예상 문제

정답

❶ ⑤	❷ ③	❸ ③	❹ ⑤
❺ ①	❻ ②	❼ ①	❽ ①
❾ ⑤	❿ ⑤	⓫ ①	⓬ ①
⓭ ②	⓮ ①	⓯ ④	⓰ ④
⓱ ①	⓲ ⑤	⓳ ③	⓴ ②
㉑ ④	㉒ ③	㉓ ⑤	

㉔ 8(bā)의 발음이 '부자가 되다'란 의미를 가진 '发(fā)'와 비슷하여 중국인들이 좋아하기 때문이다.

㉕ 往前走就到。

1 sān(三) + yùndòng(运动) → sòng

① dǎ (운동을) 하다　　② zhǎo 거슬러 주다

③ mài 팔다　　④ kàn 보다

⑤ sòng 선물하다

2 발음

足球 zúqiú 축구

3 성조 배열 (제2성+제3성)

Wǒ xǐhuan yóuyǒng.　나는 수영하는 것을 좋아해.

4 단어의 의미

① 书　　② 去　　③ 玩儿　　④ 音乐

⑤ diànnǎo 电脑 컴퓨터 (※ 텔레비전 diànshì 电视)

5 동사와 목적어의 결합

· 打乒乓球 dǎ pīngpāngqiú　탁구를 하다

· 打八折 dǎ bā zhé　20% 할인을 하다

② tīng 듣다　　③ kàn 보다

④ chàng 부르다　　⑤ tī (발로) 차다

6 정도를 나타내는 표현

Tā chàng de hěn hǎo.　她唱得很好。
그녀는 노래를 아주 잘 부른다.

'동사+de(得)+정도 표현'의 순서로 나타낸다.

① 啊 긍정의 의미(조사)

③ 了 ~했다

④ 吗 ~합니까?

⑤ 呢 ~는요?

7 양사의 용법

A: Píngguǒ zěnme mài?　사과 어떻게 팔아요?
B: Liù kuài yì jīn.　한 근에 6위안이요.

① jīn 근　　② shuāng 켤레

③ jiàn 벌(의복, 상의)　　④ tiáo 벌(하의)

⑤ píng 병

8 거리와 소요 시간의 표현

Túshūguǎn bù yuǎn, zǒuzhe qù yì fēnzhōng jiù dào.
도서관은 멀지 않아, 걸어서 1분이면 도착해.

① dào 도착하다　　② jìn 가깝다

③ kàn 보다　　④ yuǎn 멀다

⑤ zǒu 걷다, 가다

9 대화의 이해

A: 你喜欢做什么运动?
너는 무슨 운동을 좋아하니?

B: _____。

① 我去超市 나는 슈퍼마켓에 가

② 打得还可以 그런대로 잘 하네(치네)

③ 我不听音乐 나는 음악을 안 들어

④ 坐公交车去 버스를 타고 가

⑤ 我喜欢打篮球 나는 농구하는 걸 좋아해

10 대화의 이해

A: 你打得怎么样? 너 (농구) 실력이 어때?
B: 打得不太好。 그다지 잘하지 않아.

동사 'dǎ(打)'를 사용할 수 있는 것은 손으로 하는 운동이므로 ⑤ 농구가 정답이다.

④ '축구하다'는 동사 'tī(踢)'를 사용한다.

11 장래희망의 표현

A: 你将来想做什么?
너는 장래에 무엇을 하고 싶어?

B: 我想当 _____。
나는 _____ 이(가) 되고 싶어.

'dāng(当)+직업'은 '~이 되다'라는 의미로 장래 희망을 표현할 수 있다.

① 裤子 바지　　② 翻译 통(번)역사

③ 老师 선생님　　④ 歌手 가수

⑤ 医生 의사

12 대화의 이해

A: 苹果怎么卖? 사과 어떻게 팔아요?
B: 五块一斤。 _____
한 근에 5위안이야. _____
A: 我要两斤。 두 근 주세요.

① 你要吗? 필요하세요?

② 给你三斤。 당신에게 세 근 줄게요.

③ 四块一本。 한 권에 4위안요.

④ 多少钱? 얼마예요?

⑤ 找你五块。 5위안 거슬러 드립니다.

⑬ 대화의 이해 (순서)

A: Zhè jiàn yīfu duōshao qián?
이 옷 얼마예요?

B: ⊙ <u>Sānbǎi kuài.</u> 300위안요.

A: ⓒ <u>Piányi yìdiǎnr ba.</u> 좀 싸게 해 주세요.

B: ⓛ <u>Gěi nǐ dǎ bā zhé.</u>
20% 할인해 드릴게요.

가격 문의 → 가격 제시 → 할인 요구 → 할인

⑭ 감탄의 표현

① 你太帅了。 당신 너무 잘생겼어요.

② 我要两个。 두 개 주세요.

③ 找你四块吧。 4위안 거슬러 드릴게요.

④ 我想去银行。 나는 은행에 가고 싶어요.

⑤ 这双鞋太贵了。 이 신발 너무 비싸요.

⑮ 대화의 연결

① **A:** 你踢得怎么样? 너 (축구) 실력이 어때?
B: 踢得还可以。 그럭저럭 해.

② **A:** 你喜欢什么歌? 너 무슨 노래 좋아하니?
B: 我喜欢中国歌。 나는 중국 노래 좋아해.

③ **A:** 你想做什么? 너는 뭘 하고 싶어?
B: 我想玩儿电脑。 나는 컴퓨터로 놀고 싶어.

④ **A:** 你要几斤香蕉? 당신은 바나나 몇 근 필요해요?
B: 坐地铁去。 지하철 타고 가요.

⑤ **A:** 天安门怎么走? 톈안먼 어떻게 가요?
B: 往右拐就是。 오른쪽으로 돌면 바로예요.

⑯-⑰ 대화의 이해

A: 这件衬衫一百块。
이 셔츠 한 벌에 100위안이에요.

B: 太贵了。 너무 비싸요.

A: 好，给你打八折吧。
좋아요, 20% 할인해 드릴게요.

B: 我要一件，给你一百块。
한 벌 주세요. 여기 100위안요.

A: 找你⊙<u>二十块</u>。 20위안 거슬러 줄게요.

⑯ 대화의 내용으로 보아 판매원과 고객의 관계로 보는 것이 가장 적절하다.

⑰ '打八折(dǎ bā zhé)'는 20% 할인이므로 거스름돈은 20위안이 된다.

⑱ 어순의 이해

银行离ⓒ<u>这儿</u>ⓛ<u>很</u>⊙<u>近</u>。
Yínháng lí zhèr hěn jìn.

⑲ 어법의 이해 (시점과 시간의 양)

시점에는 'fēn(分)', 시간의 양에는 'fēnzhōng(分钟)'을 쓴다.

③ 걸어서 5분이면 바로 도착해.
→ 走着去五分钟就到。
Zǒuzhe qù wǔ fēnzhōng jiù dào.

① 妹妹喜欢看书。 여동생은 책 읽기를 좋아한다.

② 我坐公交车去。 나는 버스를 타고 가요.

④ 一直往前走就是。 쭉 앞으로 가면 바로예요.

⑤ 我将来想去中国。 나는 나중에 중국에 가고 싶어.

⑳ 어법의 이해

⊙ 他在洗手间。 그는 화장실에 있다.

ⓛ 我要一本书。 나는 책 한 권이 필요하다.

ⓒ 이 신발은 너무 크다.

⊙ zài 在 ~에 있다

ⓛ běn 本 권(책을 세는 단위)

ⓒ 신발을 세는 단위는 'shuāng(双 켤레)'를 쓴다.
(※ jīn 斤 근)
→ 这双鞋太大了。 Zhè shuāng xié tài dà le.

㉑ 숫자 읽기

八百零八 bābǎi líng bā

숫자 중간에 '0'이 있으면 '0'의 개수에 상관없이 한 번 읽는다.

① 800 　　　　② 88

③ 880 　　　　⑤ 八百八零 (틀린 표현)

㉒ 중국 문화 : 취미 생활

'이것'에 해당하는 것은 '공죽'이다.

① 바닥에 붓글씨 쓰기 　　② 용춤

③ 공죽 　　　　④ 제기차기

⑤ 공원에서 단체로 춤추기

㉓ 중국 문화 : 기차

⑤ 침대칸은 이동이 편리한 아래층이 제일 비싸다.

② 숫자 문화

8(bā)의 발음이 '부자가 되다'란 의미를 가진 '发(fā)'와 비슷하여 중국인들이 좋아하기 때문이다.

② 어순 배열

앞으로 가면 바로 도착해요. → 往前走就到。

Wǎng qián zǒu jiù dào.

'전치사(往)+방위사(前)+동사'의 어순으로 표현한다.

---

09 Wǒ qǐngkè!
我请客!
단원 평가

정답

1 ① **2** ⑤ **3** ③ **4** ①

5 ① **6** ④ **7** ① **8** ③

해설

1 성모와 운모의 결합

카드를 조합하면 'cài', 'chài', 'cāng', 'chāng'을 만들 수 있다.

① cài 음식   ② cháng 맛보다

③ chǎo 볶다   ④ chī 먹다

⑤ qǐng 청하다

2 중첩된 동사 사이의 'yī(一)'의 발음

Nǐ cháng yi cháng. 맛 좀 보세요.

동사를 중첩하면 '좀 ~하다, 한번 해 보다'라는 의미의 가벼운 시도와 부드러운 어감을 나타낸다. 또 중첩된 동사 사이에 'yī(一)'를 넣을 수도 있는데, 이때 'yī(一)'는 경성으로 읽는다.

3 단어와 뜻 연결

① là – 맵다   ② hái – 아직

③ hǎochī   ④ mǎshàng – 바로, 곧

⑤ wèidào – 맛

4 맛의 표현

A: 味道怎么样? 맛이 어때?

B: _____ .

① 很辣 매워

② 我请客 내가 한턱낼게

③ 马上来 곧 나옵니다

④ 我不吃饭 식사 안 할 거야

⑤ 来一碗米饭 밥 한 그릇요

5 주문하기

A: 来一只烤鸭。 오리구이 하나요.

B: 好的，马上来。 네, 바로 나옵니다.

대화의 내용으로 보아 식당에서 주문하는 상황이다.

6 어순 배열(식사 여부 묻기)

A: 你吃饭了吗? 식사했니?

B: 我 ㉣还 ㉡没 ㉠吃 ㉢呢。

Wǒ ㉣hái ㉡méi ㉠chī ㉢ne. 아직 안 했어.

hái(还)+méi(没)+동사+ne(呢) : 아직 ~하지 않았다.

7 중국 문화 : 요리명의 이해

• 烤鸭 오리구이
• 西红柿炒鸡蛋 토마토계란볶음

8 중국 문화 : 중국인의 식사 예절

① 중국에서는 밥그릇을 들고 젓가락으로 밥을 먹는다.

② 숟가락은 국물을 먹을 때 주로 사용한다.

④ 여럿이 함께 식사할 때 요리와 탕은 보통 개인 접시에 덜어서 먹는다.

⑤ 음식을 남김없이 먹으면 대접이 소홀하다고 생각할 수 있으므로 조금 남기는 것이 예의이다.

---

10 Nǐ de shǒujī hàomǎ shì duōshao?
你的手机号码是多少?
단원 평가

정답

1 ④ **2** ① **3** ② **4** ③

5 ② **6** ④ **7** ① **8** ③

해설

① 한어 병음

shǒujī 手机 휴대폰

② 중첩 형용사의 발음

hǎo(好)+hǎo(好)+ér(儿) → hǎohāor(好好儿)

'hǎohāor(好好儿)'은 형용사를 중복하고 끝에 'ér(儿)'을 붙여주어 '충분히, 잘'이란 의미의 부사적 용법으로 쓰인다. 이때 두 번째 '好'는 제1성으로 바꾸어 읽고, 'ér'의 'é'는 탈락하고 'r'만 남는다.

③ 단어의 발음 읽기

① 배   ② shūfu – 편안하다

③ 쉬다   ④ 감기에 걸리다

⑤ 예쁘다

④ de(的)의 활용

> A: Zhè shì xīn mǎi de shǒujī ma?
>   이거 새로 산 휴대전화야?
> B: Ǹg, wǒ zuótiān mǎi de.
>   응, 어제 샀어.

첫 번째 'de(的)'는 동사가 명사를 수식하는 경우 연결해주는 역할을 한다.

두 번째 'de(的)'는 오늘이 아니라 어제라는 'zuótiān'을 강조하는 'shì~de(是~的) 강조 구문'의 'de(的)'이다. 이때 'shì(是)'는 생략 가능하다.

⑤ hǎo(好)의 다양한 의미

> 好漂亮，这是你的书包吗?
> 정말 예쁘다, 이거 네 가방이야?

① 大家好! 여러분, 안녕하세요.

② 他好帅啊。 그는 정말 잘생겼어.

③ 好的，谢谢。 좋아요, 감사합니다.

④ 我身体很好。 나 몸 건강해.

⑤ 这个菜很好吃。 이 음식 맛있어.

⑥ yìdiǎnr(一点儿)의 위치

> 有没有便宜一点儿的?
> 좀 싼 것은 없나요?

'yìdiǎnr(一点儿)'은 형용사나 동사 뒤에 쓰여 '조금, 약간'이라는 의미를 나타낸다.

⑦ 문장 해석

> 你今天怎么没来? 너 오늘 왜 안 왔니?

⑧ 중국 문화 : 해음 문화

- 배 'lí(梨)'는 이별을 의미하는 'lí(离)'와 발음이 같아서 선물로 피한다.
- 사과 'píngguǒ(苹果)'의 발음에는 평안을 의미하는 'píng'ān(平安)'과 동일한 발음이 있어 선물로 받으면 좋아한다.

제 9 · 10과
2학기 기말고사 대비 예상 문제

정답

1	④	**2**	①	**3**	③	**4**	④
5	④	**6**	①	**7**	①	**8**	③
9	⑤	**10**	②	**11**	④	**12**	⑤
13	④	**14**	⑤	**15**	②	**16**	①
17	②	**18**	⑤	**19**	③	**20**	④
21	②	**22**	①	**23**	③		

24 Wǒ xiǎng chī Zhōngguócài.

25 'méi(没)'는 과거의 완료를 부정하고, 'bù(不)'는 현재와 미래를 부정한다.

해설

① 잠을 자다 – 睡觉 shuìjiào

② 성모와 운모의 결합

카드를 조합하면 'fàn', 'tàn', 'tián'을 만들 수 있다.

① fàn 밥   ② miàn 국수

③ téng 아프다   ④ wǎn 그릇

⑤ xián 짜다

③ 동일한 성조 배열 단어 찾기

'休息'는 '제1성+경성'으로 이루어진 단어이다.

xiūxi 쉬다

① dùzi 배
② piàoliang 예쁘다
③ shūfu 편안하다
④ shūbāo 책가방
⑤ zěnme 어떻게

④ 전화번호 읽기

전화번호를 말할 때 숫자 '1'을 'yī'라고 발음하면 숫자 7과 발음이 혼동되기 쉬우므로 보통 'yāo'라고 말한다.

⑤ 단어의 뜻

① 电话 – 전화
② 味道 – 맛
③ 马上 – 곧, 금방
④ 请客
⑤ 身体 – 몸, 신체

⑥ 단어의 뜻

① 发烧 열이 나다
② 高兴 기쁘다, 즐겁다
③ 健康 건강(하다)
④ 快乐 즐겁다
⑤ 舒服 편안하다

⑦ nà(那)의 여러 가지 의미

· 你忙吧? 那明天见吧。
너 바쁘지? 그러면 내일 만나자.

· 那是我的书包。
저것은 내 가방이야.

첫 번째 문장의 'nà(那)'는 앞의 내용으로 오게 되는 결과를 말하기 전 접속사로 쓰였고, 두 번째 문장에서는 멀리 떨어진 것을 가리키는 지시 대명사로 쓰였다.

① 那
② 哪儿 어디
③ 在 있다
④ 这 이것
⑤ 这儿 여기

⑧ 'hǎo(好)+동사' 구조 단어

Zhège hěn hǎo_____. 이것은 아주 _____.

'hǎo(好)'는 일부 동사와 같이 쓰여 효과가 좋음을 나타낸다.

① hǎokàn 보기 좋다, 예쁘다
② hǎotīng 듣기 좋다
③ 'cháng'은 같이 쓰이지 않는다.
④ hǎohē (액체류 음식이) 맛있다
⑤ hǎowánr 놀기 좋다, 재밌다

⑨ 문장의 이해

Nǐ yào hǎohāor _____.
너는 잘 _____ 해야 한다.

① kàn 보다
② xuéxí 공부하다
③ chī fàn 식사하다
④ xiūxi 쉬다
⑤ tóuténg 머리 아프다

⑩ 대화의 이해

A: 喂，你在哪儿? 여보세요, 너 어디에 있니?
B: 我在家。 집에 있어.

⑪ 전화번호 묻기

A: 你的手机号码是多少?
핸드폰 번호가 뭐야?
B: 我的手机号码是18863178800。
내 핸드폰 번호는 18863178800이야.

전화번호를 물을 때는 의문사 'duōshao(多少)'를 쓴다.

⑫ 맛을 나타내는 말

A: 味道怎么样? 맛이 어때?
B: 很甜。 달아.

① 尝 맛보다
② 吃 먹다
③ 烤 굽다
④ 疼 아프다
⑤ 甜 달다

13-14

A: 你们吃饭了㉠吗? 너희 식사했어?
B: 我们还 _____。 우리 아직 _____.

⑬ 완료형의 의문문

완료형 의문문은 문장 끝에 'ma(吗)' 또는 'méiyǒu(没有)'를 붙여서 만든다.

⑭ 완료형의 부정문

완료형의 부정문은 동사 앞에 'méi(yǒu)'를 붙이고, 'le(了)'는 쓰지 않는다. 'méiyǒu(没有)' 앞에 'hái(还)'를 써서 동작이 실현되지 않았음을 나타내기도 한다.

⑮ 명령과 부탁의 lái(来)

'lái(来)'는 '오다'라는 뜻의 동사로, 'lái(来)+명사'의 형태로 쓰이면 부탁이나 명령을 나타낸다.

A: 来一个西红柿炒鸡蛋, 一碗炸酱面。
토마토계란볶음 하나, 자장면 한 그릇 <u>주세요</u>.

B: 好的, <u>马上来</u>。예, 금방 드릴게요.

① 给 주다　　　② 来　　　③ 多 많다
④ 贵 비싸다　　　⑤ 是 ~이다

⑯ 문장 해석

这件衣服有点儿大。
이 옷은 (좀 작았으면 좋겠는데) 좀 크다

'yǒudiǎnr(有点儿)'은 '조금, 약간'이라는 뜻으로, 불만족스러운 어감을 나타낸다.

⑰ 대화의 이해

A: 你怎么没来? 너 왜 안 왔니?
B: 我 _____。나 _____.

① 要去 갈 거야
② 感冒了 감기 걸렸어
③ 一起回家 같이 집에 가
④ 明天不来 내일 안 와
⑤ 坐火车去 기차 타고 가

⑱ 동사의 중첩

这是周杰伦的歌, 你听听。
이거 저우제룬의 노래야. 들어 봐.

동사를 중첩하면 짧은 시간의 동작이나 시도를 나타낸다. 동사 중첩 후 사이에 'yī(一)'를 넣어 주어도 같은 의미를 나타낸다. 단, '一'는 경성으로 읽어 준다.

⑲ hǎo(好)의 다양한 의미

今天好冷。오늘 <u>아주</u> 춥다.(부사)

① 太好了! 너무 잘됐다.(형용사)
② 你好吗? 안녕하세요?(형용사)
③ 她好漂亮。그녀는 아주 예뻐.(부사)
④ 你唱得很好。너 노래 잘 한다.(형용사)
⑤ 这个菜很好吃。이 음식 맛있어.(형용사)

⑳ 어순 배열

이건 내가 좋아하는 음식이야.
→ 这是 ㉣我 ㉢喜欢 ㉠的 ㉡菜。
　　Zhè shì wǒ xǐhuan de cài.

'wǒ xǐhuan(我喜欢)'이 'cài(菜)'를 수식하는 말이므로 'de(的)'를 그 사이에 두어야 한다.

㉑ 'shì(是)~de(的)' 강조 구문

Wǒ zuótiān mǎi le. 我昨天买了。
내가 어제 샀어.

→ Wǒ (shì) zuótiān mǎi de. 我(是)昨天买的。
　'어제'라는 시간을 강조하는 문장으로 바꾸면 완료를 나타내는 'le(了)'를 쓸 수 없다.

㉒ 음식명의 이해

MENU

· 麻婆豆腐 마파두부	￥25
· 西红柿炒鸡蛋 토마토계란볶음	￥15
· 宫保鸡丁 닭고기땅콩볶음	￥30
· 烤鸭 오리구이	￥160

㉓ 중국 해음 문화

'해음'이란 동음자, 즉 음이 같거나 비슷한 글자를 이용하여 서로의 뜻을 연결하여 연상시키는 것을 말한다.

① 우산(sǎn 伞)은 '헤어지다(sàn 散)'와 발음이 비슷해서 선물로 바람직하지 않다.
② 사과(píngguǒ 苹果)는 평안(píng'ān 平安)을 의미하는 글자의 발음(píng)이 들어 있어서 선물하기 좋은 과일이다.
④ 시계를 선물하는 것(sòng zhōng 送钟)은 '임종을 맞이하다(sòngzhōng 送终)'와 발음이 같아 선물로 바람직하지 않다.
⑤ 배(lí 梨)는 이별을 의미하는 글자(lí 离)와 발음이 같아 연인이나 친구끼리 나눠 먹지 않는다.

㉔ 我想吃中国菜。

'xiǎng'은 '~하고 싶다'라는 의미의 조동사이다.
중국어의 어순은 '주어+조동사+동사+목적어'이므로 조동사의 위치에 주의하여 번역해야 한다.

㉕

가. **A:** Tā lái le ma? 그는 왔니?
　　B: Tā ㉠méi lái. 그는 안 왔어.

나. **A:** Tā lái ma? 그는 오니?
　　B: Tā㉡bù lái. 그는 안 와.

교과서 본문 암기 카드

01 Nǐ hǎo!
你好!

회화가 술술 2

Xièxie!
谢谢!

Bú kèqi.
不客气。

Duìbuqǐ!
对不起!

Méi guānxi.
没关系。

01 Nǐ hǎo!
你好!

회화가 술술 1

Nǐ hǎo!
你好!

Lǎoshī hǎo!
老师好!

Zàijiàn!
再见!

Míngtiān jiàn!
明天见!

본문 해석

에나 : 고마워!
량량 : 천만에.
샤오위 : 미안해!
에나 : 괜찮아.

단어

xièxie 谢谢 감사합니다
bù 不 아니다
kèqi 客气 사양하다, 예의를 차리다
duìbuqǐ 对不起 미안합니다
méi guānxi 没关系 괜찮다

본문 해석

리 선생님 : 안녕!
동현 : 선생님, 안녕하세요!
동현 : 잘가.
량량 : 내일 봐.

단어

nǐ 你 너
hǎo 好 안녕하다, 좋다
lǎoshī 老师 선생님
zàijiàn 再见 또 만나, 잘가
míngtiān 明天 내일
jiàn 见 만나다

02 Nǐ jiào shénme míngzi?

你叫什么名字?

회화로 대화하기

 Nǐ jiào shénme míngzi?
你叫什么名字?

 Wǒ jiào Piáo Yìnà.
我叫朴艺娜。

 Nǐ shì nǎ guó rén?
你是哪国人?

 Wǒ shì Hánguórén.
我是韩国人。

---

02 Nǐ jiào shénme míngzi?

你叫什么名字?

회화로 대화하기

 Zhè shì wǒ de péngyou, Wáng Xiǎoyǔ.
这是我的朋友，王小雨。

 Nǐ hǎo! Wǒ jiào Jīn Dōngxián.
你好！我叫金东贤。

 Rènshi nǐ hěn gāoxìng.
认识你很高兴。

 Wǒ yě hěn gāoxìng.
我也很高兴。

본문 해석

량량 : 얘는 내 친구 왕샤오위야.
동현 : 안녕! 나는 김동현이야.
샤오위 : 만나서 반가워.
동현 : 나도 반가워.

단어

zhè 这 이, 이것
de 的 ~의
péngyou 朋友 친구
rènshi 认识 알다
hěn 很 매우
gāoxìng 高兴 기쁘다, 즐겁다
yě 也 ~도, 또한

본문 해석

리 선생님 : 네 이름은 뭐니?
예나 : 제 이름은 박예나입니다.
리 선생님 : 너는 어느 나라 사람이니?
예나 : 저는 한국 사람입니다.

단어

jiào 叫 부르다
shénme 什么 무슨, 무엇
míngzi 名字 이름
shì 是 ~이다
nǎ 哪 어느
guó 国 나라
rén 人 사람
Hánguó 韩国 한국

03

Nǐ jiā yǒu jǐ kǒu rén?
你家有几口人?

회화가 술술 2

 Tā shì nǐ jiějie ma?
她是你姐姐吗?

 Bú shì. Tā shì wǒ mèimei.
不是。她是我妹妹。

 Tā duō dà?
她多大?

 Shísì suì, tā shàng chūzhōng yī niánjí.
十四岁，她上初中一年级。

03

Nǐ jiā yǒu jǐ kǒu rén?
你家有几口人?

회화가 술술 1

 Nǐ jiā yǒu jǐ kǒu rén?
你家有几口人?

 Wǒ jiā yǒu sì kǒu rén.
我家有四口人。

 Dōu yǒu shénme rén?
都有什么人?

 Bàba、māma、gēge hé wǒ.
爸爸、妈妈、哥哥和我。

본문 해석

샤오위 : 그녀는 네 누나니?
둥현 : 아니야. 애는 내 여동생이야.
샤오위 : 몇 살이니?
둥현 : 열네 살이고, 중학교 1학년이야.

단어

ma 吗 ~입니까?
duō 多 얼마나
dà 大 (나이가) 많다
suì 岁 살, 세
shàng 上 (학교에) 다니다
chūzhōng 初中 중학교
niánjí 年级 학년

본문 해석

량랑 : 너희 집은 식구가 몇 명이니?
예나 : 우리 집은 네 식구야.
량랑 : 누구누구 있니?
예나 : 아빠, 엄마, 오빠, 그리고 나야.

단어

jiā 家 집
yǒu 有 있다
jǐ 几 몇
kǒu 口 식구[양사]
dōu 都 모두
bàba 爸爸 아빠
māma 妈妈 엄마
gēge 哥哥 형, 오빠
hé 和 ~와(과)

04 Jīntiān jǐ hào?
今天几号?

 Nǐ de shēngrì shì jǐ yuè jǐ hào?
你的生日是几月几号?

 Wǔ yuè shí hào. Nǐ ne?
五月十号。你呢？

 Jīntiān shì wǒ de shēngrì.
今天是我的生日。

 Shì ma? Zhù nǐ shēngrì kuàilè!
是吗？祝你生日快乐！

---

04 Jīntiān jǐ hào?
今天几号?

 Jīntiān jǐ hào?
今天几号？

 Jīntiān bā hào.
今天八号。

 Xīngqī jǐ kǎoshì?
星期几考试？

 Xīngqīwǔ kǎoshì, jiāyóu!
星期五考试，加油！

생일 축하해

량량 : 네 생일은 몇 월 며칠이야?
예나 : 5월 10일이야. 너는?
량량 : 오늘이 내 생일이야.
예나 : 그러니? 생일 축하해!

단어

shēngrì 生日 생일
ne 呢 ~는요?
zhù 祝 기원하다, 축하하다
kuàilè 快乐 즐겁다

무슨 요일이야

동현 : 오늘은 며칠이야?
샤오위 : 오늘은 8일이야.
동현 : 무슨 요일에 시험 치지?
샤오위 : 금요일에 시험이야, 힘내!

단어

jīntiān 今天 오늘
hào 号 일 [날짜를 가리킴]
xīngqī 星期 요일
kǎoshì 考试 시험 (보다)
jiāyóu 加油 힘을 내다

05 Xiànzài jǐ diǎn?
现在几点?

회화가 술술 2

Nǐ jǐ diǎn xiàkè?
你几点下课?

Wǒ sì diǎn xiàkè.
我四点下课。

Wǒ děng nǐ ba.
我等你吧。

Hǎo, wǒmen yìqǐ huí jiā ba.
好，我们一起回家吧。

---

05 Xiànzài jǐ diǎn?
现在几点?

회화가 술술 1

Nǐ kuài diǎnr!
你快点儿!

Xiànzài jǐ diǎn?
现在几点?

Bā diǎn bàn.
八点半。

Bié zháojí, jiǔ diǎn shàngkè.
别着急，九点上课。

회화 연습

샤오위 : 너는 몇 시에 수업이 끝나니?
에나 : 4시에 끝나.
샤오위 : 기다릴게.
에나 : 좋아, 우리 같이 집에 가자.

 단어

xiàkè 下课 수업을 마치다
děng 等 기다리다
ba 吧 ~하자
yìqǐ 一起 같이, 함께
huí 回 돌아가다(오다)

회화 연습

동현 : 빨리 와!
량량 : 지금 몇 시야?
동현 : 8시 반이야.
량량 : 서둘지 마. 수업은 9시야.

 단어

kuài 快 빨리
(yì)diǎnr (一)点儿 조금, 약간
xiànzài 现在 지금
diǎn 点 시
bàn 半 반, 30분
bié 别 ~하지 마라
zháojí 着急 서두르다
shàngkè 上课 수업하다

06 Nǐ xǐhuan shénme yùndòng?

你喜欢什么运动?

 회화가로듣기 2

 Nǐ jiānglái xiǎng zuò shénme?
你将来想做什么?

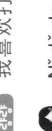 Wǒ xiǎng dāng gēshǒu.
我想当歌手。

 Nǐ xǐhuan shéi de gē?
你喜欢谁的歌?

Wǒ xǐhuan Zhōu Jiélún de gē.
我喜欢周杰伦的歌。

06 Nǐ xǐhuan shénme yùndòng?

你喜欢什么运动?

 회화가로듣기 1

Nǐ xǐhuan shénme yùndòng?
你喜欢什么运动?

 Wǒ xǐhuan dǎ lánqiú.
我喜欢打篮球。

 Nǐ dǎ de zěnmeyàng?
你打得怎么样?

 Dǎ de hái kěyǐ.
打得还可以。

회화문 해석

동현 : 너는 나중에 뭐가 되고 싶니?
샤오위 : 나는 가수가 되고 싶어.
동현 : 너는 누구 노래를 좋아하니?
샤오위 : 저우제룬의 노래를 좋아해.

단어

jiānglái 将来 장래, 미래
xiǎng 想 ~하고 싶다
zuò 做 하다, 만들다
dāng 当 ~가 되다
gēshǒu 歌手 가수
shéi 谁 누구
gē 歌 노래
Zhōu Jiélún 周杰伦 저우제룬 [인명]

회화문 해석

에나 : 너는 무슨 운동을 좋아하니?
량량 : 난 농구를 좋아해.
에나 : 농구 실력이 어떤데?
량량 : 그럭저럭 해.

단어

xǐhuan 喜欢 좋아하다
yùndòng 运动 운동
dǎ 打 (운동을) 하다
lánqiú 篮球 농구
de 得 술어와 보어를 연결시킴
zěnmeyàng 怎么样 어떻습니까
hái 还 그런대로
kěyǐ 可以 좋다, 괜찮다

07 Duōshao qián?
多少钱?

会话가 술술 2

Zhè jiàn yīfu duōshao qián?
这件衣服多少钱?

Yìbǎi kuài.
一百块。

Tài guì le, Piányi yìdiǎnr ba.
太贵了，便宜一点儿吧。

Bāshí kuài zěnmeyàng? Gěi nǐ dǎ bā zhé.
八十块怎么样？给你打八折。

Hǎo de.
好的。

---

07 Duōshao qián?
多少钱?

会话가 술술 1

Píngguǒ zěnme mài?
苹果怎么卖？

Liù kuài yì jīn. Nǐ yào jǐ jīn?
六块一斤。你要几斤？

Wǒ yào sān jīn. Gěi nǐ èrshí kuài.
我要三斤。给你二十块。

Zhǎo nǐ liǎng kuài.
找你两块。

본문 해석

동현 : 이 옷 얼마예요?
판매원 : 100위안이에요.
동현 : 너무 비싸요. 좀 싸게 해 주세요.
판매원 : 80위안은 어때요? 20% 할인해 줄게요.
동현 : 좋아요.

단어

jiàn 件 벌[옷을 세는 단위]
yīfu 衣服 옷
duōshao 多少 얼마, 몇
qián 钱 돈
tài 太 너무
guì 贵 비싸다
le 了 감탄·완료·변화를 나타냄
piányi 便宜 싸다
dǎzhé 打折 할인하다

본문 해석

예나 : 사과 어떻게 팔아요?
판매원 : 한 근에 6위안이에요. 몇 근 드려요?
예나 : 세 근 주세요. 여기 20위안이에요.
판매원 : 2위안 거슬러 줄게요.

단어

píngguǒ 苹果 사과
zěnme 怎么 어떻게
mài 卖 팔다
kuài 块 위안[중국 화폐 단위]
jīn 斤 근[무게 단위]
yào 要 필요로 하다
gěi 给 주다, ~에게
zhǎo 找 거슬러 주다

08 Nǐ qù nǎr?
你去哪儿?

회화가 쉬워요!

 리리 Nǐ qù nǎr?
你去哪儿？

 예나 Wǒ qù túshūguǎn, zài Wàngjīng.
我去图书馆，在望京。

 리리 Zěnme qù?
怎么去？

 예나 Zuò gōngjiāochē qù.
坐公交车去。

08 Nǐ qù nǎr?
你去哪儿?

회화가 쉬워요 2

 샤오위 Qǐngwèn, Tiān'ānmén zěnme zǒu?
请问，天安门怎么走？

 하이 Yìzhí wǎng qián zǒu jiù shì.
一直往前走就是。

 펑청 Lí zhèr yuǎn ma?
离这儿远吗？

 하이 Bù yuǎn, zǒuzhe qù shí fēnzhōng jiù dào.
不远，走着去十分钟就到。

본문 해석

샤오위 : 실례합니다. 톈안먼에는 어떻게 가나요?
행인 : 쭉 앞쪽으로 가면 바로예요.
동현 : 여기서 멀어요?
행인 : 멀지 않아요. 걸어서 10분이면 도착해요.

단어

qǐngwèn 请问 말씀 좀 여쭙겠습니다
Tiān'ānmén 天安门 톈안먼
zǒu 走 걷다, 가다
yìzhí 一直 곧장, 줄곧
wǎng 往 ~쪽으로
qián 前 앞
jiù 就 바로

lí 离 ~로부터
zhèr 这儿 여기
yuǎn 远 멀다
zhe 着 ~하면서
fēnzhōng 分钟 분
dào 到 도착하다

본문 해석

량량 : 너 어디 가니?
예나 : 도서관에 가. 왕징에 있어.
량량 : 어떻게 가니?
예나 : 버스 타고 가.

단어

nǎr 哪儿 어디
túshūguǎn 图书馆 도서관
zài 在 ~에 있다
Wàngjīng 望京 왕징[지명]
zuò 坐 (교통수단을) 타다
gōngjiāochē 公交车 버스

09 Wǒ qǐngkè!
我请客!

 회화가 술술 1

 리리엔
Nǐmen chī fàn le ma?
你们吃饭了吗？

 도원
Wǒmen hái méi chī ne.
我们还没吃呢。

리리엔
Nà jīntiān wǒ qǐngkè.
那今天我请客。

 에나
Tài hǎo le! Wǒ xiǎng chī Zhōngguócài.
太好了！我想吃中国菜。

09 Wǒ qǐngkè!
我请客!

회화가 술술 2

 리리엔
Lái yí ge xīhóngshì chǎo jīdàn,
yí ge mápódòufu,
sān wǎn mǐfàn.
来一个西红柿炒鸡蛋、
一个麻婆豆腐、
三碗米饭。

 종업원
Hǎo de, mǎshàng lái.
好的，马上来。

 리리엔
Nǐ chángchang,
wèidào zěnmeyàng?
你尝尝，
味道怎么样？

 에나
Zhège cài hěn hǎochī.
这个菜很好吃。

본문으로 학습

량량 : 토마토계란볶음 하나, 마파두부 하나, 밥 세 공기 주세요.
종업원 : 예, 금방 드릴게요.
량량 : 한번 먹어 봐. 맛이 어떠니?
예나 : 이 음식 정말 맛있다.

단어

lái 来 (어떤 동작·행동을 하다)
xīhóngshì chǎo jīdàn 西红柿炒鸡蛋 토마토계란볶음
mápódòufu 麻婆豆腐 마파두부
wǎn 碗 그릇
mǐfàn 米饭 쌀밥
mǎshàng 马上 곧, 금방
cháng 尝 맛보다
wèidào 味道 맛
hǎochī 好吃 맛있다

본문으로 학습

량량 : 너희 밥 먹었니?
둥훤 : 우리 아직 안 먹었어.
량량 : 그럼 오늘 내가 한턱낼게.
예나 : 잘됐다! 나 중국 음식 먹고 싶어.

단어

hái 还 아직
méi(yǒu) 没(有) ~하지 않았다
nà 那 그러면
qǐngkè 请客 한턱내다
cài 菜 요리

10 Nǐ de shǒujī hàomǎ shì duōshao?

你的手机号码是多少？

회화가 술술 2

Wéi, Yìnà, nǐ jīntiān zěnme méi lái?
喂，芝娜，你今天怎么没来？

Wǒ shēntǐ bù shūfu, yǒudiǎnr tóuténg.
我身体不舒服，有点儿头疼。

Nǐ gǎnmào le ba, yào hǎohāor xiūxi.
你感冒了吧，要好好儿休息。

Hǎo de, xièxie.
好的，谢谢。

10 Nǐ de shǒujī hàomǎ shì duōshao?

你的手机号码是多少？

회화가 술술 1

Hǎo piàoliang, zhè shì xīn mǎi de shǒujī ma?
好漂亮，这是新买的手机吗？

Ǹg, wǒ zuótiān mǎi de.
嗯，我昨天买的。

Nǐ de shǒujī hàomǎ shì duōshao?
你的手机号码是多少？

Wǒ de shǒujī hàomǎ shì yāo bā bā
liù sān yāo qī bā bā bā bā.
我的手机号码是18863178888。

본문해석

샤오위 : 여보세요. 예나야, 너 오늘 왜 안 왔어?

예나 : 나 몸이 안 좋아. 머리가 좀 아파.

샤오위 : 감기 걸렸나 보구나. 잘 쉬어야겠다.

예나 : 그래. 고마워.

 단어

wéi 喂 여보세요

shēntǐ 身体 몸, 신체

shūfu 舒服 편안하다

yǒudiǎnr 有点儿 좀, 조금

tóuténg 头疼 머리 아프다

gǎnmào 感冒 감기에 걸리다

yào 要 ~해야 한다

hǎohāor 好好儿 푹, 충분히

xiūxi 休息 쉬다

본문해석

둥쉰 : 멋지다. 이거 새로 산 휴대전화니?

량량 : 응, 어제 산 거야.

둥쉰 : 너 휴대전화 번호가 몇 번이야?

량량 : 내 휴대전화 번호는 18863178888이야.

단어

hǎo 好 매우

xīn 新 방금, 새로이

ňg 嗯 응, 그래

hàomǎ 号码 번호